CONGRÈS

DES

SOCIÉTÉS SAVANTES

SAVOISIENNES

COMPTE-RENDU

DE LA CINQUIEME SESSION

Tenue à Aix-les-Bains les 25 et 26 septembre 1882.

PAR

Le Comte de MOUXY de LOCHE

SECRÉTAIRE-GÉNÉRAL DU CONGRÈS

AIX-LES-BAINS

IMPRIMERIE ANATOLE GÉRENTE

1883

COMPTE-RENDU DE LA CINQUIÈME SESSION

DU

CONGRÈS

DES

SOCIÉTÉS SAVANTES

SAVOISIENNES

Tenu à Aix-les-Bains les 25 et 26 Septembre 1882

COMPTE-RENDU

DE LA CINQUIÈME SESSION

DU

CONGRÈS

DES

SOCIÉTÉS SAVANTES

SAVOISIENNES

TENU A AIX-LES-BAINS LES 25 ET 26 SEPTEMBRE 1882

AIX-LES-BAINS

IMPRIMERIE GÉRENTE, RUE DE GENÈVE

—

1882

PROGRAMME DU CONGRÈS

DES

SOCIÉTÉS SAVANTES DE LA SAVOIE

CINQUIÈME SESSION

Tenue à Aix-les-Bains les 25 et 26 septembre 1882.

Les représentants des diverses Sociétés savantes de la Savoie, réunies à Chambéry en 1877, dans le but de resserrer les liens qui unissent naturellement les amis de la science, et de développer davantage dans notre pays le goût des Lettres et des Arts, décidèrent qu'à l'avenir un Congrès de toutes ces Sociétés aurait lieu annuellement dans une ville de Savoie.

Ces Congrès ont en effet été tenus à Saint-Jean-de-Maurienne en 1878, à Annecy en 1879, à Chambéry en 1880, et à Moûtiers en 1881.

Dans le Congrès tenu à Annecy, il fut décidé que Chambéry, possédant un nombre de Sociétés savantes aussi considérable que le surplus de la Savoie, réunirait le Congrès tous les deux ans. L'ayant eu en 1880, c'est à son tour de le recevoir en 1882; mais, pour éviter le retour trop fréquent de ces Congrès dans la même ville, on a pensé pouvoir cette année le réunir à Aix-les-Bains.

Ce sont donc les cinq sociétés de Chambéry qui auront l'honneur de recevoir les autres au Congrès d'Aix.

PROGRAMME

LUNDI 25.

8 heures du matin : Réception à la gare d'Aix des Membres du Congrès. — Réunion dans la grande salle de l'Hôtel-de-Ville. — Distribution des cartes. — Formation du bureau. — Désignation de la ville où se tiendra le Congrès de 1883. — Élection du Secrétaire général de cette session. — Communications diverses. — Lecture des Mémoires présentés au Congrès.

11 heures : Visite au Musée et au Temple de Diane.
2 heures : Séance publique à l'Hôtel-de-Ville.

Après la séance, course à Hautecombe en bateau à vapeur, offerte par l'Académie des Sciences, Belles-Lettres et Arts de Savoie, à tous les Membres du Congrès.

MARDI 26.

8 heures du matin : Séance à l'Hôtel-de-Ville. — Suite de la lecture des Mémoires présentés au Congrès. — Examen des questions posées.

10 heures : Visites aux Bains romains.

10 et demie. Visite des collections archéologiques et minéralogiques de M. le Dr Davat.

2 heures : Séance publique à l'Hôtel-de-Ville.

4 heures : Visite de l'Établissement thermal et des Grottes thermales éclairées *a giorno*.

5 heures : Conférence de M. Pulliat, de Chiroubles, sur l'emploi et la culture des cépages américains.

7 heures : Banquet au Grand-Cercle, fête en l'honneur des Membres du Congrès.

NOTA.

Sont invités à prendre part au Congrès, tous les Membres effectifs, honoraires, correspondants et agrégés des dix Sociétés savoisiennes ci-après :

Académie des Sciences, Belles-Lettres et Arts de Savoie.
Société savoisienne d'Histoire et d'Archéologie de Chambéry.

Société d'Histoire naturelle de Chambéry.
Société d'Agriculture de Chambéry.
Société Médicale savoisienne de Chambéry.
Société Florimontane d'Annecy.
Académie Salésienne   id.
Société de la Val-d'Isère de Moûtiers.
Société d'Histoire et d'Archéologie de Saint-Jean de Maurienne.

MM. les Membres de ces Sociétés qui voudront faire partie du Congrès devront en informer M. le Secrétaire général, avant le 15 août prochain, par lettre particulière. Ceux qui auraient un Mémoire à présenter, ou une question à adresser, devront en même temps faire connaître le sujet de leur communication.

Ils sont prévenus qu'ils disposeront chacun pour cela de 20 minutes en séance, et que les manuscrits seront conservés pour la rédaction du Compte-rendu.

Deux cartes de 5 fr. chacune seront délivrées à MM. les Membres du Congrès : l'une nécessaire pour prendre part aux votes et aux travaux de la session, donnant également droit à la course d'Hautecombe et à un exemplaire du compte-rendu; l'autre facultative pour le banquet du Grand-Cercle.

Les communications diverses qui devront être faites au Congrès, seront annoncées dans les journaux de Savoie, à la fin du mois d'août. Celles qui n'auraient pas été annoncées pourront se faire en séance, mais toutefois après avoir été soumises au bureau pour leur classement.

MM. les Membres des Sociétés étrangères qui en feront la demande, en justifiant de leur qualité, pourront aussi faire partie du Congrès, mais à la condition de se conformer au programme.

Pendant la durée du Congrès, MM. les Membres des Sociétés savantes, sur la présentation de leur carte, auront leur entrée libre au Grand-Cercle et au Casino de la Villa des Fleurs.

MM. les Membres du Congrès pourront se loger à Aix-les-Bains, dans les hôtels ci-après, sur la présentation de leur carte, aux prix réduits qui sont indiqués :

Hôtel de la Couronne (chambres, déjeûner, diner,
     service, bougie), par jour   7 f. 50
Hôtel de Genève   —   8 »
Grand Hôtel du Parc   —   8 »
G^d Hôtel de l'Arc-Romain   —   10 »

Aix-les-Bains, le 20 juin 1882.

Le Secrétaire général du Congrès,

Comte de MOUYX de LOCHE.

———

LISTE ALPHABÉTIQUE

DES MEMBRES DU CONGRÈS

MM. ALLIAUDI Joseph-François, chanoine, président de l'Académie de la Val d'Isère, à Moûtiers.

BARBIER Victor, ancien directeur des Douanes, Aix-les-Bains.

BERTIER Louis, docteur-médecin, chevalier de la Légion d'honneur, Aix-les-Bains.

BERTIER Francis, docteur-médecin, président de la Société médicale, Aix-les-Bains.

BOLLIET Joseph, docteur-médecin, Aix-les-Bains.

BONNET Alexandre, avoué, St-Jean-de-Maurienne,

BORREL E.-L., architecte, vice-président de l'Académie de la Val d'Isère, Moûtiers.

BOIS-MELLY (du) membre correspondant de l'Académie de Savoie, Genève.

BLANC Léon, docteur-médecin, inspecteur des Eaux thermales, Aix-les-Bains.

BLANCHARD Claudius, avocat, greffier en chef de la Cour d'appel, Chambéry.

BLANCHARD Joseph, St-Innocent.

BRACHET François, Albertville.

BRACHET Léon, médecin de la Compagnie des Chemins de fer P.-L.-M., Aix-les-Bains.

BURDETT-COUTTS, membre de plusieurs Sociétés savantes, Angleterre.

BUTTARD Paul (abbé), curé de St-Julien en Maurienne.

CARRET Jules, docteur-médecin, Chambéry.

CASALIS, docteur-médecin, ex-inspecteur des Eaux de Challes, Aix-les-Bains.

CASTELLAN Georges, médecin-vétérinaire, Chambéry.

CESSENS, docteur-médecin, chevalier de SS. Maurice et Lazare, Aix-les-Bains.

CHABOUD Jean, docteur-médecin, Aix-les-Bains.

CHEVALIER J.-M. (chanoine) professeur de morale au Grand-Séminaire, Annecy.

CROISOLLET François, notaire, Rumilly.

DAVAT Gaspard-Adolphe, docteur-médecin, chevalier de la Légion d'honneur et des SS. Maurice et Lazare, Aix-les-Bains.

DEGAILLON Barthélemy, ancien notaire, Aix-les-Bains.

DEMEAUX, docteur-médecin, Aix-les-Bains.

DÉNARIÉ Gaspard, docteur-médecin, Chambéry.

DUNANT Camille, chevalier de la Légion d'honneur et des SS. Maurice et Lazare, officier d'Académie, président de la Société Florimontane, vice-président du conseil de préfecture, Annecy.

FOLLIET Antoine-Marie, docteur-médecin, Aix-les-Bains.

FORAS (comte Amédée de), au château de Thuyset, près de Thonon.

FRÉNOY, docteur-médecin, chevalier de la Légion d'honneur, Aix-les-Bains.

GAUTHIER Louis, professeur à l'Ecole de télégraphie, Chambéry.

GAUTHIER Auguste, Chambéry.

GRANGE Joseph-François, notaire, St-Jean-de-Mauriennne.

GUILLAND Louis, docteur-médecin, président de l'Association des médecins de la Savoie, chevalier de la Couronne d'Italie, Chambéry.

GUILLAND Jean, docteur-médecin, Aix-les-Bains.

HARDIE, docteur-médecin, Londres.

HOLLANDE Dieudonné, docteur ès-sciences à la Faculté de Paris, professeur de chimie au Lycée de Chambéry, officier d'Académie, président de la Société d'Histoire naturelle, Chambéry.

LOCHE (comte de Mouxy de) Jules, Grésy-sur-Aix.

LOUSTAU, ingénieur, Crépy-en-Valois (Oise).

MACÉ Charles, docteur-médecin, chevalier de la Légion d'honneur, directeur du *Journal d'Aix-les-Bains*, Aix-les-Bains.

MARESCHAL (de) de Luciane François-Clément, ancien capitaine de cavalerie, Billième.

MOLLARD Francis, archiviste départemental, Auxerre (Yonne).

MONARD Jean, docteur-médecin, décoré de la médaille militaire, Aix-les-Bains.

M'ROE Marie-Charles, docteur-médecin, Aix-les-Bains.

MORAND Laurent (abbé), curé de Maché, Chambéry.

MOSSIÈRE François, agent d'affaires, Chambéry.

MUGNIER François, conseiller à la Cour d'appel de Savoie, président de la Société savoisienne d'histoire et d'archéologie, Chambéry.

NANCHE Isidore, médecin-dentiste, Annecy.

NEYRET Victor-François, docteur-médecin, Faverges.

PASCAL, instituteur aux Fourneaux (Maurienne).

PERRIER DE LA BATHIE (le baron), professeur départemental d'agriculture, Albertville.

PHILIPPE Jules, député, chevalier des SS. Maurice et Lazare, Annecy.

PILLET Albert (abbé), professeur à l'Université catholique, Lille.

PILLET Louis, avocat, président de l'Académie de Savoie, chevalier des SS. Maurice et Lazare, officier de l'Instruction publique, Chambéry.

RABUT Laurent, professeur de dessin, conservateur du Musée départemental, Chambéry.

RUMILLY Antoine, Yenne.

SYLVOZ Charles-Emmanuel, agronome, St-Jeoire.

TIRARD, docteur-médecin, Londres.

TISSOT Eugène, ingénieur civil, chevalier des SS. Maurice et Lazare, Annecy.

TOCHON Pierre, président de la Société d'agriculture, Chambéry.

TREMEY (abbé), Moûtiers.

TRUCHET Saturnin, chanoine honoraire, professeur de morale au Grand-Séminaire, vice-président de la Société d'histoire et d'archéologie, St-Jean-de-Maurienne.

TRUCHET Florimond, pharmacien, conseiller d'arrondissement, maire de St-Jean-de-Maurienne, secrétaire de la Société d'histoire et d'archéologie de la même ville.

VILLOUD Donat (abbé), curé de Verthemex.

VIVIAND Charles, avocat, Chambéry.

VULLIERMET Philibert, imprimeur, St-Jean-de-Maurienne.

VUY Jules, ancien président du Grand Conseil et de la Cour de cassation du canton de Genève, vice-président de l'Institut genevois, Genève.

————

COMPTE-RENDU

DE LA CINQUIÈME SESSION

DU

CONGRÈS DES SOCIÉTÉS SAVANTES

DE SAVOIE

Tenu à Aix-les-Bains, les 25 et 26 Septembre 1882

———

Le cinquième Congrès a été ouvert à Aix-les-Bains, dans l'ancien château de la famille de Seyssel devenu l'Hôtel-de-Ville, le lundi 25 septembre 1882, à 8 heures du matin. La Municipalité avait réservé au Congrès l'honneur d'inaugurer le grand salon tout récemment terminé.

M. Pillet Louis, président de l'Académie de Savoie; M. Dunant Camille, président de la Société Florimontane; M. Mugnier François, président de la Société Savoisienne d'histoire et d'archéologie; M. le chanoine Truchet, vice-président de la Société d'histoire et d'archéologie de la Maurienne; M. Borrel, architecte, vice-président de l'Académie de

2

la Val d'Isère; M. le docteur Hollande, président de la Société d'histoire naturelle de Savoie; M. le comte de Loche, secrétaire-général du Congrès, prennent place au bureau, de même que M. Bolliet, adjoint de la ville. Ce dernier remplaçant M. le Maire, momentanément absent, souhaite la bienvenue à MM. les Membres du Congrès et les remercie de l'honneur qu'ils font à la ville d'Aix en venant siéger dans ses murs.

M. Pillet, au nom de l'Académie de Savoie et des autres sociétés savantes de Chambéry, déclare le Congrès ouvert et invite l'Assemblée à procéder à l'élection du bureau.

M. Jules Philippe, député, est élu président.

MM. Borrel, architecte, et François Mugnier, conseiller à la Cour d'appel de Chambéry, sont élus vice-présidents; MM. le D' Hollande, professeur de chimie au lycée, et Claudius Blanchard, avocat, secrétaires-adjoints.

M. Philippe monte au fauteuil et remercie ses collègues de leurs suffrages. Il s'appliquera à maintenir dans les discussions toute la modération possible et il attribue aux efforts qu'il a toujours fait dans ce but l'honneur d'être appelé une deuxième fois à présider le Congrès.

M. le Secrétaire général donne lecture au Congrès de la lettre suivante, relative à la liquidation financière du Congrès, tenu à Moûtiers en 1881.

Moûtiers, le 23 Septembre 1882.

MONSIEUR LE SECRÉTAIRE GÉNÉRAL,

C'est hier seulement que j'ai pu me procurer les dernières notes indispensables pour établir le compte des recettes et des dépenses de la 4me session du Congrès des Sociétés savantes savoisiennes, tenue à Moûtiers en 1881. Je me hâte de vous l'adresser pour en donner connaissance à la session de 1882.

1.° *Recettes :*

1° Souscriptions pour le Congrès et le banquet	435	00
2° Allocation de la ville de Moûtiers	200	00
Total	635	00

2° *Dépenses :*

1° Compte-rendu et imprimés divers.	402	50
2° Frais du banquet.	205	00
3° Appropriation des salles, correspondance, etc.	75	00
Total	682	50
Déficit	47	50

Veuillez agréer, Monsieur le Secrétaire, l'hommage de mes sentiments respectueux.

Pour le Secrétaire général absent :

Le Secrétaire-adjoint, V. MIÉDAN-GROS.

M. Pillet Louis donne connaissance d'une lettre de M. Rey, maire d'Albertville, invitant le Congrès à choisir cette ville pour siège de la prochaine réunion. — Cette proposition est adoptée.

La nomination du secrétaire général amène une discussion sur une modification à introduire dans le règlement. L'Assemblée décide que pour organiser le prochain Congrès, elle nommera, outre le secrétaire général, un secrétaire suppléant, dans le but spécial, non d'aider, mais de remplacer le secrétaire général, si cela devenait nécessaire.

M. le baron Perrier de la Bathie, professeur d'agriculture, est nommé secrétaire général du Congrès de 1883.

M. Brachet François, secrétaire suppléant.

Après une communication de M. Pillet Louis sur *l'Association française pour l'avancement des sciences*, dont il a suivi les récentes assises, à la Rochelle, dans les derniers jours du mois d'août, M. le docteur Carret Jules demande l'insertion dans le compte-rendu du présent Congrès, d'une rectification à celui du Congrès de Moûtiers. Cette rectification est adoptée conformément aux observations de M. l'avocat Pillet, président du précédent Congrès.

Le même orateur lit ensuite une communication sur l'orthographe des noms géographiques de Savoie et conclut 1° à la nomination immédiate d'une commission qui dressera un questionnaire et fera son rapport avant la clôture du Congrès; 2° à l'impression de ce questionnaire dans le compte-rendu d'abord, puis en un grand nombre d'exemplaires tiré à part qui seront adressés aux personnes pouvant fournir d'utiles renseignements.

Ces conclusions sont adoptées, et la commission se compose de MM. Carret, Pillet, et Mollard, archiviste.

M. le Président fait part d'une réclamation de la *Société médicale d'Aix-les-Bains* demandant, par l'organe de son président, M. le Dr Bertier Francis, à figurer parmi les sociétés savantes de la Savoie qui se réunissent annuellement en Congrès.

Cette demande est très favorablement accueillie, et M. le Président de l'Assemblée s'offre à donner des explications sur cette omission à M. le Président de la Société médicale.

La séance se termine par un rapport de M. Mugnier sur les travaux de la Société savoisienne d'histoire et d'archéologie, et par une décision d'ordre intérieur relative aux invitations à adresser au Maire de la ville, aux Présidents des deux Cercles, aux Directeurs de l'Etablissement thermal et du grand Cercle pour assister aux séances du Congrès et au banquet qui le terminera.

A onze heures, le président lève la séance et engage ses collègues à se rendre à la visite du temple de Diane et du musée d'Aix-les-Bains qui a lieu immédiatement après.

A deux heures après-midi, séance publique dans la même salle.

Prennent successivement la parole MM. Truchet Florimond, l'abbé Pillet Albert, et M. Borrel, architecte.

A 3 heures 1/2, la séance est levée, et l'on se rend sur la place Centrale où stationnent les omnibus destinés à conduire les membres du Congrès au port de Puer, pour de là se rendre à l'abbaye d'Hautecombe.

Cette promenade, organisée par l'Académie de Savoie, entraîne un grand nombre d'amateurs. Le bateau à vapeur *le Parisien* franchit l'espace qui sépare la rive de Puer de celle d'Hautecombe dans une demi-heure. Le grand balcon du monastère et la façade de la basilique sont pavoisés de drapeaux aux couleurs françaises et italiennes. Le Prieur, assisté du Sous-Prieur, reçoit les membres du Congrès sur le seuil de la basilique. Il se félicite de

voir les repr sentants de la science en Savoie, venir
rendre hommage à leurs anciens souverains et aux
vertus chrétiennes qui les ont surtout rendus illustres. M. le Président du Congrès lui répond par
quelques mots pleins d'à-propos et le Père Dom
Symphorien, sous-prieur, auteur de diverses publications sur Hautecombe, sert lui-même de guide aux
visiteurs. L'orgue jouant tout-à-coup au fond de
cette nécropole, les lumières éclairées sur les tom-
beaux, le crépuscule du soir jetant ses premières
ombres, tout donnait à cette visite un caractère touchant et imposant. Après l'église, le musée du cloître,
la chapelle de St-André la plus ancienne de l'abbaye,
l'humble cellule d'un cistercien, les logements des
étrangers, les vastes corridors, les magnifiques points
de vue dont on jouit depuis les balcons du midi
attirent successivement l'attention des membres du
Congrès.

Après une visite faite à la fontaine intermittente, MM. les Membres du Congrès, accompagnés
par les supérieurs du monastère jusqu'au port, en
prennent congé en les remerciant de leur gracieux
accueil.

A six heures, le pyroscaphe touchait au port de
Puer, et des voitures ramenaient les excursionnistes
à Aix, peu avant la tombée de la nuit.

Le 26, la séance est ouverte dans la salle du Congrès à huit heures du matin. MM. les Membres réunis entendent d'abord une communication de M. l'avocat Pillet Louis sur le glossaire patois de la commune de Vionnaz en Valais.

M. Vulliermet, de St-Jean-de-Maurienne, signale ensuite l'existence d'une ancienne crypte dans la cathédrale de cette ville, et prie le Congrès d'émettre un vœu pour que l'Etat permette de la déblayer. Ce vœu est admis à l'unanimité.

M. Jules Vüy communique plusieurs documents intéressant la Savoie. C'est d'abord une lettre écrite de Thonon, le 8 octobre 1598, par le duc Charles-Emmanuel de Savoie et adressée au duc de Nemours. A ce sujet, M. Vüy signale aux personnes s'occupant de l'histoire de la Savoie, l'important recueil intitulé *Recez fédéraux*, véritable *Monumenta historiœ patriœ* de la Suisse.

Ce recueil considérable contient de nombreux documents, concernant la Savoie et principalement le Chablais.

M. Vüy parle ensuite de deux poésies peu connues et dues à des auteurs savoisiens. L'une est une chanson anti-genevoise sur l'*Escalade*. Elle est écrite dans un rhythme très familier au XVIe siècle et au commencement du XVIIᵉ, et intitulée *Chanson Nowelle povr repliqve sur le chant quant ce beau printemps ie voi*, etc. La seconde est due à *Jean Gacy*, de Cluses, orateur populaire du XVIᵉ siècle et est intitulée : *La Déploration de la cité de Genefve*. Ce poëme a quelque intérêt pour l'histoire littéraire de Savoie, pour l'histoire de la langue, indépendamment de l'intérêt politique et religieux qu'il présente.

M. Jules Carret fait une communication sur la cause du goître.

Après avoir divisé la Savoie en trois régions : la région des roches calcaires, la région intermédiaire et la région des roches cristallines, M. le Dʳ Carret démontre que les goîtreux sont rares aux extrémités de l'échelle des altitudes, c'est-à-dire qu'il y a peu de goîtreux dans le bas et peu ou point dans le haut, vers 1700 à 1800ᵐ; le maximum des goîtreux est un peu au-dessus de 500ᵐ. Il établit que la ligne des isothermes doit être considérée comme étant l'intersection d'un cylindre hyperbolique, et il arrive à démontrer qu'il en est de même pour la ligne de distribution des goîtreux. Il déclare que le goître n'a pas pour cause les eaux sulfatées, magnésiennes ou carbonatées; il ajoute encore que l'absence ou la présence de l'iode n'y est pour rien ; pour lui, la cause du goître est due au développement d'un microbe. Enfin, il dit que le développement de ce microbe a lieu d'abord dans les cours d'eau ou les sources à une période déterminée de l'année. Si ce fait, ainsi découvert par le Dr Carret se vérifie, on peut dire qu'il aura rendu un immense service à l'humanité.

Dans les deux départements de la Savoie, il y a environ 12,000 goîtreux ou crétins ; en France, 80,000.

Il suffirait donc d'éviter de boire de l'eau pendant un certain temps de l'année pour faire disparaître le goître. Cependant, il nous semble que cette démonstration n'est peut-être pas aussi rigoureusement faite que le pense M. J. Carret. Un membre du congrès lui demande s'il a cherché à cultiver ce microbe ; cela étant, s'il l'a inoculé à certains animaux pour s'assurer si réellement il est la cause du goître. M. le Dr J. Carret répond qu'il n'a pas même songé à faire ces expériences parce que le matériel lui manque pour cela. M. le Dr Monard pense que l'on pourrait recueillir les substances dans lesquelles on soupçonne le microbe et les envoyer au laboratoire de M. Pasteur, où l'on ferait certainement cette culture.

M. Jules Philippe dit qu'aux environs d'Annecy est une commune où les goîtreux. autrefois communs, ont disparu depuis 20 ans.

M. Borrel, architecte, dit qu'à Bozel, depuis 1849, les goîtreux ont beaucoup diminué, et cela depuis que l'on a eu soin d'amener dans cette commune une source venant du côté de St-Bon. Il ajoute encore, qu'en Tarentaise, les communes exposées au Nord ont plus de goîtreux que celles exposées au Midi.

M. l'abbé Tremey lit une étude sur le livre capitulaire des cens, ascensements, actes capitulaires, testaments, réceptions des chanoines de la Collégiale d'Aix, aux XVIIe et XVIIIe siècle. Puis, M. Hollande fait une communication sur la stratigraphie du massif des Bauges. A l'aide de nombreuses figures, il a pu suivre pas à pas les différentes assises des terrains des Bauges; les délimiter rigoureusement; expliquer le mode de formation des vallées; les affaissements et les soulèvements de tout le massif des Bauges et rattacher ces mouvements à ceux des Alpes et du Jura.

M. le Dr Léon Brachet fait part au congrès de ses observations sur les cachexies pachydermiques améliorées par le traitement des eaux d'Aix. On sait qu'il y a dans ce cas, attaque de la peau, trouble des masses ganglionnaires, dépérissement intellectuel. M. le Dr Brachet cite trois cas de guérison obtenue par le traitement externe des eaux d'Aix-les-Bains.

Après la séance, terminée à 11 heures, MM. les Membres du Congrès vont visiter chez Mlle Chabert, les restes des anciens bains romains, dont on ne voit plus qu'une piscine portant le nom moderne de *bain de César*. De là on se rend chez M. le Dr Daval, qui veut bien faire honneur au Congrès de ses collections minéralogiques, lacustres, gallo-romaines et épigraphiques.

A deux heures, a lieu une nouvelle séance publique; elle débute par une communication de M. Gauthier qui a fait sur l'électrisation des vins de curieuses recherches. Cet habile observateur démontre qu'à l'aide de courants faibles en quantité, mais forts en tension, il est facile de transformer rapidement du vin jeune en vin vieux. Les viticulteurs liront avec profit le beau travail de M. Gauthier.

Il est ensuite donné lecture du rapport de M. Revil sur les travaux de la société d'histoire naturelle de Chambéry. Depuis quelques années, cette société travaille beaucoup; les communications concernant la Savoie y sont fréquentes. Elle cherche à attirer à elle les touristes qui peu à peu deviendront des naturalistes et feront aimer, en les faisant connaître, les belles montagnes de la Savoie.

M. Laurent Rabut fait part de ses recherches au sujet du tombeau de *Julia Vera,* élevé par les soins de sa mère *Maximilla Lucretia*. Ce tombeau a été découvert sur la route départementale n° 9, à Détrier (Savoie). On y a trouvé un cercueil en plomb et de nombreux objets, en particulier une statuette de Vénus en bronze. Cet archéologue cite et analyse trois inscriptions trouvées dans la même vallée et se rapportant à ce tombeau.

Une communication, toute d'actualité, est faite par M. Perrier de la Bathie sur le sucrage des vins et sur la fabrication des vins de raisins secs. Il conseille d'employer les sucres blancs cristallisés et d'éliminer tous les autres, surtout le glucose qui donne des vins perdant rapidement leur finesse. Les vins de raisins secs sont toujours de qualité médiocre et faibles en couleur. Il conseille d'employer pour leur fabrication les raisins de Corinthe. L'emploi des sucres cristallisés et des raisins secs tend à se généraliser de plus en plus; ainsi, en France, on a fabriqué, dans l'espace d'une année, plus de 2,130,000 hectolitres de vins sucrés et 2,300,000 hectolitres de vins de raisins secs.

Les séances du Congrès se terminent par une lecture de M. le comte de Mouxy de Loche sur l'origine du nom et de la ville d'Aix-les-Bains.

L'Administration des bains d'Aix avait bien voulu permettre aux membres du Congrès de visiter l'Etablissement et les grottes. Accompagnés de M. l'inspecteur Blanc et de M. le Directeur, les membres du Congrès parcourent les différentes ailes de ce vaste établissement. De nombreuses explications sur le fonctionnement des appareils sont données avec beaucoup de précision par M. le Dr Blanc. Mais le grand attrait pour la plupart d'entre nous est dans la visite aux grottes. On y pénètre par un long couloir très bien éclairé au gaz. Dès l'entrée, on a une forte odeur d'acide sulfhydrique qui augmente rapidement, ainsi que la chaleur qui atteint finalement plus de 30°. On est alors au milieu de vastes chambres, singulièrement sculptées par l'action des acides, spécialement de l'acide sulfurique. En effet, l'acide sulfhydrique en présence de l'oxygène humide se transforme en acide sulfurique, et ce dernier, réagissant sur le carbonate de chaux, dégage de l'acide carbonique et forme du sulfate de chaux. Ces grottes, admirablement éclairées, produisent un grand effet. Ce sont les anciens réservoirs des eaux dites d'alun. A ce sujet, nous ferons remarquer qu'il n'y a pas d'alun dans ces eaux. Avant 1855, les grottes étaient en partie remplies par des eaux sulfureuses très chaudes, 45 à 47°. Par des réactions chimiques indiquées plus haut, les calcaires urgoniens étaient attaqués peu à peu à la voûte des réservoirs; il y avait formation de sulfate de chaux qui, en tombant dans les eaux, s'y dissolvait en partie et leur donnait une saveur alcaline; d'où ce nom d'alun.

Au retour de la visite des grottes, le Congrès assiste à une conférence sur les cépages américains par M. Pulliat, de Chirouble. Le conférencier passe en revue les principaux plants américains; il explique leur résistance aux attaques du phylloxéra par suite de la structure des tissus de la racine; il entre ensuite dans des détails très importants au sujet de la greffe, en signalant principalement la greffe à cheval. Il termine son intéressante conférence en disant que le semis sera le dernier mot du problème à résoudre au sujet de la conservation de nos vignes, le greffage ne devant être que transitoire.

Après le rapport de la commission nommée pour dresser le questionnaire relatif aux noms géographiques de la Savoie, a lieu une communication de M. J. Carret sur la récente biographie d'une illustration savoisienne peu connue, Claude Masse, né à Chambéry en 1650, nommé ingénieur à Lille et mort à la Rochelle, à l'âge de 85 ans, émule de Vauban, M. le Président-prononce la clôture du congrès.

Le soir, à sept heures, un banquet réunit les membres du Congrès au Cercle d'Aix-les-Bains. MM. Martin-Franklin, président de l'Administration et M. Henry, directeur du Cercle, avaient mis à notre disposition la grande salle du Cercle avec une courtoisie et un tact digne d'être signalé. Sur un des murs se détachait un immense écusson dû à l'initiative de M. Henry. Le Congrès manquait de blason, désormais il a le sien : les palmes académiques, un encrier enlacé d'un crayon et d'une plume. Les jardins du Cercle sont illuminés, l'*Harmonie* joue ses plus beaux morceaux et, vers 10 heures, un brillant feu d'artifice est tiré en l'honneur du Congrès. De longtemps les membres du Congrès n'oublieront la belle réception du Cercle d'Aix-les-Bains. On était à la joie, et c'était chose curieuse à voir que tous ces visages, d'ordinaire si graves, se dérider avec un tel entrain. Au dessert, M. Jules Philippe porte un toast à la municipalité d'Aix-les-Bains, à l'Administration du Cercle et fait un chaleureux appel aux amis des sciences, à l'amour du beau, du bien, de la Patrie. Il termine en disant : « Soyons « aussi bons Français que nous avons été bons « Savoyards. »

M. l'adjoint Bolliet lui répond avec beaucoup de courtoisie et d'humour; puis un toast succède à un autre toast; on remarque surtout ceux de M. le Dr Dénarié et de M. le Dr J. Carret.

M. Jules Vüy, ancien président de la Cour de cassation de Genève, lit une pièce de poésie charmante, l'*Eternel voyageur*, extraite de son recueil de poésies les *Echos des bords de l'Arve*, et se terminant par ces deux vers :

« Mais, dans cette contrée aux aspects si changeants,
« Je voudrais revenir encor dans cinq cents ans. »

A la fin du banquet une quête est faite en faveur du malheureux Couturier, victime d'un déraillement survenu la veille à Aix-les-Bains; ainsi finit le Congrès par la pensée d'une bonne action.

Le Secrétaire général du Congrès,
Comte de MOUXY de LOCHE.

DU SUCRAGE DES VINS

ET DES

VINS DE RAISINS SECS

Comprenant tout ce qui concerne
l'amélioration et l'augmentation des produits de la vendange
par le sucre

Par le Baron PERRIER de la BATHIE

PROFESSEUR D'AGRICULTURE

Lauréat de la Prime d'honneur de la Savoie.

———

Le sujet que j'aborde aujourd'hui n'est pas simplement un point quelconque de la pratique agricole, il touche à nos intérêts les plus élevés, puisqu'il a pour objet d'augmenter le bien-être et les forces vives de la classe laborieuse.

Il est avéré, en effet, que l'ouvrier qui consomme habituellement du vin, peut fournir, en un temps donné, une somme de travail plus grande que celui qui se trouve privé de cette boisson salutaire. Eh bien ! la production de cet élément réconfortant, de cet aliment liquide, on peut le dire, va chaque jour en diminuant. Le phylloxera, les maladies parasitaires de toutes sortes, les conditions atmosphériques mêmes semblent s'être ligués pour assurer la perte du précieux végétal qui le produit.

C'est pour remédier dans la mesure du possible à cette situation qui compromet nos plus graves intérêts, que je viens vous entretenir des divers moyens à employer pour améliorer la qualité et augmenter la quantité de nos récoltes en vin. Déjà un homme bien connu par sa science et son dévouement à la cause agricole, M. Tochon, a donné, sur ce sujet, d'excellentes instructions à nos viticulteurs savoisiens, et si nous y revenons, ce n'est que pour rappeler ses conseils en les complétant par un résumé des publications ultérieures et en y ajoutant nos observations personnelles, résultats de 10 ans de pratique de ces procédés.

Mais, nous dira-t-on, augmenter la quantité des vins n'est-ce pas en diminuer le prix et porter ainsi atteinte aux intérêts des viticulteurs déjà si fort éprouvés? A cela je répondrai : Que si l'on en excepte la fabrication des vins de raisins secs le viticulteur seul est appelé à profiter de cette augmentation de quantité puisque seul il est possesseur des vendanges et des marcs nécessaires à cette fabrication. Quant à la production des vins de raisin sec, elle est, il est vrai, à la portée de tout le monde, mais ces vins ne peuvent être consommés purs, ils doivent être mélangés avec la moitié ou le tiers de vin naturel, ce qui porte le mélange à un prix supérieur à celui des vins de marc et rend par là même cette concurence peu redoutable.

En ce qui concerne la qualité hygiénique des vins de sucre et de raisin sec, on peut sans crainte affirmer que si ces vins n'ont pas toutes les qualités d'un vin naturel, ils sont du moins parfaitement sains et bien supérieurs aux vins vinés et fabriqués que nous livre le commerce, car les matières premières sur lesquelles on opère, sucre et raisin sont exactement les mêmes que celles qui produisent le vrai vin. Le sucrage des vendanges et des marcs est donc, comme le dit avec raison le rapporteur de la commission de la Société Nationale d'Agriculture (1), non seulement une opération honnête, avouable et praticable au grand jour, mais encore une pratique bienfaisante. Le commerce de ces produits est parfaitement loyal à la condition expresse que le vendeur en déclare nettement la provenance. Aussi la pratique a-t-elle consacré dans une large mesure les diverses applications que nous allons indiquer par l'extension qu'elle leur a donnée. Il résulte en effet du bulletin de statistique du Ministère des finances qu'en 1881 il s'est fait en France 2,130,000 hectolitres de vin de 2mes cuvées et 2,320,000 hectolitres de vin de raisin sec.

Avant d'entrer en matière, quelques notions sont nécessaires sur les instruments et les matières premières employées dans le cours de ces opérations.

1. *Instruments.*

On doit se pourvoir d'un densimètre Gay-Lussac et d'un alcoomètre centésimal du même physicien qu'on trouve chez tous les fabricants d'instruments de physique.

Le *Densimètre* est destiné à indiquer la densité du moût, c'est-à-dire du jus de raisin non fermenté.

(1) Séance du 17 Mai 1882.

Selon le mode de construction de cet instrument et l'usage auquel on le destine, son échelle est plus ou moins étendue. Dans le cas présent on devra choisir celui pour liquides plus lourds que l'eau allant de 1,000 à 1,300 par demi degré. Les indications qu'il fournit ne donnent que la densité du moût, mais il est facile, comme nous le verrons plus tard, de déduire de cette densité la quantité de sucre que contient le moût. Si l'on ne disposait pas d'un densimètre, on pourrait se servir de l'aréomètre Baumé pour liquides plus lourds que l'eau (pèse acides, pèse sels, pèse sirops), en rapportant les indications fournies par cet instrument à celles du densimètre au moyen du tableau n° 1 que nous donnons à la suite de ce travail.

L'alcoomètre centésimal de Gay-Lussac indique en centièmes la proportion d'alcool que contient un volume du liquide expérimenté. Ainsi, si l'instrument plongé dans un vin s'enfonce jusqu'à 8 degrés, c'est que ce liquide contient en volume 8 p. 0/0 d'alcool soit 8 litres par hectolitre. Puisque, comme nous l'avons dit, on peut, connaissant la densité d'un moût, en déduire la quantité de sucre et par suite celle de l'alcool que fournira ce moût par la fermentation, on comprend qu'à la rigueur on puisse se passer de l'alcoomètre; mais il est plus simple et plus expéditif de l'établir directement au moyen de cet instrument. On devra choisir celui dont l'échelle s'étend de 0 à 35 degrés.

Ces deux instruments sont d'un prix peu élevé, 3 fr, chaque environ.

2. *Matières premières.*

Les matières premières employées dans les opérations que nous allons décrire sont :

La vendange, soit le raisin et le sucre auxquels nous ajouterons comme accessoires l'acide tartrique et le tanin.

1. *La Vendange.*

La vendange de qualité moyennne contient en poids environ de 70 à 75 p. 0/0 de liquide, le reste, c'est-à-dire 25 à 30 p. 0/0 est représenté par les grappes, les pellicules, les pepins.

100 parties de moût soit jus de raisin non fermenté contiennent approximativement :

Eau...............................	78
Sucre de raisin.....................	20
Sels, matière colorante, tanin, ferment, etc.	2
TOTAL.....	100

Selon la saison, le sol et le degré de maturité les proportions de ces principes peuvent beaucoup varier. Règle générale la proportion de sucre et de matière colorante augmente avec la maturité, tandis que celle du tanin et des acides diminue.

Pendant la fermentation le sucre se décompose en acide carbonique qui se dégage et en alcool qui reste dans le vin; celui-ci sera donc d'autant plus spiritueux que la vendange est plus mûre.

C'est encore pendant la fermentation que le tanin et la matière colorante se dissolvent en quantité d'autant plus grande qu'il se forme plus d'alcool et que l'ébullition est plus complète et plus prolongée. Il se forme en même temps divers éthers auxquels les vins doivent leur bouquet.

2° Le Sucre.

Les sucres se divisent en deux classes : *Sucre cristallisable, sucre incristallisable.* Ces deux espèces diffèrent par leur composition chimique et leurs propriétés physiques.

1° *Le sucre cristallisable* a pour formule $C^{12} H^{11} O^{11}$, il comprend les sucres de canne et de betterave. Tous deux lorsqu'ils sont purs ont la même composition chimique. les mêmes propriétés et produisent par la fermentation des alcools parfaitement identiques et neutres de goût. Mais si leur pureté n'est pas irréprochable ils offrent une différence de saveur très appréciable qu'on retrouve dans les alcools qui en proviennent. C'est ce qu'on observe toutes les fois qu'on emploie des sucres plus ou moins roux et incomplètement cristallisable. Aussi, posons nous en principe, et en cela nous sommes d'accord avec tous les œnologues, que dans toutes les opérations dont nous allons nous occuper on ne doit jamais employer que des sucres parfaitement blancs et cristallisés et éliminer soigneusement ceux plus ou moins colorés ou à goût de mélasse. Les plus convenables parmi ceux du commerce sont le sucre de canne raffiné et les sucres cristallisés, surtout celui dit n° 3, type de Paris ; ce sucre titrant 98 à 99 p. 0/0 de sucre pur coûte 10 fr. de moins par 100 kilogs que le sucre raffiné et il a de plus l'avantage d'être en poudre, ce qui simplifie la main d'œuvre tout en évitant la pulvérisation qui a, comme on le sait, l'inconvénient d'altérer le goût du sucre.

Il est encore d'autres propriétés du sucre dont on devra tenir compte dans toutes les manipulations relatives aux vins.

Le sucre cristallisable sous l'influence de la fermentation et en présence des acides étendus, tels que ceux qui existent dans le moût, est interverti et se transforme en sucre incristallisable, soit sucre de raisin.

Une ébullition trop prolongée colore le sucre en jaune et en convertit une portion en sucre incristallisable.

Sous l'influence de la chaleur les solutions sucrées attaquent le fer tandis qu'elles restent sans action sur le cuivre et l'étain.

On devra donc retenir : Qu'on doit éviter de pulvériser le sucre et que si l'on est obligé de faire chauffer une dissolution sucrée on doit le faire en un vase de cuivre étamé ou non étamé et ne jamais dépasser une température de 60° centigr.

2° *Le sucre incristallisable* comprend de nombreuses variétés pouvant toutes se rapporter à deux types principaux : Le sucre de raisin et le glucose.

Le sucre de raisin semblerait d'abord être, en raison de sa provenance, celui qu'on devrait préférer pour la fabrication des vins; mais son prix élevé en rend l'emploi impossible.

Le glucose s'obtient en faisant réagir les acides affaiblis sur les fécules, l'amidon, les gommes et le ligneux.

Sa formule est $C^{12} H^{12} O^{12} + 2 H O$.

Qui peut encore s'écrire $C^{12} H^{14} O^{14}$.

Si l'on compare cette dernière expression avec la formule du sucre cristallisable $C^{12} H^{11} O^{11}$, on voit qu'elle équivaut à celle de ce dernier plus 3 équivalents d'eau comme le démontre l'équation suivante :

$$C^{12} H^{11} O^{11} + 3 H O = C^{12} H^{14} O^{14}.$$

Or, ces trois équivalents d'eau sont absolument perdus pour la formation de l'alcool dans la fermentation du glucose.

En effet, 100 kil. de glucose ne produisent par la fermentation que 35 litres d'alcool, tandis que le même poids de sucre cristallisé en produit 58 litres 80. On comprend donc que, bien que le prix des glucoses soit environ de 2 cinquièmes inférieur à celui du sucre, il n'y a aucun bénéfice à les employer puisqu'on les paye à raison du sucre qu'ils contiennent.

Mais là n'est pas le seul motif pour en faire rejeter l'emploi. La pratique a démontré que les vins améliorés ou préparés avec le glucose perdent bientôt leur finesse et contractent une amertume marquée.

On ne devra donc employer, nous le répétons, que des sucres blancs cristallisés ou raffinés qui seuls produisent des alcools francs de goût. On peut affirmer que les nombreux échecs qui, dans le principe, ont discrédité les opérations de sucrage, ont été dûs pour la plupart à l'usage des glucoses.

3. *Matières accessoires.*

Les matières accessoires qu'on peut avoir à employer sont l'acide tartrique et le tanin dont le choix réclame quelque attention.

L'acide tartrique du commerce est généralement d'une pureté suffisante. Dans cet état il se présente sous forme de beaux cristaux incolores, inaltérables à l'air.

Le tanin est le principe conservateur des vins qu'il préserve des fermentations secondaires en précipitant les ferments qu'ils contiennent. Le tanin jouit de propriétés hygiéniques différentes selon les végétaux dont il a été extrait. C ux que nous livre le commerce proviennent généralement du cachou, de la noix de galle et du chêne ou du châtaignier. On leur reproche d'agir avec trop d'énergie sur la muqueuse de l'estomac sur laquelle ils exerceraient une action tannante et on propose de leur substituer l'emploi du tanin extrait des pepins de raisin connu sous le nom d'œnotanin. Sans donner trop d'importance à ces accusations peut-être un peu hazardées, nous pencherions néanmoins à adopter cette préparation comme se rapprochant plus du tanin naturel du raisin. Ces notions préliminaires acquises, nous passons à l'application pratique de l'emploi du sucre en étudiant successivement :

1° L'amélioration des vins par le sucrage de la vendange et leur augmentation par le mouillage des cuvées.

2° La fabrication des seconds vins par le sucrage des marcs ;

3° La production des eaux-de-vie fines ;

4° La fabrication des vins de raisins secs.

1. Amélioration des vins par le sucrage de la vendange et mouillage des cuvées.

Dans les mauvaises saisons les moûts sont peu sucrés,

la fermentation se fait mal et l'on obtient des vins pauvres
en alcool et en matière colorante. De tels vins sont peu
réparateurs et de conservation douteuse. Pour obvier à
ces inconvénients il conviendra d'ajouter à ces vendanges
la quantité de sucre nécessaire pour ramener le moût au
titre normal d'une bonne saison. Ce complément de sucre
variera donc avec les saisons, les cépages, l'exposition, etc.

Il est important d'établir ce complément d'une
manière précise, car, si une addition de sucre est
avantageuse lorsqu'il s'agit d'un moût trop faible, on ne
doit pas oublier qu'il y aurait un grave inconvénient à
outrepasser la dose convenable. Cet excès de sucre,
outre qu'il augmenterait en pure perte le prix du vin,
fermenterait incomplètement et la portion non décom-
posée resterait dans ce vin qu'elle exposerait à subir des
fermentations ultérieures toujours funestes à sa bonne
conservation.

En général, la somme représentant le sucre contenu
naturellement dans le moût et celui à ajouter ne doit
pas être supérieure à la quantité nécessaire pour fournir
un vin dosant du 12 au 14 pour 0/0 d'alcool, titre de
nos bonnes années. Comme aussi elle ne devra pas être
inférieure à la quantité voulue pour produire un vin
titrant 10 p. 0/0, dosage d'une année médiocre.

Le problème est donc celui-ci :

Étant donné un moût de mauvaise année, déterminer
la quantité de sucre à ajouter pour l'amener au degré
du moût d'une année ordinaire.

Solution :

On devra d'abord déterminer la densité du moût à

améliorer. Pour cela aussitôt la cuve remplie on la foulera, si cette opération n'a pas déjà été faite en la remplissant, et avant toute fermentation on remplira une éprouvette de ce moût passé à travers un linge. Le contenu de l'éprouvette sera ramené à la température de 15 centig. Si l'on n'a pas de thermomètre on obtiendra approximativement cette température en plongeant pendant quelques minutes l'éprouvette dans de l'eau de puits récemment extraite qui est généralement à une température de 12 à 15 degrés.

Plongeant ensuite le densimètre dans le moût, on note le degré marqué par celui-ci.

Admettant qu'un moût d'année ordinaire marque 1,100 soit en langage usuel 10 degrés et que l'expérience précédente n'ait donné que 1,080 soit 8 degrés, il y aura lieu à ajouter à ce dernier une quantité de sucre capable d'élever sa densité de deux degrés. Or l'expérience comme le calcul ayant démontré qu'il faut 2 k. 600 gr. de sucre pour élever de 1 degré la densité de 1 hectolitre de moût, la quantité de sucre à employer dans le cas présent par hectolitre de moût sera représentée par 2 k. 600 gr. × 2 = 5 k. 200 gr. Le moût après cette addition aura acquis la densité d'un moût d'année ordinaire soit 10 degrés.

Si l'on désirait connaître la richesse alcoolique du vin résultant de la fermentation du moût ainsi enrichi ; il serait facile de la calculer en se basant sur les données suivantes :

1° Le moût de raisin contient, outre le sucre, des sels et divers principes qui concourent aussi à en augmenter la densité. Il résulte de ce fait que 1 degré de densité de moût de raisin ne correspond pas à la même quantité de sucre que celle correspondante à 1 degré d'eau sucrée.

2° Le sucre de raisin contient 2 équivalents d'eau. Il s'en suit qu'un poids donné de ce sucre produira en fermentant moins d'alcool qu'un même poids de sucre cristallisé, comme le démontrent les chiffres ci-après :

1 degré de densité de moût de raisin correspond à 2 k. 500 de sucre de raisin équivalant à 2 k. 360 de sucre cristallisé.

1 k. de sucre de raisin donne en alcool pour la fermentation 0 lit. 50.

1 k. de sucre cristallisé pur produit en alcool 0 lit. 588.

En tenant compte de ces données, la richesse alcoolique produite par la fermentation du moût expérimentée s'établirait comme suit :

Alcool produit par le sucre du moût
2,500 × 8 × 0,50 =.......... 10 lit. 00
Alcool produit par le sucre ajouté
5,200 × 0,588 =............. 3 50

Alcool total....... 13 50

Résultat qu'il est facile de contracter par l'alcoomètre.

Au cas ou par une opération précédente on aurait déjà déterminé le degré alcoolique du vin de l'année à enrichir, on pourrait simplifier ses calculs sachant qu'il faut ajouter au moût 1 kilog. 750 grammes de sucre pour élever de 1 degré la richesse alcoolique d'un hectolitre.

Exemple :

Si le vin de bonne année possède une richesse alcooli-que de 10 0/0, soit 10 degrés alcooliques et que le vin de l'année à enrichir ne dose que 7 0/0, il y aurait à enri-chir ce dernier de 3. 0/0. Dans ce cas la quantité de sucre à ajouter par hectolitre serait exprimée par 1 kil. 750 × 3 = 5 kilos 250 (ce qui augmenterait le prix de l'hectolitre de vin de 5 fr. 88 en portant le prix du sucre à 1 fr. 12 le kilog.

La quantité de sucre à ajouter étant arrêtée et pesée et la cuve foulée immédiatement après son remplissage comme nous l'avons prescrit, on attend que la fermen-tation tumultueuse ait un peu diminué, ce qui a lieu lorsque l'écume surmontant le chapeau commence à descendre. On répand alors le sucre sur le chapeau et et on le mélange à la masse par un nouveau foulage. Cette pratique se fonde sur ce que la fermentation s'établit difficilement dans un liquide trop riche en sucre. On ne doit pas cependant attendre qu'elle ait cessé pour faire cette addition.

Le foulage se répètera à plusieurs reprises pour bien mélanger toutes les parties ; mais on devra, surtout si la fermentation est intense et se fait en cuve ouverte, cesser au bout de 2 à 3 jours pour éviter d'enfoncer dans la masse le dessus du chapeau qui aurait pu déjà subir un commencement de fermentation acétique. On évite cet inconvénient en opérant en cuve close.

2. *Fabrication des seconds Vins par le sucrage des marcs.*

Nous appelerons vins de marcs les vins ainsi obtenus : Après le soutirage, il reste encore dans la cuve 1/4 ou 1/5 du vin et tous les marcs.

Le vin soutiré contient le sucre transformé en alcool et une partie de la matière colorante du tanin et des sels qui s'est dissoute pendant la fermentation, mais le marc est loin d'être épuisé. Les rafles, les pellicules, les pepins du raisin contiennent encore une quantité considérable des principes constituants des vins qui n'ont pu être dissous par la première macération et l'expérience a démontré qu'en versant sur ces marcs une quantité d'eau sucrée égale au volume du vin extrait de la cuve, il se produit une nouvelle fermentation dont le produit est un 2me vin, inférieur, il est vrai au premier, mais constituant encore une boisson salubre et confortable.

Selon la qualité de la vendange et la manière plus ou moins parfaite dont il a été préparé, on peut évaluer la valeur de ce produit à la moitié ou aux deux tiers de celle du vin naturel, et, en tous cas, il est mille fois préférable à ces liquides malsains qu'un commerce inavouable nous apporte sous le nom de vin.

Beaucoup de vignerons, après une première opération en font encore une seconde et une troisième toujours sur le même marc qui se trouvant de plus en plus épuisé donne des liquides de qualité de plus en plus inférieure. Les vins de marc pour se conserver doivent doser au moins le 8 0/0 d'alcool, ce qu'on désigne en langue usuelle par 8 degrés. Or, comme il faut 1 kil. 700 grammes de sucre pur pour produire par la fermentation un litre d'alcool dans un hectolitre d'eau il en faudrait 8 fois plus pour l'élever à 8 degrés, exemple : 1 kilog. 700 gr. $\times$ 8 = 13 kil. 600. Mais pour obtenir ce résultat théorique il faudrait :

1° Que le sucre fut rigoureusement pur ; 2° que la fermentation s'exécuta dans les meilleures conditions et sans aucune acétification. Or, les choses ne se passent pas ainsi ; les bons sucres cristallisés ne contiennent jamais plus de 99 p. 0/0 de sucre pur et souvent la fermentation est défectueuse, il est donc bon d'augmenter un peu le chiffre théorique en le portant à 1 kil. 750 gr.

Il faudra donc pour porter un hectolitre d'eau à 8 degrés alcooliques ajouter une quantité de sucre représentée par 1 kil. 750 gr. $\times$ 8 = 14 kil.

Exemple :

Soit une cuvée devant produire 20 hectolitres de vin. Supposant qu'on ait extrait de la cuve par le soutirage 15 hectolitres de vin de goutte, la quantité d'eau à ajouter sera de 15 hectolitres et celle du sucre de 1 kil. 750 $\times$ 8 $\times$ 15 hect. = 210 kil. de sucre.

En cas de maturité imparfaite, il sera bon de porter le vin à 9 degrés au lieu de 8. Il y aurait inconvénient à l'élever au delà de 10 degrés, la fermentation ne se faisant plus aussi bien.

Le vin de presse, est comme on le sait, plus coloré et plus riche en tanin que le vin de goutte. C'est par le mélange de ces deux vins qu'on obtient une bonne coloration. Dans la méthode que nous venons d'indiquer, le pressurage du vin naturel restant dans la cuve, la partie soutirée est un peu faible en couleur, ce qui préjudicie à la vente, nos acheteurs de Savoie accordant une grande importance à la coloration. Pour éviter cet inconvénient, nous avons dû nous mettre à presser les marcs et à les remettre ensuite dans la cuve sans toutefois les recouper. Les vins de marc obtenus de cette façon sont, il est vrai, d'une qualité un peu inférieure mais encore très acceptable. On pourrait obtenir une teinte plus foncée en forçant la dose de marc ou en faisant usage comme nous le dirons plus loin de marcs de raisins non fermentés.

Quelque soit d'ailleurs le mode adopté on devra tenir compte selon les cas des indications que nous allons donner.

1° La fermentation s'établissant plus difficilement dans un moût fortement sucré on fera bien de ne dissoudre dans l'eau que la moitié du sucre et de n'ajouter le reste que lorsque la cuve est en pleine ébullition.

2° Le sucre devra être complètement dissout dans l'eau avant son addition au marc. Il sera bon de verser la solution légèrement chaude ; mais sa température ne devra pas dépasser 60° cent.

3° La fermentation une fois commencée devient très intense. On devra se tenir en garde contre le développement de la fermentation acétique, pour cela veiller à ce que la température de la masse en ébullition ne dépasse pas 30° cent., et prendre soin de ne pas trop remplir la cuve, de manière à ce que son contenu même au plus fort de la fermentation se trouve toujours à 30 ou 40 centim. au dessous du bord supérieur. La couche d'acide carbonique qui remplira ce vide préservera le chapeau de l'acétification en interceptant le contact de l'air.

4° Pour que la dissolution des principes du marc soit aussi complète que possible, il importe que pendant toute la durée de la fermentation le liquide soit en contact avec celui-ci. Il faut donc au moins que le chapeau soit complètement immergé ; mais ce qu'il y aurait de mieux serait d'adopter le système de clayonnage préconisé par M. Michel Perret, qui a l'avantage de diviser les couches de marc et de les intercaler dans toute la masse du liquide.

5° Toujours dans le but d'assurer le plus complet épuisement des matériaux utiles des marcs, on fera bien de ne mettre d'abord dans la cuve que la quantité d'eau sucrée nécessaire pour le baigner complètement. Le reste sera ajouté par portions successives de manière à raviver la fermentation chaque fois qu'elle tend à s'éteindre.

6° L'analyse comme la dégustation démontre que les éléments qui font le plus défaut à ces vins sont les acides et le tanin, il sera donc avantageux de leur additionner ces matières en quantités variables selon les années, les plants et le degré d'épuisement des marcs. Les doses à employer par hectolitre oscilleront entre 50 et 100 grammes pour l'acide tartrique et entre 10 à 15 grammes pour le tanin. Ces additions sont faites à la cuve en même temps que le sucre.

7° Pour la production des vins blancs la vendange est ordinairement pressée sans fermentation préalable, les marcs qu'elle fournit étant moins épuisés contiennent une plus forte proportion des éléments constituants des vins que ceux qui ont fermenté et sont par conséquent plus avantageux Désirant me rendre compte de cette différence je fis en 1873 deux cuvées de vin de marcs composées comme suit :

Cuvée n° 1.

Marc de mondeuse ayant produit au décuvage   6 hect.
Id. de raisins blancs, plants divers ayant produit   10 »
    Plus le recoupage d'une forte presse de douce noire.

                               16 »

Cuvée n° 2.

Marc de mondeuse ayant fourni au décuvage   16 hect.

Pour les deux cuvées, même proportion d'eau, de sucre et de marc. A la dégustation, le vin de la cuvée n° 1 fut trouvé très supérieur à celui de la cuvée n° 2, non seulement par la force et la franchise du goût, mais encore, ce qui est à noter par une coloration plus intense, bien que cette cuvée contint près des deux tiers de marcs blancs. La vendange de certains cépages blancs se faisant souvent 15 à 20 jours avant le décuvage des vins rouges, on pourra conserver ses marcs pendant ce laps de temps en les laissant sur le pressoir auquel on donne chaque jour un tour de barre pour les maintenir comprimés aussi fortement que possible. Au moment de les livrer à la fermentation on enlève avec la doloire une mince couche extérieure couverte de moisissure, après quoi ils sont immédiatement désagrégés et mis en cuve. On pourrait également les mettre en fût dans lesquels on verse après les avoir fortement tassés, autant d'eau alcoolisée à 1/10 qu'ils en peuvent contenir. Le fût est ensuite soigneusement bouché. Les marcs peuvent se conserver ainsi six mois sans altérations, ce qui permet de les utiliser plus tard lorsque pour une raison quelconque on n'aurait pu faire ses vins de marcs à l'époque du décuvage.

Veut-on connaître le prix de revient de ces vins? Prenons l'exemple cité plus haut dans lequel 210 kilos de sucre ont produit 15 hectolitres.

Dépense :

210 kil. sucre cristallisé n° 3 à 112 fr. les 100 kil., port compris.................. 235 20

500 litres de vin resté dans la cuve à 50 f. l'hec. 250 »

Total...... 485 20

On a obtenu ainsi 20 hectolitres coûtant.. 485 20

Prix de l'hectolitre........ $\dfrac{485\ 20}{20} =$ 24 26

Tout ce que nous avons dit sur l'amélioration des moûts peut s'appliquer aux cidres et poirés, en tenant compte de ce fait qu'un moût de fruit marquant au densimètre 1,055 soit 5 degrés 1/2 produit d'excellent cidre. Il faudra donc ajouter au moût à améliorer autant de fois 2 k. 600 gr. de sucre qu'il lui manque de degrés pour atteindre 5°50.

L'ouillage de la Vendange.

Une autre combinaison s'offre encore au propriétaire qui, au lieu de faire du vin naturel et du vin de marc, préférerait simplement augmenter la quantité de son vin.

Cette combinaison convient surtout au petit cultivateur qui, ne récoltant pas assez de vin pour sa consommation, serait bien aise d'accroître le produit de sa récolte en se contentant d'une boisson de qualité moyenne.

Il pourra dans ce cas ajouter à sa cuve autant d'eau que la vendange qu'elle contient peut produire de vin et additionner à cette eau la quantité de sucre nécessaire pour l'élever au degré de densité du moût naturel.

Il n'est pas besoin de dire que si l'on désirait améliorer la qualité tout en augmentant la quantité on n'aurait qu'à augmenter la dose de sucre.

Nous nous bornons à indiquer ces diverses combinaisons qu'on pourra modifier à son aise en établissant ses calculs d'après les bases indiquées dans ce travail.

3 *Production des eaux-de-vie fines.*

Les bonnes eaux-de-vie atteignent chez nous des prix très élevés qui doivent nous engager à donner de l'extension à cette fabrication.

Non seulement les marcs de raisin après les 2me et 3me cuvées sont encore propres à donner de l'eau-de-vie par la distillation, mais ils en fournissent même davantage que les marcs non soumis au sucrage.

Les marcs de vin blanc qui n'ont pas fermenté avec le moût étant moins épuisés sont plus que tous autres aptes à cette destination. Voici le procédé que nous indique M Pezeyre dans ses *Conseils aux vignerons :*

« Le marc de raisin est repris et mis en fermentation « avec l'eau sucrée à 20 p. 0/0, en volume égal à celui

« du jus rendu par le raisin pressuré. Cette opération
« constitue la 1ʳᵉ cuvée de marc. La fermentation de la
« 1ʳᵉ cuvée étant terminée, on soutire le vin et, de suite,
« on verse sur le même marc, non pressuré, autant d'eau
« sucrée que pour la première opération. On laisse fer-
« menter, on tire le vin lorsque sa fermentation est
« achevée, et l'on fait passer le marc au pressoir afin
« d'en extraire tout le liquide que l'on mêle au vin de la
« première cuvée.

« Le marc qui a fourni deux cuvées de vin d'eau sucrée,
« pressuré, doit être distillé de suite, en nature; c'est-
« à-dire pellicules, rafles et pepins, le tout jeté ensemble
« dans la chaudière de l'alambic, avec la quantité d'eau
« nécessaire pour le couvrir deux fois. »

Les vins ainsi obtenus auront été mis en fût pour être
distillés aussitôt qu'ils ne donneront plus aucun signe de
fermentation. Ils fourniront d'excellentes eaux-de-vie de
vin.

Pour produire 1 litre d'alcool absolu (à 100 degrés)
il faut :

1 k. 750 gr. de sucre à 1 fr. 12 le kilog... 1 96
Frais de distillation..................... 0 40
Dépense totale...... 2 36

Un litre d'alcool produisant 2 litres d'eau-de-vie à 50
degrés, le prix de revient du litre est donc $\frac{2,36}{2} = 1,18$

dont la vente à 2 fr. donnera un bénéfice net de 0,82.

4. *De la fabrication des vins de raisin sec.*

Les raisins secs renferment à l'état de concentration

tous les principes qui entrent dans la composition des vins naturels, mais ils ne s'y trouvent pas dans les mêmes proportions. L'eau et les acides n'y existent qu'en petite quantité et la matière colorante semble avoir été détruite par la dessication, car les vins fabriqués mêmes avec des raisins noirs sont dépourvus de couleur.

On a proposé l'emploi des raisins secs pour remplacer le sucre dans l'amélioration des moûts, la multiplication des vendanges et le traitement des marcs. Ce rôle a été trop étendu à notre avis et des considérations économiques nous portent à affirmer qu'il doit se borner à la fabrication du vin dans le cas seulement ou la vendange et les marcs feraient défaut.

En effet, bien que le prix de revient des vins de sucre soit supérieur à celui des vins de raisins secs, les premiers doivent être préférés parce qu'ils peuvent être consommés tels quels. Les vins de raisins secs, au contraire, de qualité médiocre et dépourvus de couleur ne peuvent passer dans la consommation courante qu'à l'état de coupages avec des vins riches et colorés ce qui en élève le prix.

La fabrication de ces vins est des plus simples. La qualité de raisins la plus avantageuse est celle dite de Corinthe, dont le prix varie de 55 à 60 fr. les 100 kil. Il en faut 3 kil. 226 gr. pour élever un hectolitre d'eau de 1 degré alcoolique.

Supposons qu'on veuille obtenir un vin à 8 degrés la quantité à employer par hectolitre d'eau serait 3k.226gr. H $\times$ 8 = 25 kil. 808 gr. Lorsque ce vin doit être mélangé à d'autres vins déjà riches en alcool tels que ceux d'Espagne et d'Italie, il suffira de lui donner une richesse de

6 à 7 degrés. Dans tous les cas, il sera bon d'ajouter à la cuve de 30 à 50 grammes d'acide tartrique par hectolit. d'eau. Cette proportion variera avec la nature du vin qu'on se propose d'employer au coupage.

Le raisin sera placé dans la cuve avec l'eau qu'on fera bien, surtout en hiver, de faire chauffer à 25 ou 30 degrés centigr. On devra aussi pendant cette saison, maintenir le local à une température de 20 à 25 degrés centigr. jusqu'à ce que la fermentation soit en pleine activité. Les matières seront agitées 1 ou 2 fois par jour, du début à la fin de la fermentation, qui dure en général de 6 à 8 jours, à partir de la mise en cuve. Si malgré ces soins la cuve ne fermentait pas, il faudrait soutirer une partie du liquide qu'on chaufferait à 50 degrés et qu'on reverserait au moyen d'un tube surmonté d'un entonnoir et plongeant jusqu'au fond de la cuve. Le décuvage aura lieu lorsque la fermentation touchera à sa fin, sans attendre toutefois qu'elle soit complètement tombée.

Les marcs pressés devront être distillés immédiatement ou livrés au bétail ou à la volaille Le vin mis en fût sera soutiré au bout de 15 jours et collé 8 à 10 jours après s'il n'est pas clair.

Dans ces conditions le prix de revient d'un hectolitre d'un vin à 8 degrés peut s'évaluer comme suit :

25 k. 808 gr. de raisins de Corinthe à 0 fr. 60 le k. 15,50

Le mélange de ce vin à 1/3 de vin naturel à 0,50 le litre porterait le prix de l'hectolitre à 27 fr.

Les propriétaires qui désireraient de plus amples

détails sur les matières traitées dans cet opuscule pourront consulter les auteurs ci-après indiqués :

Le Sucrage, conseils aux vignerons pour le sucrage des vendanges et des marcs de raisin nos des 24 Septembre 1881 et 2 et 3 juillet 1882.

La Vérité sur les raisins secs, appliqués aux boissons, par Bessede fils, et les divers articles publiés par M. Tochon, dans le Bulletin de la Société Centrale d'Agriculture du département de la Savoie.

TABLEAU N° 1.

Densités à la température de 15° cent. correspondant avec les degrés de l'aréomètre Baumé.

DEGRÉS BAUMÉ	DENSITÉS CORRESPONDANTES
0	1.0000
1	1 0069
2	1 0140
3	1 0212
4	1 0285
5	1.0358
6	1 0434
7	1 0509
8	1 0587
9	1.0665
10	1 0744
11	1.0825
12	1.0907
13	1 0990
14	1.1074
15	1.1160
16	1.1247
17	1 1335

TABLEAU N° 2.

Tableau des quantités de sucre à ajouter par hectolitre de moût de vin ou de cidre pour augmenter la richesse alcoolique ou la densité dans des proportions déterminées (Extrait du journal *Le Sucrage*, et modifié en conformité des bases posées dans le présent mémoire.).

AUGMENTATION du degré ALCOOLIQUE du V I N	QUANTITÉ de SUCRE à AJOUTER	AUGMENTATION du degré DENSIMÈTRIQUE du M O U T	QUANTITÉ de SUCRE à AJOUTER
1 degré	1 k. 750 g.	1 degré (densité)	2 k. 600 g.
2 —	3 — 500	2 —	5 — 200
3 —	5 — 250	3 —	7 — 800
4 —	7 — 000	4 —	10 — 400
5 —	8 — 750	5 —	13 — 000
6 —	10 — 500	6 —	15 — 600
7 —	12 — 250	7 —	18 — 200

Tableau N° 3.

Richesse probable en alcool du vin provenant de moûts à divers degrés de densité pur (extrait du même journal)

DENSITÉ DES MOUTS	RICHESSE en ALCOOL	ALCOOL à OBTENIR	OBSERVATIONS
1.060 (6 degrés)	15.00	7 50	On voit qu'un degré de densité du moût de raisin ou de cidre représente à très peu près 2 kilog. 500 de sucre par hectolitre et 1 litre 250 d'alcool.
1.065 (6° 50)	16 25	8.10	
1.070 (7° »)	17.50	8.75	
1.075 (7° 50)	18 75	9 40	
1.080 (8° »)	20.00	10 00	
1.085 (8° 50)	21.25	10.60	
1.090 (9° »)	22 50	11.25	
1.095 (9° 50)	23.75	11 85	
1 100 (10° »)	25 00	12.50	
1.105 (10° 50)	26.25	13 10	
1.110 (11° »)	27.50	13.75	

HOMÉLIE

PRÊCHÉE PAR SAINT AVIT

Au commencement du VIe siécle

EN LA BASILIQUE DE SAINT-PIERRE EN TARENTAISE

A L'OCCASION DE SA CONSÉCRATION

———

La cathédrale de Moûtiers est nécessairement comprise dans l'étude des *Monuments antiques de la Tarentaise* qui occupe depuis longtemps mes moments de loisir.

Mes recherches pour l'étude historique de cette église, dont la première construction, due à saint Marcel, évêque des Centrons, remonte au v° siècle, m'ont procuré des fragments authentiques de l'Homélie prononcée par saint Avit, évêque de Vienne, dans notre antique cathédrale, vers la fin du premier quart du vie siècle.

Avitus, né d'une famille illustre des Gaules, où la charge épiscopale était comme héréditaire depuis plusieurs générations, avait succédé à son père Isicius sur le siège de Vienne en Dauphiné. Il était proche parent de l'empereur Avitus et du maître des milices Ecdicius.

Par décision du pape Léon Ier, rendue en 450, l'évêque de Vienne exerçait le droit de métropolitain sur les diocèses de Valence, Tarentaise, Genève et Grenoble. Cette décision fut confirmée en 513 par le pape Symmaque.

L'évêque de Vienne pratiquait le droit de consécration ou de dédicace des édifices religieux dans le territoire de sa province ecclésiastique, droit expressément refusé dans chaque diocèse, — sauf le consentement de l'ordinaire, — par les conciles d'Orange en 441 et d'Arles en 452, aux évêques étrangers.

Avitus fut revêtu de la qualité de sénateur romain, et, se trouvant mêlé, comme évêque et comme sénateur, à toutes les questions religieuses et politiques, il exerça une influence prépondérante sur l'Eglise, les princes et les peuples de la Burgondie.

Dans un siècle où la barbarie dominait et où le culte aux anciens dieux n'avait pas encore complètement disparu, la tâche de saint Avit fut rude et difficile.

A cette époque, les Ariens étaient très nombreux dans le royaume de Bourgogne, dont Vienne était alors la capitale. La destruction de l'hérésie arienne fut la principale occupation de son long épiscopat.

Il fit de pressantes mais inutiles instances pour amener le roi Gondebald à confesser publiquement la vraie foi catholique. Lors de la réunion, à Lyon, en septembre 499, de beaucoup d'évêques méridionaux, sous prétexte de célébrer la fête de saint Just, fameux évêque de Lyon dans le IVe siècle, mais en réalité dans le but « d'essayer si les Ariens, qui divisaient la religion catholique, se pourraient ramener à l'unité, » ces prélats allèrent trouver Gondebald dans sa villa de *Sarbiniacum*, et Avitus, portant la parole au nom de tous, lui dit : « Si votre Excellence voulait procurer la paix de l'Eglise, nous sommes prêts à démontrer que notre foi, et non la vôtre, est selon l'Evangile et les apôtres : vous avez ici quelques-uns des vôtres instruits en toutes sciences; ordonnez qu'ils s'entretiennent avec nous, et qu'ils essaient de répondre à nos raisons comme nous répondrons aux leurs. »

— « Si votre foi est la vraie, répliqua Gondebald, d'où vient que vos évèques n'empêchent pas le roi des Franks de s'associer à mes ennemis pour me détruire? car la foi n'est pas là où sont le désir du bien d'autrui et la soif du sang des peuples. Que le roi des Franks montre sa foi par ses œuvres! »

— « Nous ne savons, reprit Avitus, pourquoi le roi des Franks fait ce que vous dites, mais l'Ecriture nous apprend que le Seigneur suscite des ennemis de toutes parts contre ceux qui se déclarent contre lui; revenez avec votre peuple à la loi de Dieu, et il donnera la paix à votre royaume. »

Gondebald entendit, sans montrer de colère, ces menaces mal déguisées par le ton respectueux du prélat, et se contenta de répondre qu'il n'était point hors la loi de Dieu, « parce qu'il ne croyait pas à trois dieux. » Il écouta paisiblement les explications d'Avitus sur la Trinité, releva ce prélat, qui s'était jeté à ses pieds ainsi que les autres évêques, et accorda la conférence pour le lendemain. Elle se tint dans le palais royal de Lyon, en présence des principaux personnages barbares et romains de la contrée; on se querella pendant deux jours sans se convaincre réciproquement ; et, après qu'Avitus eût déployé beaucoup d'éloquence contre le champion des Ariens, le théologien hérétique Bonifacius, les adversaires se séparèrent, plus aigris qu'auparavant. Gondebald, soit scrupule sincère, soit crainte de s'aliéner les Burgondes en gagnant les Gallo-Romains, ne changea pas de religion! (1)

Avitus fut plus heureux dans son apostolat auprès du fils de Gondebald, le roi Sigismond, dont il obtint l'éclatante conversion, ainsi que celle de son fils Sigeric. il leur témoigna ensuite son dévouement et demanda leur concours pour l'application des ordonnances contre les hérétiques. Voici la lettre qu'il écrivit à ce sujet, entre les années 514 et 516, au roi Sigismond.

« AVITUS, ÉVÊQUE DE VIENNE, AU ROI SIGISMOND,

« Je dois, toute ma vie, vous témoigner l'expression de mon dévouement; mais je le dois plus particulièrement encore à propos de la fête actuelle (2), qui est, par votre

(1) Henri Martin, *Hist. de France*, t. Ier, p. 431, 432.
(2) Fête de saint Pierre, patron du diocèse de Genève, à laquelle prenaient part les hérétiques.

sollicitude, une occasion de surveiller les tentatives des hérétiques, en même temps que de vaquer à la célébration de notre culte. La tâche vous incombe, en effet, lorsque, chaque année, nos adversaires se réunissent par une sorte de contagion, de soigneusement empêcher que, par leur ruse artificieuse, ils ne fassent renaître ce qu'avec la grâce de Dieu vous avez déjà si courageusement et si victorieusement détruit, quelle que soit la résistance qu'on oppose, sous vos yeux, au triomphe de Jésus-Christ. Ainsi, grâce à cette sollicitude, se trouvera plus vigoureusement réprimée la faction genevoise, qui, comme aux premiers jours du monde, a fait pénétrer dans le cœur des hommes, par le sifflement des paroles féminines, le venin des serpents.

« C'est pourquoi je désire, à supposer que j'en sois digne, être instruit le plus promptement possible, si, après s'être mis d'accord avec le roi, père de votre Majesté, on a cessé d'appliquer l'ordonnance qui avait introduit dans les discussions entre catholiques et Ariens cette peste des honnêtes gens vomie par l'enfer (1) ; ou bien, si l'on continue à se laisser duper par crédulité, ou plutôt par cette hypocrisie perfide, qui, moins imprimée dans les cœurs que couchée sur le papier, en revient peu à peu, grâce à une autorisation expresse, à ses anciennes opinions. Certainement, si cette secte continuait, comme elle avait commencé, à se confondre avec les Ariens,

(1) Les Photiniens.

notre triomphe, sous votre règne, n'en serait que plus
éclatant, puisque, les deux hérésies étant réunies en une
seule, on verrait diminuer par nos conquêtes et nos
arguments le nombre des schismatiques et des schismes.

« Daignez donc répondre à mon humble requête,
et, à propos des fêtes de l'apôtre, votre patron particulier, accordez à notre impatience la double satisfaction de recevoir de vous, sur vous-même, de bonnes
nouvelles (1).

Avitus combattit aussi les Photiniens avec la plus
grande énergie, qu'il appelait « la peste des honnêtes
gens » et dont la « très pernicieuse hérésie, dit-il,
qui, en faisant dater de Marie l'origine de notre
Seigneur, blasphème Dieu le père par son impiété
envers le Fils. (2) »

Avitus comprit l'immense service que Clovis venait
de rendre à l'orthodoxie par sa conversion. Il comprit
aussi que la cérémonie de Reims avait ébranlé tous les
trônes Ariens. Aussi s'empressa-t-il d'écrire au roi
Frank la remarquable lettre suivante :

« La divine Providence vous a donné pour arbitre à
notre siècle; en choisissant pour vous la vraie croyance,
vous décidez pour tous; votre foi est notre victoire !.....
Bien que je n'aie point assisté corporellement aux pompes
de votre régénération, j'ai participé aux joies de ce grand

(1) *Aviti Opéra*. Ep. 29, p. 77.

(2) *Id*. Ep. 28, p. 84.

jour : grâce à la bonté divine, nos régions avaient appris
l'heureuse nouvelle avant que votre baptême fut accompli;
notre anxiété avait disparu, et la nuit sacrée de la
Nativité nous a trouvés assurés de vous! Nous en suivions
en esprit toutes les cérémonies; nous voyions la troupe
des pontifes répandre sur vos membres royaux les ondes
vivifiantes; nous voyions cette tête redoutée des nations
se courber devant les serviteurs de Dieu, ces cheveux,
nourris sous le casque, revêtir l'armure de l'onction
sainte, et ce corps purifié déposer la cuirasse de fer,
pour briller sous la blanche robe du nouveau chrétien....
Ce léger vêtement fera plus pour vous qu'une impéné-
trable armure! Poursuivez vos triomphes; désormais,
partout où vous combattez, nous vainquons! (1) »

Cette lettre, pleine d'enseignements, nous montre
combien était grande la renommée d'Avitus, puisqu'il
écrivait directement à un roi étranger à son pays et
qu'il ne connaissait certainement pas. Avitus se réjouit
avec raison de la nouvelle victoire du catholicisme, il en
entrevoit tous les résultats et il comprend que la conversion du maître amènera celle de ses sujets. Nous
voyons que les prélats de la Gaule avaient entre eux des
correspondances promptes et suivies, puisqu'Avitus connaissait d'avance le jour fixé pour le baptême de Clovis.
On dirait même que déjà étaient arrivées à ses oreilles,
avant qu'il n'écrivit cette lettre, les paroles célèbres de
saint Remi, prononcées au moment où le « nouveau Cons-

(1) Henri Martin, *Hist. de France*, t. Iᵉʳ p. 426 — 427.

tantin » descendit dans la cuve baptismale : « Adoucis-
toi, Sicambre, et courbe la tête; » car il se sert d'expressions presque aussi fortes, montrant la puissante
autorité morale, à cette époque, des évêques sur les
rois.

Ainsi que l'avait pressenti Avitus, la conversion de
Clovis fut l'alliance de la race franke avec la Gaule
chrétienne.

Avitus ne reculait pas devant la lutte, même avec ses
supérieurs hiérarchiques, lorsqu'il la croyait utile à
l'Eglise. Autant inébranlable dans ses principes qu'inflexible en orthodoxie, contrairement à l'avis du pape
Jean Ier, qui écrivait aux évêques d'Italie : « Partout où
vous trouverez des églises occupées par les Ariens,
hâtez-vous de les consacrer au culte catholique, » il
déclarait que la politique, comme la conscience, inter-
disait une telle conduite.

« Enlever aux hérétiques leurs églises, disait-il, c'est
leur fournir un légitime motif de nous regarder comme
des persécuteurs, et la mansuétude catholique ne doit
prêter le flanc ni à leurs calomnies ni à celles des païens.
Ne leur donnons pas la satisfaction du martyre. Qui sait,
d'ailleurs, si nous ou les nôtres n'aurions pas à souffrir
les représailles de nos adversaires devenus triomphants?
Mais il y a plus : on peut convertir un hérétique, j'avoue
ignorer comment on s'y prend pour purifier une chose
insensible. On change les cœurs, mais il n'y a pas de
bénédiction capable d'effacer les souillures matérielles.
Notre Seigneur a voulu être enterré dans un tombeau

neuf et l'on ne parviendra jamais, quoique l'on fasse, à purifier un sépulcre dans lequel un cadavre a pourri. On a beau jeter hors d'une église les ossements du dogme hérétique, la puanteur reste, et plutôt que d'y déposer les membres du Christ, je préfère la laisser vide dans une éternelle solitude (1). »

Conformément à ces principes, les évêques de la province de Vienne, — parmi lesquels la Tarentaise a l'honneur de compter Sanctius, le même qui fit construire l'église à l'occasion de laquelle Avitus prononça l'homélie dont nous nous occupons, — réunis au concile d'Epaone en 517, sous la présidence de saint Avit lui-même, avaient promulgué le canon suivant (33) : « Nous dédaignons d'appliquer aux usages sacrés les basiliques des hérétiques; car nous les avons en une si grande exécration, que nous regardons leur souillure comme irrémédiable (2). »

Un des articles de la *Loi de Gondebald* consacrait, dans les procès criminels et même civils, le combat judiciaire entre deux champions, le « jugement de Dieu » par les armes, lorsque le plaignant refusait de se contenter de la dénégation de l'accusé confirmée par le serment de douze parents et amis. Avitus s'opposa à la consécration du duel judiciaire, motivé, dans la loi de Gondebald, sur la fréquence et le scandale des faux serments (3).

(1) Aviti Opera, Epit., t. IV, p. 24, 28.

(2) Labbe, *Concilia*, t. IV, p. 1580.

(3) Henri Martin, *Hist. de France*, t. Ier, p. 437.

On pense que c'est sur les conseils de saint Avit que le roi Sigismond institua, dans le couvent de St-Maurice, à Agaune, le *Chant perpétuel*, en expiation du meurtre, par son ordre, de son fils Sigeric.

Si Avitus fut inflexible en orthodoxie, on a des fautes à lui reprocher en politique. Les grands hommes mêmes ne sont pas exempts des faiblesses de l'humanité.

A cette époque où il importait souverainement d'amener les princes dans le giron de l'Eglise si on voulait y voir rentrer le peuple, on comprend que le clergé devait leur faire d'importantes concessions ; il devait même employer son influence auprès des habitants pour leur faire supporter avec patience le joug de la domination des Burgondes et des Franks afin de s'attirer les bonnes grâces de leurs rois. Cependant, certains actes d'Avitus ne peuvent être justifiés. Ces actes blâmables doivent être attribués à l'inégalité de son caractère, qui offre un singulier mélange d'énergie et de faiblesse. Tantôt il flatte les pouvoirs politiques et tantôt il les censure. Il joint à l'audace superbe du dominateur des faiblesses inexcusables. Il a poussé le courage jusqu'à braver l'exil pour n'avoir pas voulu plier les lois canoniques selon le désir d'Etienne, favori du roi Sigismond, à propos de son mariage avec la sœur de sa première femme (1), et la faiblesse jusqu'à féliciter le roi Gondebald de la mort providentielle de ses trois frères, par laquelle il restait seul maître du trône,

(1) Dom Bouquet, *Recueil des historiens des Gaules*, T. iii, p. 404.

bien qu'il sût, d'après plusieurs auteurs, qu'il était leur assassin. Ce qui explique cette irrégularité de conduite en politique, c'est qu'il mettait, avant tout, les intérêts de l'Eglise, qu'il appelait la « vérité catholique. »

« Illù repositum est quicquid prosperum fuit catholicæ veritati. »

Avitus fut un puissant orateur, un théologien éminent, un profond politique, l'un des plus grands prélats de son temps et l'admiration de ses contemporains, dont l'un, Ennodius, dit de lui qu'il était « le plus distingué des Gaulois, et que, dans sa personne, comme dans l'intérieur d'une maison transparente, étaient enfermés tous les talents. »

Saint Avit cultiva les muses et imita les grands modèles de l'antiquité. MM. Ampère et Guizot l'ont mis en parallèle avec Milton. Il écrivit un grand nombre d'homélies, dont plusieurs furent publiées en un volume (1).

Il existe à la Bibliothèque nationale de Paris, sous le n° 8,913 du fond latin, un recueil des lettres et des homélies de saint Avit, écrites sur papyrus, composé de quinze feuillets, plus ou moins mutilés, dont la transcription est assurément du vi° siècle (2).

Les feuillets ne forment malheureusement pas une

(1) Aviti Opera, p. 213.

(2) Léopold Delisle, *Etudes paléographiques et historiques sur des papyrus du VI° siècle*, p. 11,

série continue, et, grâce à l'ignorance du relieur qui en a fait un volume, la suite du sujet n'est pas toujours sur les deux côtés du même feuillet.

La fin du sixième feuillet, mutilé, incomplet à sa base et monté à l'envers par le relieur qui en a pris le verso pour en faire le recto, et réciproquement (1), est remplie par le commencement d'une homélie, prêchée par saint Avit, dans la basilique de saint Pierre, à Moùtiers, que Sanctius, évêque de Tarentaise, venait de faire construire.

Ce fragment contient sept lignes, dont la première est incomplète par suite de la déchirure du papyrus. Les premières lettres des quatre dernières lignes manquent par la même cause et quelques mots ont subi une notable dépréciation.

La première ligne énonce le titre de l'homélie et les autres en forment l'exorde.

Je puis donner la traduction de ce fragment authentique, grâce à l'obligeance de M. Anatole Chabouillet, conservateur du département des médailles et antiques de la Bibliothèque nationale, qui a bien voulu recourir à l'obligeance de l'un de ses savants amis, qui a tenu à cacher son nom sous le voile de la modestie; je les prie de vouloir bien recevoir l'hommage de ma reconnaissance.

L'on n'a pu découvrir, jusqu'à ce jour, à quelle homélie appartiennent les deux pages du feuillet douze.

M. Delisle a pensé qu'elles pourraient vraisemblable-

(1) Léopold Delisle, ibid., p. 17.

ment faire partie d'une homélie prononcée à Genève, par saint Avit, lors de la célébration d'une dédicace (1), M. Rilliet, ancien professeur à l'Académie de Genève, dit qu'on ne peut, pour plusieurs raisons, les attribuer à ce discours, surtout parce qu'elles renferment des détails qui conviennent à un tout autre site qu'à celui de de Genève (2).

Jérôme Bignon pensait, avec raison, qu'elles appartenaient à l'homélie prêchée par Avitus en Tarentaise.

La description des lieux, principalement, et ensuite l'allusion faite à saint Pierre et à saint Paul, patrons de notre cathédrale, dans ces deux pages, nous autorisent à les revendiquer ; elles constituent très vraisemblablement la dernière partie du discours prononcé par saint Avit à Moûtiers, dont le commencement termine le sixieme feuillet du recueil précité.

Il n'est pas facile de dégager la pensée d'Avitus des termes abstraits, des périphrases, des antithèses dans lesquels il se complaît.

J'ai, pour le travail difficile de la traduction, appelé à mon aide MM. Miédan-Vital et Charles, chanoines, qui ont bien voulu me prêter leur précieux concours.

Je donne le texte, la traduction et l'analyse raisonnée de ces fragments, précieux pour l'histoire de notre vieille cathédrale et pour celle du diocèse de Tarentaise. Cepen-

(1) Léopold Delisle, id., p. 20.

(2) Rilliet, id., p. 79-80.

dant, malgré tous nos efforts pour obtenir une bonne version, nous ne sommes pas certains d'avoir toujours exactement saisi et rendu le sens de l'original.

Voici le titre et l'exorde, probablement incomplet, de cette homélie :

PRÊCHÉE EN L'ÉGLISE DE SAINT PIERRE, CONSTRUITE PAR SANCTUS, ÉVÊQUE DE TARENTAISE.

« Il est juste de dire que la puissance de l'orateur diminue en raison de la grandeur du sujet qu'il traite.

« Malgré la peine que je me suis donnée pour préparer mon discours, il restera au-dessous de ma tâche.

« [*J'espère qu'on sera indulgent*] (1) envers celui qui fait tous ses efforts pour rendre ce discours convenable.

« *Dicta in basilica sancti Petri quam Sanctus episcopus Tarantasie condidit.*

Par est decrescat facultas virium crescente materia gaudiorum

... igentis acui pretiosum laborem adstructio condigna non sequitur.

.... us tamen ea....... em quam declamationem implere conanti etiam

---

(1) Les mots en italique placés entre crochets sont restitués par conjecture.

« Quoique notre parole ne soit pas à la hauteur de notre mission, nous ferons au moins preuve de bonne volonté.

« La brièveté ne nuit pas à l'éloquence, concentrons-nous donc dans ce qui est digne d'être loué...........

....

Il manque la moitié de la septième ligne, dont on voit la partie supérieure de quelques lettres, et probablement aussi une huitième ligne qui terminait la page.

Les lettres qui commencent les cinq dernières lignes ont également disparu. Il y a une lacune entre les mots *tamen* et *quam* de la quatrième ligne.

Nous ne possédons malheureusement pas le commencement de l'homélie proprement dite, suivant immédiatement l'exorde, et qui pouvait occuper une ou deux pages d'un feuillet disparu ou égaré. Espérons que le hasard le mettra au jour et que nous aurons alors ce discours au complet, qui nous révélera certainement des faits bien intéressants pour l'histoire de notre pays à cette époque reculée.

La fin de ce discours occupe, comme nous l'avons dit,

.... n equantur verba vel vota monstranda sunt nec decolorat

.... amplitudinem sermonis angustia per se sibi sufficit quicquid

.... et est digne laudari quod auditui... m.......

....

les deux pages du feuillet douze. Les trois premières lignes du recto sont incomplètes, la première ligne du verso manque entièrement et les trois autres qui la suivent sont mutilées Nous en donnons l'exacte reproduction. Espérons que quelque érudit remplira les lacunes que nous regrettons, en donnant le sens des phrases incomplètes par le moyen des mots qui en restent.

Fol. 12, ligne 1re..................... ....
....Nous devons tous nous réjouir
. de ce que, grâce à la puissance dont jouissent les princes catholiques, on orne, par des édifices aussi bien que par le culte que l'on rend aux patrons, les lieux de prières, les temples des martyrs, les foyers vénérés et les bourgades ; bien plus, la célébrité des saints protecteurs change en villes de simples bourgades. Nous allons indiquer dans ce discours les raisons spéciales que nous avons de nous réjouir.

« Cet édifice, sur le bord d'un fleuve, occupe un site

Fol. 12, ligne 1re..................................
.... cum quod verba non explicant........
.... con........ generali exultatione gaudendum est
quod...... florentibus scyptris catholicae potestatis orationum loca, martyrum templa, liminum sacra, ornatur oppida non menus aedibus quam patronis. Immo potius inlustratae patrociniis fiunt urbis ex oppidiis. Quod si et speciales fisti gaudium praeeunio currente tangamus. Est quidem fabrica praesens jocunda loco, iminens fluvio et

vraiment agréable et semble, de sa position dominante, imposer le respect au tumulte du torrent voisin. Ainsi resserré entre ces rives respectables, le fleuve offre, au moyen d'un pont, un passage aérien à ceux qui, de l'autre rive, viennent visiter ce grand temple sacré.

Le temple suffisant pendant la dispersion, se trouva trop petit pour la bourgade devenue cité, assise sur un emplacement bien choisi, aussi favorable aux intérêts temporels qu'aux intérêts spirituels; mais, grâce aux nouvelles constructions, ce qui était trop exigu, même pour un petit nombre, est devenu suffisant pour une population nombreuse. L'habileté des ouvriers a chassé la nuit et amené la lumière. Le jour est heureusement emprisonné dans un cachot lumineux d'où les ténèbres ont été chassées après un long séjour.

« C'est ainsi qu'autrefois la prison de Pierre le pêcheur

---

confragosum vicino torrentis tumultu velut inpendentis reverentiae terrore castigat. Cohibetur venerabilebus ripis amnis artatus, et pendolam interjecti pontis semitam ad altrinsecus expetenda sacrarum culmenum loca substernit.

« Aedis sufficiens diffusioni facta est augusta conventui. quaequae sic jocundetate habitacoli tam terrestria quam superna sollicetans cum populo suo vix sufficiat, suffecit de fabrica multifurni. Opeficium ingenio nitens expolit noctem, adpolit lucem. Quid diu tristibus tenebris arteficio proturbatis laetior intra quondam claretatis ergastolum felici custudia clausus est dies. Sic quondam carcer retifcis Petri fut illuminée par ses précieuses chaînes. Le fer du supplice devint plus brillant que les métaux précieux, les serrures s'ouvrirent seules pour laisser le passage libre et les chaînes tombèrent d'elles-mêmes avec fracas.

« De même, quand le vase d'élection instruisait les fidèles en lisant.......................................

Fol. 12, verso ligne 1re.. ....

[« *Tels sont les deux Apôtres*] dont nous réunissons ici le patronage,............. [*Que Pierre,*] qui a reçu les clefs, dépose ici le pouvoir de lier pour n'exercer que celui de délier. Qu'ici, Paul brûle du feu de sa prédication l'hérésie arienne déjà engourdie par le froid, mais dangereuse encore à cause de son venin, comme une vipère qui reste suspendue à la blessure qu'elle a faite, et qu'avec elle, les restes de toutes les autres hérésies disparaissent également.

---

pretiosum legamenum radio inlustrante resplenduit, cum ferro suppliciis coaptatu metallis pretiosiorebus plus lucerit, serrae fugerent patente adetu, catene caderent perstrepente tennetu. Sic cum vas elictionis lictione fidilium sensus instrueret...
Fol. 12, verso ligne 1re.............................
.... sunt quorum hic patrocinia conlocamu.........
satur accepit clavis, adponat hic potestatem lega.........
.... commissam soluturus exerceat. Hic Paulus arrianam heresem torpidam frigore pericolosam veneno velut viperam mordecus dependentem ignebus praedicatio-

« Ces deux princes, excellent architecte, — il s'adresse
ici à l'évêque de Moûtiers, — dominent toute la foule des
saints. Réjouis-toi donc, habile marchand, de l'office
qui t'a été confié. Sors de ton trésor les nouvelles et les
anciennes choses, toi qui instruis les ignorants et relève
ceux qui tombent. Qu'une seule soiennité suffise pour
une double consécration. Tes prières ont été les machines
avec lesquelles tu as relevé ce que l'ennemi avait abattu.
Tu as reconstruit l'ancien temple détruit, que la sainteté
y revienne aussi. Tu n'a pas enveloppé, dans le suaire
maudit, le talent qui t'a été confié, pour l'ensevelir dans
les entrailles de la terre; tu ne t'es pas contenté de rendre
le dépôt, tu as encore rendu les fruits, et pour que les

---

nes amburat adque quantorum libet reliquias. Constructor
eximiae geminis princepebus cunctos sanctorum nummerus
contenetur. Gaude igetur, invicte mercatur, dispensatione
commissa. Profer de thesauro tuo nova et vetera, institutor
rudium, labentium restitutor. Sit una in multiplici con-
secratione sollemnitas. Erexisti lacrimarum machinis quod
hostis alliserat. Rediit quae perierat furma templorum;
recurrat et sanctitas. Non tu traditam tibi minam damnante
sudario terrinis scrovibus suffodisti, nec hoc tantum conten-
tus reddere qnod dudum fuerat consignatum, illa referens,

prémices fussent plus agréables, tu as commencé par payer ce que tu devais.

« C'est pourquoi, mes bien aimés, il nous reste à prier Dieu de nous rendre toujours ainsi, dans sa justice, les choses saintes que le malheur nous a enlevées; de changer en riche moisson le grain de froment qui semblait mort; de nous accorder, comme à Job, la patience qui mérite de recevoir le double des biens que nous font perdre les malheurs des temps. Et pour terminer brièvement ce discours, je désire que les vicissitudes présentes et passées apprennent aux pécheurs, comme aux justes, combien les prières des fidèles sont puissantes pour les biens de l'éternité, puisqu'elles ne sont pas même inutiles pour les biens de ce monde. »

offerens ista, ut frugem primitiarum melius porregas, prius studuisti solvere quod debebas. Quocirca, dilictissimi, orate quod superest ut si quid sacrum furatur adversitas Deo ulciscente sic redeat; in multiplecis fructus granum tritici quod mortuum putabatur excriscat; velut Job nostri opes inter prilia templacionis amissas victuriae meritum patientia duplecante restituat, et ut breviter cuncta concludam, agnuscat praesentibus preteretisque successibus tam perpetrans quam tolerans quam in aeternis salubris lacrimae nostrae erunt tribuere quas videmus fidelebus etiam in temporaneis non perire. [Finit.]

Le titre de l'homélie, en nous donnant le nom de l'évêque qui a érigé l'église consacrée par saint Avit, nous fait connaître la date approximative de sa construction et celle de la visite de Moûtiers par l'évêque de Vienne.

Les *Mémoires* de Besson ne mentionnent qu'un seul acte de l'évêque Sanctius : celui de sa présence au concile d'Epaone en 517.

Il n'est peut-être pas téméraire de penser que l'évêque de Tarentaise ait profité de cette occasion pour prier saint Avit, qui présida ce concile, et qui exerçait la juridiction de métropolitain sur l'église de Tarentaise, de venir bénir la basilique qu'il avait récemment fait édifier. Une homélie d'Avitus nous apprend qu'il consacra la cathédrale de Genève en 522. Il est probable que sa visite, dans cette ville, fit partie de l'itinéraire de l'une de ses tournées dans sa province ecclésiastique, — tournées qui, à cause de la difficulté des voyages à cette époque, surtout dans les montagnes, ne devaient être que quinquennales ou septennales, — et qu'il partit de cette ville pour venir dans la nôtre. Il peut se faire aussi qu'il ait profité du retour de Sanctius du concile d'Epaone pour venir à Moûtiers. Dans tous les cas, Sanctius aurait terminé la reconstruction de l'église saint-Pierre vers 517, et saint Avit l'aurait consacrée entre cette date et l'année 522.

Les précautions oratoires prises par Avitus devant des auditeurs sans doute ignorants et tout à fait étrangers aux finesses du langage, indiquent qu'il comptait sur les charmes et le pouvoir de l'éloquence. On comprend qu'il avait un grand souci de ses discours, qu'il les étudiait et qu'il préférait la concision aux longs développements. Il laisse facilement voir qu'il a la conscience de ses talents.

Après l'exorde, il débute par une parole flatteuse à l'adresse des princes régnants, tout puissants et prêtant leur appui, intéressé sans doute, pour la construction des édifices religieux. Il semble, d'après les mots *liminum sacra*, que les chrétiens d'alors avaient encore le souvenir, par tradition, du culte païen aux dieux du foyer, *focus*, protecteurs du seuil de leur demeure, mais qu'il les avaient remplacés, grâce au clergé, certainement, par des objets vénérables. Il paraît aussi que l'on accourait des alentours pour honorer les reliques des saints patrons, et que l'on tenait à avoir son habitation dans les localités où étaient élevées les églises qui les contenaient, ce qui contribua à la formation des villes.

Avitus nous apprend qu'au vi[e] siècle, des églises s'élevèrent dans les villes de notre région et les embellirent. C'est qu'en effet, à cette date, la population entière, dans nos contrées, étant devenue catholique, il fallut agrandir les anciennes églises ou en construire de nouvelles, afin que tous les fidèles pussent prendre part ensemble aux exercices du culte. Ce qui explique encore l'agglomération des habitants, à cette époque, dans nos villes, c'est que, sous la domination des Burgondes, chrétiens aussi et de mœurs relativement douces, la population dispersée de notre pays se concentra, ce qui fit que les bourgades, comme le dit saint Avit, devinrent des villes. La dispersion des habitants de notre cité, dont parle le prélat, et qui eut lieu avant l'érection de la basilique de Moûtiers par Sanctius, soit vers la fin du v° siécle, fut vraisemblablement due à une incursion des Franks dans nos contrées, suivie d'une guerre entre eux et les Burgondes.

L'emplacement décrit par Avitus est bien celui sur lequel est encore assise aujourd'hui la cathédrale de Moûtiers. L'aire de l'église est, en effet, élevée de plusieurs mètres au-dessus du lit de l'Isère, que l'évêque de Vienne qualifie de fleuve, et qui devait, à cette époque, ressembler à un torrent, comme il le dit, à cause du bruit des eaux coulant dans un lit resserré et encombré de blocs et de cailloux roulés. Le pont qui établissait la communication entre les deux rives était, d'après un ancien plan, plus rapproché alors de l'église que ne l'est celui actuel, appelé pont Saint-Pierre. Il n'y avait pas alors vingt mètres entre la cathédrale et l'Isère.

La convergence des vallées de la Tarentaise, à Moûtiers, où se traitaient les questions religieuses ressortissant à l'évêque et toutes les grandes affaires civiles et commerciales du pays, a fait dire, avec raison, à saint Avit, que l'emplacement de la ville était aussi favorable aux intérêts temporels qu'aux intérêts spirituels. Moûtiers, de bourgade était devenu cité; il était déjà alors chef-lieu de la Tarentaise et jouissait de toutes les prérogatives attachées à ce titre. La population s'était rapidement et considérablement accrue, puisque l'ancien temple se trouva trop petit pour contenir les habitants pendant les exercices du culte. La nouvelle église mesurait une bien plus grande surface que l'ancienne.

Les fenêtres des premières églises étaient originairement closes avec des tablettes de marbre ou d'albâtre, fort minces, ne laissant pénétrer dans l'église qu'une faible lumière; plus fréquemment encore de nombreux trous circulaires ou en losanges, percés dans le marbre, même dans de simples dalles ou des panneaux en bois, formaient treillis dont les ouvertures restaient libres ou étaient fermées avec du verre. Plus tard, les fenêtres des églises furent plus nombreuses et plus grandes et les tablettes de pierre ou autre matière furent remplacées par des vitres enchassées dans des baguettes en plomb, répandant la lumière à profusion tout en fermant hermétiquement les baies. Ce nouveau système avait probablement été employé par les constructeurs de la nouvelle basilique, ce qui fit dire poétiquement à saint Avit que la lumière était enfermée dans une espèce de prison lumineuse.

L'allusion à saint Pierre et à saint Paul, en indiquant que l'église où il prêche est sous le vocable de ces princes des Apôtres, comme elle l'est encore aujourd'hui, nous montre un lien qui unit cette partie de l'homélie au titre et prouve, par conséquent, que ces deux fragments appartiennent au même discours.

Le langage d'Avitus établit indubitablement qu'il y avait encore des Ariens dans notre pays lorsqu'il le visita, et même des partisans d'autres hérésies, mais moins agissantes et moins vivaces. Il attaque violemment ces sectaires qui le préoccupent sans cesse et dont il désire ardemment la disparition.

Nous savons aussi par lui que l'église qui existait avant celle construite par Sanctius, et qui était probablement celle élevée par saint Marcel vers le milieu du v⁰ siècle, avait été détruite par l'ennemi, les Franks, peut-être, comme nous l'avons déjà dit, se trouvant aux prises avec les Burgondes, ou d'autres barbares dont les nombreuses bandes dévastèrent tant de fois nos contrées. Dans la péroraison, il répète indirectement que la nouvelle église est, grâce aux secours obtenus, d'une bien plus grande valeur que la précédente. La dernière phrase indique que les temps, alors, étaient difficiles et inconstants.

Nous croyons, après cette analyse, qu'il ne reste aucun doute sur l'attribution de ces deux pages de papyrus à l'homélie, prêchée par saint Avit, l'un des plus grands prélats de la Gaule, dans l'antique cathédrale de Moûtiers, il y a plus de treize siècles et demi.

E.-L. BORREL,

ARCHITECTE,

OFFICIER D'ACADÉMIE,

CORRESPONDANT DU MINISTÈRE DE L'INSTRUCTION PUBLIQUE,

VICE-PRÉSIDENT DE L'ACADÉMIE LA VAL D'ISÈRE,

MEMBRE CORRESPONDANT DE L'ACADÉMIE DE SAVOIE.

ÉTUDE STRATIGRAPHIQUE

DU

MASSIF DES BAUGES

Situé entre Chambéry et Faverges

M. Lory a établi (1) qu'il était possible de diviser les Alpes occidentales en deux régions : 1° La région des chaînes secondaires ou subalpines et 2° la région des chaînes alpines.

Le caractère le plus frappant de la région subalpine, dit M. Lory, résulte de l'existence de grandes assises de calcaires compacts, appartenant aux étages supérieurs du terrain jurassique et aux divers étages crétacés. Ces masses puissantes, découpées en gradins abrupts, en crêtes, le plus souvent escarpées d'un côté et à pentes régulières de l'autre, impriment à toutes les parties de cette zone une physionomie caractéristique et bien

---

(1) *Annuaire du Club-Alpin,* première année 1874 et quatrième année 1877.

connue. Ce sont, dans nos Alpes, les seules chaînes qui offrent quelque ressemblance de configuration avec celles du Jura. Rappeler les aspects si frappants et si connus des Fiz, des Vergys, de la Tournette et des montagnes du lac d'Annecy, des Bauges, de la Chartreuse, des massifs de Lans et du Royans, du Vercors, du Dévoluy, de toutes les montagnes de la Drôme et de celles du bassin du Buech, dans les Hautes-Alpes, c'est rendre sensible à tous ceux qui ont parcouru ces montagnes et même à ceux qui ne les connaissent que par les cartes topographiques, la constance et la continuité des caractères de cette zone.

Dans cette note, je m'occupe du massif des Bauges dépendant de cette longue chaîne de calcaires. Ce massif a grossièrement la forme d'un trapèze. La petite base, située au sud, est limitée par la vallée de Chambéry à Montmélian; la grande base, située au nord, est limitée par la vallée de Faverges à Annecy. Les deux côtés non parallèles de ce trapèze sont limités l'un, à l'est, par la vallée de Montmélian à Albertville et la partie inférieure de l'Arly; l'autre, par la vallée mollassique de Chambéry à Annecy.

Examiné d'un point élevé, par exemple du mont Galoppaz, situé à l'est de Chambéry, il est facile de voir que le massif des Bauges, ainsi limité, est formé par des vallées basses et des vallées hautes, dirigées sensiblement N. S.

La première vallée haute commence au village du Désert, sur le versant Est du Nivolet et se prolonge par le col de Plainpalais jusqu'à la Cluse du Chéran et le lac d'Annecy en passant par Leschaux, Saint-Eustache et Jorioz.

La deuxième vallée commence à la Combe-Noire, au sud du mont Galoppaz, passe à la combe Servin, au col des Prés forme la vallée des Aillon et pénètre à l'ouest du Châtelard dans la vallée de Leschaux.

La troisième vallée haute commence au sud du col de la Cochette, passe sur le versant ouest de la dent du Colombier, coupe la Cluse du Chéran au Châtelard, se prolonge sur le versant est du mont Chabert, coupe la petite Cluse de Bellecombe, passe à Entrevernes et arrive à Duing sur le lac d'Annecy.

La quatrième vallée haute commence à la dent de Plowen, passe sur le versant ouest du Trélod, forme toute la Combe de la montagne du Charbon et va vers Doussard sur les bords du lac d'Annecy.

La cinquième vallée haute commence à l'Arclusaz, à l'Est de St-Pierre-d'Albigny, forme la vallée de Bellevaux, coupe la cluse du Chéran et se prolonge jusque sur le versant est de la pointe d'Arcalod.

Enfin, on rencontre une sixième vallée haute, commençant au col de Tamié, passant à Settenez et s'arrêtant à Faverges.

Les cinq premières vallées hautes sont coupées transversalement par la cluse du Chéran placé sensiblement au milieu de tout le massif.

Ces vallées hautes sont dues à des plis concaves, des V; de chaque côté on trouve des vallées basses dues à des plis convexes. Les sédiments les plus récents sont donc au sommet des premières vallées; les plus anciens, sont à l'axe des vallées basses. Cette disposition donne à l'orographie des Bauges une allure absolument distincte de celle du Jura.

Les terrains crétacés inférieurs, reposant sur des dépôts jurassiques, sont presque également distribués sur le massif des Bauges, ainsi que les dépôts du gault et de la craie à *Belemnitella mucronata*. Le nummulitique est cantonné au Nord-Est et le Tongrien y est presque également distribué, tout en affectant cependant un faciès littoral au sud et des dépôts vaseux d'estuaires au Nord. L'aquitanien se rencontre dans la vallée de Leschaux; enfin, l'helvétien est représenté dans cette même vallée de Leschaux et de St-Eustache, peut-être aussi dans la vallée du Châtelard à Entrevernes; mais, on ne le trouve pas plus à l'Est.

Il résulte de ce que l'on vient d'exposer que les terrains du massif des Bauges sont de bas en haut :

Terrains jurassiques	Terrains crétacés.	Terrains tertiaires.
1. Lias.	5. Marnes à ciment ou horizon du *Bel. latus;*	12. Calcaire à *num. Lucasana;*
2. Bajocien?	6. Marno-calcaires ou horizon des Ammonites ferrugineuses;	13. Tongrien;
3. Oxfordien	7. Valangien ou horizon du *pygurus rostratus;*	14. Aquitanien;
4. Corallien inférieur?	8. Marnes à spatangues;	15. Helvétien.
	9. Calcaires à Chames;	
	10. Gault;	
	11. Sénonien;	

Description géologique des différentes vallées des Bauges

I. Vallée de Settenez au col de Tamié.

Voici ce que M. Favre, de Genève, dit au sujet de cette vallée : « En se rendant d'Alberville à Favergrs, par le « col de Tamié, on chemine dans les environs de « *Frontenex* sur un plateau dont je ne puis indiquer « la composition avec certitude. Il m'a paru formé de « macigno alpin et l'on y voit des fragments de rocher « du gault. Enfin, on arrive au monticule de Chambelon « qui présente un fort petit escarpement du côté de la « Belle-Etoile, là, on voit affleurer le gault avec ses « fossiles. Il est recouvert d'un calcaire gris, cassant, « grumeleux, appartenant à la craie; on y a ouvert « une grande carrière. Les couches de cette roche plon- « gent un peu au Nord-Ouest; elle est surmontée d'un « calcaire noduleux complètement noir qui appartient, « je crois, au terrain nummulitique. Mais n'ayant pu « y découvrir des fossiles, je conserve des doutes sur « son âge, parce qu'il est sur le prolongement des « rochers du Bouchet, entre le Mont Charvin et la « Tournette. Il me semble, en effet, que les anomalies « de stratification des environs du Bouchet se sont « prolongées jusque dans le massif de la Belle-Etoile;

« car les couches de calcaire gris à silex bleuâtres des
« environs de Colombe plongent contre le groupe de
« la Belle-Etoile, ce qui constitue une irrégularité de
« stratification. » (1)

Si maintenant nous consultons la carte géologique de
MM. Lory, Vallet et Pillet, les renseignements que nous y
trouverons ne pourront pas non plus nous satisfaire. Et
voilà pourquoi, à différentes fois, j'ai eu le désir de par-
courir les environs de Faverges au couvent de Tamié.

Il me semble que la vallée de Settenez à Tamié est le
résultat d'un pli synclinal. Les monts Lachat et Sambuy
en forment le bord nord-ouest et ouest; et, la dent de
Cons et la Belle-Etoile, le bord sud-est et est. Supposons
que l'on coupe transversalement cette vallée, par exemple,
du Sambuy au village des Combes, situé au pied de la
Belle-Etoile, on trouvera :

L'urgonien, le gault, la craie, le nummulitique, le
macigno; puis le nummulitique, la craie, le gault et l'urgonien.

Cette vallée forme donc un V placé à l'entrée — vers
le col de Tamié — d'une grande cassure.

L'urgonien avec *Chama ammonia* est beaucoup plus
développé sur le bord ouest de la vallée que sur le bord
est.

Le gault, avec *Amm. mamillatus, Inoceramus concentricus*, etc, se voit au pied du mont Lachat, un peu au-

(1) Recherches géologiques dans les parties de la Savoie, du
Piémont et de la Suisse, voisines du Mont-Blanc.

delà de Faverges. On peut le suivre ainsi presque jusqu'aux Torches sur la Sambuy. Sur tout ce parcours, il forme une bande assez étroite. Dans le bas de la vallée, vers Chambelon, Villaret, Settenez, etc., on trouve la craie avec inocérames et ananchites. Cette bande de craie rencontre toute la vallée presque jusqu'au hameau des Gaillets vers les Prières.

Sur la craie est un calcaire avec nombreux débris d'entroques et petites nummulites absolument semblables à celles du roc de Chères, près de *Menthon* — lac d'Annecy. — Enfin, sur ce calcaire est un grès. C'est le macigno de Favre, rappelant minéralogiquement celui du roc de Chères.

Nous remarquerons que les bancs de ces différents dépôts inclinent tous vers la Belle-Etoile, la dent de Cons, etc. De ce côté, les dépôts se répètent en sens inverse, mais incliné cette fois, vers la Sambuy, le mont Lachat, Faverges.

En résumé, dans cette vallée de Faverges au hameau les Prières, l'ordre linéaire des dépôts, de haut en bas, est le suivant :

Grès	Sans fossiles
Nummulitique	Avec *num. contorta, num. striata num. guettardi*.
Craie	Avec *ananchites ovata, Bel. mucronata*, etc.,
Gault.	Avec *Amm. mamillatus*, etc.,

Urgonien.	Avec *chama ammonia*, etc.,
Néocomien.	Avec *Echinospatagus cordiformis*. etc. etc.,

Dirigeons-nous maintenant du hameau les Prières vers le col de Tamié. Dans le bas de ce hameau, on trouve des terres cultivées, et de nombreuses alluvions. Vers le Couvent, la Cassine et le nord de la Ramaz, on rencontre les assises néocomiennes lesquelles se prolongent jusqu'à la partie supérieure de la Belle-Etoile. Les dernières couches du néocomien sont formées par un calcaire noir, marneux, rappelant les marnes à ciment. Je n'ai pu y découvrir de fossiles, malgré cela, je pense — en m'appuyant sur la stratigraphie et les caractères minéralogiques — que ces marnes à ciment existent dans le haut de la vallée de Tamié et au sud de la Belle-Etoile. Ces marnes noires avec bancs de calcaires argileux, reposent sur un calcaire grisâtre, compact, ayant de 20 à 30 mètres d'épaisseur, lequel recouvre un calcaire gris à grands aptychus et nombreuses veines de carbonate de chaux spathique. Ces calcaires correspondent à ceux du calvaire de Lémenc. J'ai inutilement cherché à la partie supérieure de ces calcaires, à Tamié, les calcaires blancs avec brèche du plateau de Lémenc, du Tilleret ou du plateau de Montagnole.

A l'ouest vers le col de Tamié, les calcaires jurassiques alternent avec des bancs marneux, à *Amm. tenuilobatus*, etc., c'est l'horizon des carrières de Duverney à Lémenc. En descendant le col, on trouve dans le haut du hameau désigné par les habitants sous le nom de *hameau au-dessous du col,* des calcaires et des marnes, riches en argile, renfermant *Amm. plicatilis, Amm. tortisulcatus,* etc.; plus bas, sont des marnes à géodes avec cristaux de carbonate de chaux. Puis, fait important, vers le hameau des *Jacquettes* et principalement au nord, sur la route, à l'altitude 695^m, on trouve des calcaires schisteux renfermant en quantité des *posidonies,* avec quelques ammonites non déterminées, rappelant celles que l'on trouve au-dessus de Corenc, près de Grenoble. Ces derniers dépôts ont une assez grande épaisseur; ils descendent vers 500^m d'altitude. Plus au sud, sont des champs cultivés, et des prairies. Enfin, on rencontre un mamelon de lias situé à l'est de Frontenex. Les couches liasiques, composées de marnes, alternant avec des bancs de calcaires noirs, veinés de carbonate de chaux spathique, sont disposées en voûte. On y trouve *Bel. niger.*

Ainsi, du fort de Tamié à Frontenex, on a toutes les assises jurassiques des environs de Grenoble. La présence des calcaires schisteux à *posidonies* au pied du massif des Bauges est, je crois, un fait important. J'en poursuivais la recherche depuis plusieurs années.

Ces couches à *posidonies* forment ici une large bande dirigée au pied des montagnes de St-Pierre d'Albigny, de Grésy-sur-Isère, de Montailleur, de Clermont, de Verrens, de Plancherine, de Mercury, d'Allondaz, etc. La présence des couches à *posidonies* permettra de limiter dans les Bauges ou plutôt sur les bords sud et est de ce massif, les différents horizons de nos terrains jurassiques, comprenant peut-être toute la série inférieure : du lias à l'oxfordien.

Je crois que la série supérieure des terrains jurassiques — du corallien supérieur au purbeck — manque dans le massif des Bauges et sans doute aussi dans toute la zone subalpine. La coupe suivante — n° 1 — résume d'une façon très nette les différents horizons jurassiques situés entre Verrens et la Belle-Etoile.

On y trouve :

1. Lias avec *Bel. niger ;*

2. Terres cultivées, paraissant être sur le bajocien ;

3. Schistes à posidonies, avec Ammonites à la partie supérieure, sans doute *Amm. coronatus,* etc.;

4. Marnes à géodes ;

5. Calc. plissés avec *Am. tortisulcatus, am. plicatilis* — peut-être *l'am. perarmatus,* etc.;

6. Marno-calcaires à *Am. tenuilobatus ;*

7. Calcaire à grands aptychus, moucheté de points roses et noirs.

8. Marnes noires à Ciment.

a. — Alluvions — bancs glaciaires en place ou remaniés.

2. Vallée de Bellevaux

Cette vallée s'étend du S. S. O. au N. N. E. depuis les Arbets — 1552^m — sur le flanc est de la dent d'Arclusaz, jusqu'au chalet du Mont-Verdan au pied de la pointe d'Arcalod. Elle mesure ainsi 14 kilomètres, tandis que dans sa plus grande largeur — vers la cluse du Chéran — elle a moins de 5 kilomètres.

Cette vallée est le résultat d'un grand pli synclinal bien accentué par des arêtes ouest et est appartenant à l'urgonien; ces couches à chames atteignent leur maximum d'altitude aux extrémités opposées de la cuvette.

D'une part, au nord, à la pointe d'Arcalod — 2223^m — et d'autre part, au sud, au Pécloz — 2260^m.

Les quatre coupes suivantes permettent de prendre une idée exacte de cette vallée.

Coupe n° 2. — Cette coupe dirigée du S. O. au N. E., va de la pointe d'Arcalod à la Sambuy. Elle indique, pour l'extrémité nord, d'une façon précise, la fin de la vallée de Bellevaux. La pointe d'Arcalod est une montagne difficile à escalader parce qu'elle est toute formée par les calcaires urgoniens, très bouleversés, parce que ces dépôts forment ici sur une faible étendue, un pli synclinal et un pli anticlinal. A la base, dans le haut du chalet de Verdan, on trouve un lambeau de gault et de la craie blanche, sur 200 à 250^n de largeur. Cette craie, d'un gris bleuâtre, est resserrée entre des rochers urgoniens. Plus à l'est, on a le col d'Orgeval où l'on trouve des marnes et des calcaires avec nombreux spatangues et quelques *ostrea Couloni.* A l'Est du col d'Orgeval, est la pointe de Chaurionde, formée de marnes appartenant aux assises inférieures du crétacé inférieur. Chaurionde est l'axe d'un pli anticlinal, et les dépôts du crétacé inférieur, inclinés en sens contraire, s'enfoncent sous les calcaires blancs urgoniens de la Sambuy, lesquels forment l'arête ouest de la vallée synclinale de Settenez à Tamié.

Coupe n° 3. — La coupe n° 3 s'étend à l'ouest de la vallée de Bellevaux. Elle part, en effet, de la vallée haute de la dent de Rossane, où le gault est si bien représenté sur les bords du lac de Rossane ; de plus, elle comprend toute la vallée anticlinale d'École.

Au plan du Mont et à Claret, le calcaire avec grands aptychus est fortement voûté. Dans le Chéran et au-delà, on trouve les calcaires à *Am. tenuilobatus,* au-dessous des bancs du calcaire à grands aptychus. — *Aptychus imbricatus, aptychus lamellosus,* etc.

A l'est de Claret, on rencontre l'arête urgonienne ouest de la vallée de Bellevaux. L'inclinaison des couches indique très-nettement la forme en V de la vallée. A l'est, est un pli anticlinal faisant suite à celui de Chaurionde.

Coupe n° 4. — Cette coupe est situé au sud de la coupe n° 3. Le pli synclinal de la vallée de Bellevaux y est encore très nettement accusé. C'est au mont Pécloz, par lequel passe cette coupe, qu'est le point culmimant de toutes les Bauges — 2260". L'ascension de ce mont doit se faire du côté du chalet d'Armenaz Elle est assez difficile ; la descente du côté de Bellevaux est dangereuse ; cependant, c'est de ce côté qu'il est possible de se rendre compte d'une façon précise de l'extrémité sud de la vallée de Bellevaux. De cet endroit, on voit très nettement le pli ondulé des calcaires urgoniens descendant du Pécloz pour aller former le Mont-Lanza.

Coupe n° 5 — Dans cette coupe, on remarque que les calcaires urgoniens s'élèvent très haut vers la Combe-aux Chevaux. Ils sont recouverts par un gault à l'état de grès très dur. Le bord est du pli synclinal présente des bancs de calcaires urgoniens très plissés; ils subissent une double torsion; ils répètent sur une grande échelle ce que l'on voit dans les calcaires jurassiques du bas du fort de la Bastille, près de Grenoble. A l'est de ce plissement remarquable on retrouve le prolongement de l'axe anti-clinal de Chaurionde, lequel passe à l'ouest de la roche torse. Les marnes du crétacé inférieur sont portées à près de 2000" d'altitude, au sud du chalet d'Armenaz.

La roche torse présente les plis les plus curieux de tout le massif des Bauges. Les calcaires jurassiques qui les forment se recouvrent plusieurs fois sur un espace très restreint. Ce sont les gros bancs de calcaire à grands aptychus du calvaire de Lémenc qui sont ainsi plissés.

Nous remarquerons qu'à l'ouest et à l'est du pli syncli-nal de la vallée de Bellevaux, on a un pli anticlinal — ce qui doit être, — mais celui de l'ouest est formé par le calcaire jurassique supérieur et appartient à une vallée basse; celui qui est à l'est est formé — au nord — par les calcaires marneux du néocomien inférieur, il constitue ici les hauts pâturages; au sud, les calcaires jurassiques apparaissent à la roche torse. Il est curieux d'observer que cette disposition est constante pour le massif des Bauges. C'est ainsi qu'à Galoppaz, au sommet, on a les marnes à spatangues, le pli synclinal forme au contraire la combe du Servin, à l'ouest. A la dent de Rossane, les prés situés à l'est sont sur les marnes du néocomien inférieur, tandis qu'à l'ouest on a la vallée du lac. Cette remarque en entraîne une autre — déjà indiquée plus haut — c'est que les monts du massif des Bauges vont en s'élevant au fur et à mesure qu'ils s'avancent à l'est ; on dirait qu'ils ont été formés par un refoulement dirigé de l'ouest à l'est ; les chaînes cristallines faisant point d'arrêt, les bourrelets se sont accentués et les couches ont été considérablement plissées d'où l'exhaussement à l'est.

Ainsi, le *Nivolet* a 1545^m, le *Semnoz* 1704^m au Crêt de Châtillon ; immédiatement à l'est de ces montagnes on a le mont *Galoppaz* 1686^m, le *Margeriaz* 1846^m. La dent du *Colombier*, plus à l'est encore a 2049^m. Le mont Arclusaz, au-dessus de Saint-Pierre-d'Albigny 2046^m ; le mont Lanza, 2064^m ; l'Armenaz 2165 et le Pécloz 2260^m ; et, à la limite est du massif, on trouve le Trélod 2186^m, la pointe d'Arcalod 2223^m et la Sambuy 2203^m.

Terrain jurassique. — Les dépôts du terrain jurassique se trouvent à l'extérieur de la vallée de Bellevaux, au-dessus des deux arêtes urgoniennes et des dépôts du crétacé inférieur. A l'ouest, le jurassique s'avance de Saint-Pierre-d'Albigny au col de Cherel, entre la pointe d'Arcalod et le Trélod. A l'est, il côtoie l'Armenaz et s'avance vers le col de Tamié.

Du côté de Saint-Pierre-d'Albigny, le terrain jurassique, à la pointe inférieure, s'arrête à la base de l'oxfordien et vers Ecole, Jarsy et le col de Cherel, on trouve les couches supérieures avec grands aptychus.

Il est impossible de constater la moindre discordance entre ces différents étages du terrain jurassique dont l'ordre linéaire, de bas en haut, est le suivant; en y comprenant ceux que l'on trouve de la roche torse vers le col de Tamié et Frontenex :

1. Le lias avec *Bel. niger*;

2. Le Bajocien?

3. Le Bathonien?

4. Le Callovien?

5. L'oxfordien.
  - a. Schistes à posidonies;
  - b Marnes à géodes;
  - c. Calcaires plissés à *Am plicatilis*; *Am. tortisulcatus. Am. perarmatus;* etc.
  - d. Zone de *l'Am. tenuilobatus;* etc.

6. Peut-être le Corallien inférieur, lequel serait représenté par le calcaire à grands aptychus.

Crétacé inférieur. — Sur les bancs de calcaire à grands aptychus et à surface avec trous de pholades et débris charbonneux, on trouve dans la vallée de Sainte-Reine, d'Ecole et de Jarsy, des dépôts de calcaire argileux à pâte fine avec de rares fossiles; ils me paraissent représenter les marnes à ciment de Montagnole — assises inférieures

— appartenant à l'horizon du *bel. latus* ; sur ces dépôts argileux, on trouve plus de 300 mètres de calcaires marneux, très pauvres en fossiles ; on y rencontre cependant *Amm occitanicus*, *Amm. tethys*, *Amm. neocomiensis*, etc , c'est l'horison des marnes à Ammonites ferrugineuses de la Provence. Le tout est représenté dans les coupes par N.

Dans le haut de ces dépôts N, les calcaires marneux disparaissent et sont remplacés par un calcaire grossier à nombreux fragments fossilifères et représentant sans doute le valangien. Puis, on a de nouveau des marnes, mais avec *Echinospatagus cordiformis*, etc. Ces marnes à spatangues sont recouvertes par un calcaire blanc très dur et renfermant de nombreuses chames. Il est assez difficile de subdiviser ici ces dépôts de l'urgonien. Cependant, à la base, on trouve spécialement *chama ammonia*, puis un calcaire plus tendre, moins blanc, avec de grands ptérocères : *pterocera Beaumontiana*, *pterocera pelagi*. Enfin dans le haut, reparaissent des bancs de calcaire blanc, dur, avec *chama lonsdalii*.

Le gault recouvre constamment les dépôts urgoniens. Il commence par un grès vert, assez dur, sans fossiles ; puis, dans le haut, on rencontre un faible dépôt à rognons noirs de phosphate de chaux et nombreux fragments de fossiles, parmi lesquels il est facile de reconnaître : *Ammonites mamillatus*, *Inoceramus sulcatus*, *Inoceramus concentricus*, etc.

Le gault est surtout fossilifère sur le Pécloz, du côté de la vallée du chalet d'Armenaz.

Crétacé supérieur. — Le terrain crétacé supérieur est représenté par la craie blanche. Il est remarquable de voir cette craie blanche en concordance sur le gault et débuter par des bancs glauconieux. La glauconie disparaît assez rapidement et la craie prend une teinte d'un gris bleuâtre. On y trouve de rares ammonites, qu'il serait utile d'étudier ; de grands inocérames, des ananchites, *ananchites ovata et conica* avec *Belemnitella mucronata* Dans le haut, on rencontre toujours de nombreux rognons de silex.

Ainsi, la craie de la vallée de Bellevaux comprend de bas en haut :

1° Des bancs glauconieux ;

2° Des calcaires d'un gris bleuâtre, avec *ananchites ovata, ananchites conica, Bel mucronata ;*

3° Des bancs de calcaire d'un gris bleuâtre avec nombreux rognons de silex et *Bel. mucronata.*

Terrain nummulitique. Au terrain crétacé supérieur succède le terrain nummulitique sans que l'on puisse constater de discordance dans les dépôts.

Le terrain nummulitique débute par un poudingue à pâte grossière de carbonate de chaux. On y trouve des nummulites, *nummulites lucasana, nummulites allobrogensis ;* puis, on a des bancs de calcaire gris, très dur, formé presque uniquement par des nummulites. Plus haut, sont des bancs de grès appartenant sans doute au macigno.

Je n'ai pas trouvé dans cette vallée de Bellevaux les dépôts des marnes à cyrènes.

Vallée de la montagne du Charbon

Cette vallée comprend le pli concave du Trélod, des châlets du Charbon et de Rosay; elle s'étend jusqu'à Doussard. A l'est, elle est séparée de la pointe d'Arcalod et des montagnes ouest de Faverges, par le col de Cherel et la Grand'Combe; à l'ouest, elle est séparée du mont de la Croix et des mines de lignites d'Entrevernes par la vallée de Doucy et le col de la Bournette. Son altitude maximum est au-dessus de Jarsy, vers la dent de Plowen et le Trélod; du côté de Doussard, elle est peu élevée. Néanmoins, à chaque extrémité nord et sud, elle débute par des calcaires jurassiques. Le pli du col du Frène, au-dessus de Saint-Pierre-d'Albigny, allant à Sainte-Reine, à Ecole, à Jarsy, se prolonge jusqu'au col de Cherel; il forme une vallée basse à calcaires jurassiques et calcaires crétacés en quelques endroits.

A l'est et à l'ouest de Sainte-Reine, on trouve, dans le bas, les calcaires compacts, gris, à grands aptychus, veines de carbonate de chaux spathique, et avec tâches d'oxydes de fer et de manganèse. On trouve ensuite des calcaires marneux noirs, recouverts, comme partout en Bauges, par des marno-calcaires à fossiles franchement crétacés : *Amm. Enthymy ; Amm. Malbosi ; Amm. occitanicus*, etc.

Ainsi les dépôts crétacés de la vallée haute de la montagne du Charbon commencent également dans le bas des falaises sud et nord, par des calcaires et marnes

noirs; le tout reposant sur les calcaires à grands aptychus.

Au sud du châlet du Charbon se trouvent la dent de
Plowen et le Trélod; on y trouve de bas en haut, à partir
du col de Cherel :

Derniers bancs jurassiques

Calcaires à grands aptychus, veines de carbonate de
chaux spathique et tâches d'oxydes de fer et de manganèse.... .... 20^m

Néocomien

Marnes et calcaires noirs, pierres à ciment et chaux
hydraulique. .... 15^m
Marno-calcaires, *Amm. occitanicus,* etc ... 500^n
Calcaire grossier, bicolore .... 300^n
Marnes et calcaires à *Echinospatagus cordi-*
formis. .... 400^n
Calcaires et marnes ocreuses de l'urgonien.. 300^m
Albien à l'état de grés vert, avec quelques ro-
gnons verts de (3 cao, pho^5.) .... 30^n

Sénonien

Calcaire à nombreux grains de glauconie.... 30^n
Calcaire gris bleuâtre, avec rares grains de
glauconie........................ .... 120^m

Calcaire gris, avec silex................ 50^m

Nummulique (eocène moyen)

Poudingue, à pâte calcaire avec grains de glau-
conie................................ 20^m
Calcaire gris, compact, à *Num. Lucasana*.. 60^m
Grés................................ 40^n

Eocène supérieur ou peut-être le Tongrien

Marnes à cyrènes...................... 50^m
Schistes avec lentilles de lignites.......... 100^m
Vue du châlet du Charbon, la montagne du Trélod se
présente comme l'indique.

La coupe n° 6. On a :

N_1. — Marnes à *Echinospatagus Cordiformis;*
N_2. — Urgonien;
G. — Gault;
C. — Craie blanche;
4. — Calcaire nummulitique; (Eocène moyen)
T. — Marnes à Cyrènes;

Les assises du gault, du sénonien, du nummulitique
et du tongrien sont bien développées au chalet du Charbon, ainsi qu'au sud et au nord du creux renfermant le
chalet de Rosay.

A la dent des Portes, les différents terrains de la montagne du Charbon se succèdent régulièrement; on a, en effet, à cet endroit :

N₁. — Marnes à *echinospatagus cordiformis;*
N₂ — Urgonien ;
G. — Gault;
C. — Craie ;
A — Poudingue nummulitique ;
C. — Calcaire à *Nummulites Lucasana ;*
D. — Grès (macigno?) ;
T. — Marnes à Cyrènes. (Voir la coupe n° 7).

Les calcaires urgoniens du Trélod comprennent les divisions signalées déjà par M. Lory pour le massif de la Chartreuse. Ces dépôts ressemblent à ceux que j'ai eu l'occasion de voir au Granier. On y trouve de bas en haut :

1. Calcaire blanc, avec *chama amm nia;*
2. Marnes ocreuses, avec *orb. conoidea pterocera Beaumontiana; pterocera pelagi; heteraster oblongus,* etc
3. Calcaire blanc, avec *chama ammonia; chama lonsdalii;* etc.

Le sommet du Trélod est formé par les calcaires urgoniens, contrairement aux indications données par les cartes géologiques de la Savoie; de plus, on y trouve le premier niveau des marnes à orbitolines, avec *orbitolina conoidea.*

Le gault de la montagne du Charbon, formé par un grès friable, à grains verts, est pauvre en fossiles Sou-

vent, il n'est possible de le reconnaître que par suite de
sa position entre l'urgonien et la craie. Il est à constater
que son faciès diffère de celui de la vallée de Bellevaux.
Ici, à Bellevaux, c'est un grès dur, avec débris de fossiles
et présentant à la surface des bancs, des rognons très-
noirs de phosphate de chaux avec nombreux fragments
de fossiles; le gault de Bellevaux est semblable à celui
que j'ai découvert au *col de la Truie*, dans le bas du
mont Charvin, (1) c'est-à-dire à celui de la chaîne per-
cée et de la montagne des Fiz. Tandis que le gault de la
montagne du Charbon est le même que celui du chalet du
Lac — à l'ouest du Colombier du Châtelard; — ou de la
Combe-Noire, au pied du mont Galoppaz, près de Chambéry. Remarquons que ce dernier faciès est aussi celui
de Seyssel, sur les bords du Fier. Ainsi, sur la lisière des
Alpes — vallée de Bellevaux, vallée de Tamié à Settenez,
le Charvin, les Bornants, la montagne des Fiz — on a
un gault formé par un grès dur, à rognons noirs de
phosphate de chaux, formant une véritable lumachelle.
En s'éloignant des Alpes, ce faciès disparaît; on a alors
un grès vert, tendre, souvent pauvre en phosphate de
chaux et en fossiles. C'est ce que l'on remarque à la Combe-
Noire, à la combe du Servin, au chalet du Lac, au Châtelard, au pont d'Entrèves, — dans la partie ouest du
massif des Bauges. Je n'ai trouvé nulle part dans ce
massif le faciès du gault — grès à entroques — du massif
de la Chartreuse.

(1) *Revue savoisienne,* 1881.

A la base de la craie, à la montagne du Charbon, est un calcaire avec nombreux grains de glauconie reposant en stratification concordante sur le gault. Dans ce calcaire, j'ai trouvé *Bel. mucronata* et un *ananchites — ovata?* — Insensiblement les grains de glauconie disparaissent et l'on a un calcaire gris, compact, disposé en petits bancs de trois à quatre centimètres d'épaisseur. On y trouve des empreintes de grands inocérames : *Inoceramus cripsi, inocéramus goldfussianus,* etc., avec *Bel. mucronata* et de rares ananchites. Vers le haut, la craie renferme des silex et toujours la *Bel. mucronata.* Cette bande de craie est bien développée entre la dent de Plowen et la dent des Portes, mais elle se prolonge bien au-delà contrairement à ce qu'indique les cartes géologiques.

Le nummulitique, à la montagne du Charbon, commence par un poudingue, avec cailloux de la craie, du gault, de l'urgonien et quelques-uns des Alpes.

Ces cailloux sont unis par une pâte calcaire, à grains glauconieux. On y trouve de grandes nummulites. Sur le poudingue on rencontre un calcaire gris, compact, avec nombreuses nummulites. On citera : *nummulites lucasana, nummulites allobrogensis,* etc. Dans le haut sont des grès.

Les dépôts nummulitiques sont surtout développés, entre le chalet du Charbon et celui de Rosay.

Sur les derniers calcaires à nummulites, commencent des dépôts peu épais de grès grossiers, et, sur ce grès, sont des bancs schisteux avec nombreuses cyrènes et un grand nombre d'autres fossiles assez bien conservés. C'est l'horizon des mines des lignites d'Entrevernes. Ces bancs schisteux sont aussi entrecoupés de petits amas de lignites et de bancs de grès très-fossilifères, on y trouve surtout *cerithium plicatum var. alpina.*

Ces dépôts tertiaires occupent tout le creux de la montagne du Charbon qui doit tirer son nom des nombreux petits amas de lignites que l'on y rencontre.

---

4. Vallée du Châtelard à Entrevernes

Cette vallée commence au sud du Châtelard entre la dent de Rossane et le Colombier, où elle forme le creux du chalet du Lac; elle se termine au nord, à la pointe de Duing. A l'est, est la vallée basse de Doucy et du col de la Bournette, à l'ouest, la vallée de Bellecombe et de Leschaux.

La coupe n° 4 donne la disposition des terrains au sud du chalet du Lac, en même temps qu'elle indique la disposition de l'extrémité sud de cette vallée. Les marnes néocomiennes sur lesquelles reposent les arêtes est et ouest de cette vallée ont plus de 800ᵐ d'épaisseur. Au plan du mont et vers le col de Fullie, elles reposent sur les calcaires jurassiques à grands aptychus avec veines de carbonate de chaux spathique. Ces marnes néocomiennes débutent par des marnes noires représentant l'horizon des pierres à ciment. Sur ces marnes reposent des marno-calcaires très pauvres en fossiles, on y rencontre cependant quelques ammonites ; puis on a un calcaire grossier, bicolore, à nombreux fragments de fossiles et enfin viennent les marnes à spatangues. C'est l'ensemble de ces marno-calcaires qui forment les prés du Colombier au-dessus du plan du Mont. Ils se prolongent au sud vers les Bérard, la Correrie, le col du Lindard à l'est du mont Galoppaz. Au nord, ils forment la vallée de Doucy et descendent vers le lac d'Annecy en passant par le col de la Bournette.

Comme pour les autres vallées, le calcaire urgonien forme les arêtes est et ouest de cette vallée, du Châtelard à Entrevernes, et l'on y retrouve les trois horizons indiqués au Trélod. Cependant, je n'ai trouvé nulle part les orbitolines ; mais on y rencontre le *pterocera Beaumontiana*, le *pterocera pelagi*, etc.

La partie supérieure du calcaire urgonien présente souvent un faciès coralligène ; on y rencontre de nombreux polypiers, des nérinées et une grande *ostrea*. Ce faciès urgonien, signalé déjà au mont Granier, est bien développé au sud du Châtelard, sur la nouvelle route menant à la vallée des Aillon.

On peut encore étudier facilement le calcaire urgonien en faisant l'ascension du mont de la Croix ou du roc du Four, ou plus facilement des monts Chabert et Détriet ; du rocher Carré ou du roc des Bœufs. Dans tous les cas, les dépôts se présentent comme nous venons de l'indiquer.

Pour étudier le gault dans cette vallée, il faut aller au chalet du Lac. Ici, c'est une roche friable et riche en fossiles. Le gault est également bien développé au nord du Châtelard, sur la branche ouest du V de la vallée. Au-delà, il est le plus souvent recouvert par la craie.

Immédiatement au nord du Châtelard, la craie forme un V très accusé. A la base, la craie présente également de nombreux grains de glauconie, puis on a des bancs très minces, argileux et d'une couleur gris-foncé; on y trouve alors *l'ananchites ovata* et des inocérames; plus haut, on trouve quelquefois *Bel. mucronata*.

Les assises du nummulitiqne sont également bien déve-loppées au nord du Châtelard; les nummulites y forment une véritable lumachelle. Sur ces calcaires nummulitiques on trouve un grès dur dans le bas, tendre à la partie supé-rieure renfermant alors des natices toutes écrasées.

C'est peut-être l'horizon de *natica angustata* du Désert.

Vers les Garin et la cluse de Bellecombe, on rencontre les schistes à lignites et cyrènes. Enfin, le tout se termine par des grès mollassiques, sans fossiles.

5. Vallée des Aillon.

L'aspect de cette vallée diffère de celles décrites plus haut. Ce n'est plus en réalité un V bien accusé. Cependant à la Combe-Noire et à la combe du Servin, le V est bien prononcé; plus au nord, il disparaît. Pendant la formation de cette vallée, il y a eu rupture dans le bas de la branche est du V, voilà pourquoi de ce côté les terrains tertiaires s'appuient contre les terrains crétacés; il y a faille.

Cette vallée commence à la Combe-Noire, au nord du hameau de Nicoday et du village de la Thuile; elle passe ensuite à la combe du Servin et gagne le col des Prés, Aillon-le-Jeune et rejoint, entre Châtelard et Lescheraine, la vallée de Leschaux. A l'est, elle est limitée par le roc de la Thuile, la Buffa et la dent de Rossane; à l'ouest par le Margériaz.

La Combe-Noire a été décrite par l'abbé Vallet. Il faut remarquer qu'il n'y a pas, à cet endroit, contournement des roches, mais bien plissement pour former le V.

A la combe du Servin, les couches accusent très nettement le V, ainsi que l'indique la coupe n° 8.

Au col des Prés, il y a eu rupture de la branche est du V et renversement des couches; on trouve en effet le calcaire nummulitique sur l'urgonien et, au-delà, la craie sur le nummulitique. — Voir la coupe n° 9

D'Aillon-le-Jeune à la Correrie est une cluse; les lèvres

nord et sud de cette cassure présentent des terrains très plissés. Plus au nord de la vallée, vers Aillon-le-Vieux, les terrains tertiaires dominent.

Les premiers dépôts crétacés de cette vallée reposent, au sud, sur les terrains jurassiques. Ceux-ci forment une large bande allant de Lémenc, à la montagne de Curienne, à la Boisserette, aux montagnes de Chignin, le mont de la Thuile; puis, ils s'avancent au sud vers le mont Charvay, Sainte-Reine et Ecole. A la base, vers Chignin, Tormery et Saint-Pierre-d'Albigny, on rencontre les marno-calcaires et les calcaires plissés, à *Ammonites plicatilis*, *Am. tortisulcatus*, etc. Puis, au-dessus, sont les calcaires à petits bancs marneux avec *Am. lothari*, *Am. tenuilobatus*, etc., recouverts par les bancs de calcaires à grands aptychus et veines de carbonate de chaux. Ces calcaires sont très fossilifères, sur la nouvelle route entre les Boyard et Nicoday. A l'ouest, vers Curienne, ils sont recouverts par un calcaire blanc, esquilleux, rappelant celui de Lémenc, mais sans îlôts à polypiers ni brèche, ainsi que cela se voit à la vigne Droguet et au Tilleret. Sur ce calcaire blanc, esquilleux, au nord de Curienne, on trouve les marnes néocomiennes. De la fontaine intermittente, située à l'est de Boyard, dans le ruisseau la Leysse, aux bancs marneux à spatangues, il y a au moins 600^m d'épaisseur. A la base, les marnes sont noires, argileuses et l'on y trouve de rares ammonites. Puis ces marnes passent à un calcaire grossier bicolore avec bancs à *pygurus rostratus*, et entre Puisgros et le Servin, à la partie supérieure de ces bancs de calcaire grossier, on trouve des marnes à *Am. Radiatus*, *nautilus pseudo-elegans*, c'est-à-dire l'horizon des Ammonites déroulées, sur lequel sont les marnes à *Echinospatagus cordiformis* et *ostrea couloni*. Le calcaire grossier renferme des bancs à calcaire bicolore, avec nombreux débris d'huîtres, on peut dire qu'ici, le valangien est nettement déterminé. Le faciès alpin et le faciès jurassique du néocomien inférieur y sont donc enchevêtrés.

Les marnes à spatangues sont à la base du mont Servin — 1514ᵐ — fortement inclinées à l'est sous l'arête urgonienne du Servin. Ces marnes se trouvent à l'est du roc de la Thuile; ce sont elles qui forment le mont Galoppaz où elles sont en position verticale; au-delà, elles forment les prés de Galoppaz en s'inclinant de plus en plus vers l'ouest. Ces couches à spatangues dessinent donc bien le V formant la combe du Servin. Tous ces marno-calcaires du néocomien inférieur forment, comme je l'ai déjà dit, la rive ouest de la vallée du Lindard à la Correrie, aux Bérard et à la base nord du Colombier du Châtelard. On les retrouve vers Thoiry et à la base de l'arête du Margériaz. Les marnes à *Am. radiatus, nautilus pseudo-elegans*, etc., sont bien développées au sud du Margériaz, dans le bas du col d'Averne.

Le calcaire urgonien présente au col de la Thuile 100 à 150ᵐ d'épaisseur. On y trouve de nombreuses chames et aussi l'horizon des ptérocères. Ce calcaire urgonien présente les mêmes caractères à l'ouest du mont Galoppaz, à la Buffa et au col de la Cochette, au nord du Colombier du Châtelard, ainsi qu'aux rochers de Thoiry et à Margériaz. Il forme au Margériaz, un plan assez incliné à l'est, et ce calcaire urgonien tout crevassé, constitue un sol très perméable. Les eaux, la neige, la glace, s'infiltrent très facilement dans ces grandes fentes qui passent à l'état de glacières naturelles. Sous le calcaire urgonien, les eaux rencontrent les marnes à spatangues formant un sol imperméable; et, voilà pourquoi, toutes les sources importantes de la région des Bauges, s'échappent entre le calcaire urgonien et les couches à *Echinospatagus cordiformis*.

Le gault est nettement représenté dans le bas de la Combe Noire et sur le mont Servin; il l'est peu à l'est du Margériaz, et, sauf le haut de la Combe Noire, on ne le trouve pas sur le bord est de la vallée des Aillon.

La craie présente à la Combe-Noire, à la combe du Servin et au nord d'Aillon-le-Jeune, un beau développement. Elle est formée par de petits bancs de calcaire grisâtre, compact, avec quelques grains de glauconie à la base et des ananchites; à la partie moyenne on ne trouve plus les grains glauconieux et les grands inocérames sont assez abondants; dans le haut on trouve des silex.

Les calcaires nummulitiques se montrent à l'extrémité sud de la combe du Servin; mais leur développement réel est au col des Prés. Ils reposent ici, directement sur le calcaire urgonien et renferment de nombreuses nummulites; *num. striata, num contorta*, etc. Vers la Buffa, les calcaires nummulitiques sont recouverts par la craie, et, dans le repli qu'ils forment on trouve le tongrien du Désert. Il y a, en effet, au col des Prés renversement des couches, ainsi que l'indique la coupe n° 9.

A la Combe-Noire et dans les prés de la combe du Servin, on trouve sur un grès non fossilifère, un conglomérat grossier, siliceux, avec nombreuses *natica angus-tata*, des polypiers et autres fossiles du tongrien. Vers le haut, on trouve des schistes avec fucoïdes, petites lentilles de lignites et des écailles de poissons. A la partie supérieure, ces schistes sont très micacés. Ils sont bien développés à l'est du col des Prés, on les retrouve sur une grande surface au sud de la vallée des Aillon. Il est important de bien noter la position de ces différents dépôts. On a de bas en haut :

1. Marnes à *Echinospatayus cordiformis;*
2. Urgonien;
3. Gault;
4. Craie blanche;
5. Calcaire nummulitique;
6. Grès;
7. Conglomérat siliceux à *natica angustata.*— Tongrien du Désert.)
8. Schistes à fucoïdes, écailles de poissons, petits filets de lignites.

6. Vallée de Leschaux, Saint-Eustache et Jorioz.

La vallée des Aillon se prolonge par Lescheraine et la Motte-en-Bauges, dans la vallée de Leschaux. Cette dernière est limitée à l'ouest par le Semnoz, à l'est par l'arête urgonienne des monts Chabert, Détriet, du rocher Carré et du roc des Bœufs. Comme pour la vallée des Aillon, elle présente une cassure de la branche est du V, et le Semnoz forme, vers l'est, une pente très douce rappelant celle du Margériaz

Les marnes néocomiennes sont faiblement représentées dans le bas de l'arête est de la vallée; elles le sont un peu plus dans le bas de l'arête ouest.

Les calcaires urgoniens sont abondants. On y trouve les trois niveaux déjà indiqués.

Le gault est bien caractérisé au pont d'Entrèves, où depuis longtemps M. de Mortillet l'a signalé comme gisement fossilifère.

La craie est moins développée. On la trouve à Leschaux et à Sévrier avec les fossiles caractéristiques; on y reconnaît les trois assises que nous avons signalées dans les différentes vallées des Bauges; mais, sur une épaisseur de 30 à 35 mètres

Le nummulitique ne paraît pas exister dans cette vallée, ni le tongrien; on y trouve l'aquitanien. M. de Mortillet le signale à Leschaux où l'on trouve *l'Helix Ramondi*. L'Helvétien existe dans le haut de la vallée, de Bellecombe à Saint-Eustache et Jorioz.

7. Vallée du Désert

AU DÉFILÉ DE BANGE

Cette vallée est limitée à l'est par le Margériaz, au sud par le Chaffardon ou montagne de Saint-Jean, à l'ouest par le Nivolet et le Revard, au nord par le défilé de Bange. Cette vallée, située à environ 1000" d'altitude, est formée par un immense plan incliné et divisée en deux versants par une arête tertiaire placée au col de Plainpalais.

La coupe suivante n° 10 indique l'allure des terrains au sud de la vallée.

Néocomien

N. Marnes à *Am. occitanicus;*

N'. Partie supérieure de ces marnes;

N". Calcaire bicolore;

N"'. Calcaire grossier à rognons siliceux;

N^{iv}. Marnes à *Am. Radiatus;*

N1. Marnes à *echinospatagus cordiformis;*

N^2. Calcaire urgonien.

Tongrien

1. Trous à sables et minerais de fer sidéroliti-ques;

2. Galets de quartz, de roches alpines, de silex du néocomien, etc;

3. Sable grossier avec galets;

4. Conglomérat à *natica angustata;*

5. Calcaire siliceux avec nombreux moules de fossiles;

6. Schistes micacés à écailles de poissons.

Au Nivolet, sur l'arête ouest de cette vallée, les différents horizons du néocomien sont nettement représentés.
On y trouve, — coupe n° 11. —

1. Zone de l'*Am. tenuilobatus;*

2. Calcaire à grands aptychus;

3. Calcaire blanc, esquilleux; dolomie à la base; brèche
et lumachelle à la partie supérieure — n° 4.

5. Marnes à *Am. berriacensis;*

6. Calcaire à brachiopodes à la base du calcaire bicolore;

7. Calcaire bicolore à *pygurus rostratus,* et rognons
de silex dans le haut;

8. Marnes à *Echinospatagus cordiformis;*

9. Calcaire urgonien.

On a, au Nivolet, un enchevêtrement très net du faciès
jurassique et du faciès alpin, pour les terrains crétacés
inférieurs.

Le crétacé débute par une brèche et une lumachelle à
nombreux fragments d'ammonites. Sur cette brèche sont
des marnes grisâtres, avec quelques bancs de calcaire argileux, puis on a des schistes calcaires avec *Am. berriacensis, Am. Euthymi;* etc.

Ces marno-calcaires s'étendent jusqu'au Revard sous
lequel ils disparaissent. Ils sont recouverts par de gros
bancs de calcaire bicolore, renfermant à la falaise de Raseray de nombreux brachiopodes. Ce calcaire, rappelle
celui de Fontanil près de Grenoble. Au-dessus, sont des

marno-calcaires avec nombreux débris de fossiles et *pygurus rostratus*. Cet horizon s'étend tout le long du Nivolet et forme la voûte du Revard.

Les marnes à spatangues recouvrent ces derniers dépôts; elles forment les prés du Nivolet, passent au chalet du Nivolet et s'étendent sur le Revard.

Les différentes arêtes du Nivolet ou de Saint-Jean sont formées par les calcaires urgoniens au milieu desquels on rencontre les ptérocères. — *pterocera beaumontiana*, *pterocera pelagi*.

Le gault et la craie ne paraissent pas exister dans cette vallée; il en est de même des calcaires nummulitiques. Mais le tongrien y est très bien représenté. Je l'ai indiqué dans la coupe de la montagne de Saint-Jean au Margériaz, numéro 10.

Les dépôts du tongrien suivent tout le versant est du Nivolet; mais, vers le col de Plainpalais, les cailloux roulés de quartz et le sable tendent à disparaître à la base du tongrien. De ce côté, on trouve d'abord un grès siliceux avec conglomérat à la base, nombreux polypiers et *natica angustata*, puis des sables dus à la désagrégation des grès, ce sont les sables blancs du Désert, et sur eux on a les schistes à écailles de poissons. Ceux-ci sont, à cet endroit, à l'état de bancs calcaires. Ils sont alors moins charbonneux ; les écailles de poissons y sont nombreuses. Dans le haut, en allant vers le Margériaz, les dépôts sont recouverts par un grès mollassique qui se prolonge de l'autre côté du col de Plainpalais. Il paraît être sur le même horizon que celui qui est dans le bas de Lescheraines. « Une grande feuille de palmier, probablement le *Sabal*

« *Lamanonis*, provenant du lit du Chéran au-dessous de
« Lescheraines, existe au musée de Chambéry » (1).
Dans ce cas, ce grès mollassique représenterait l'Helvétien Il serait curieux de trouver au col de Plainpalais,
l'aquitanien au-dessous de ce grès mollassique.

Une dernière petite vallée existe à l'ouest du Nivolet,
c'est la vallée de Verel-Pragondran. Elle se détache du
Nivolet par une faille locale, ainsi que l'indique la coupe
n° 11; et la voûte rompue du Tilleret se prolonge pour
former celle du Revard.

(1) De Mortillet, *Géologie et Minéralogie de la Savoie.*

CONCLUSIONS GÉNÉRALES

La limite du Jurassique dans les Bauges.

Les géologues sont loin d'être d'accord sur la limite du jurassique dans la zône subalpine. Je n'ai nullement l'intention de reprendre la question et de chercher à trancher ce nœud gordien; je me contenterai d'indiquer entre ces différents dépôts les relations stratigraphiques.

Au fort de Tamié, nous avons reconnu l'ordre stratigraphique suivant, de bas en haut.

1. Marno-calcaires à *Am. tenuilobatus*, *Am. polyplocus*, *Am. lothari*, etc.

2. Calcaire à grands aptychus, moucheté de points roses et noirs, avec veines de carbonate de chaux. On y trouve *aptychus imbricatus*, *aptychus lamellosus*, *aptychus beyrichi*, *Bel. semisulcatus*, *Amm. ptychoïcus*, *Amm. Staszycii*, *Amm. transitorius*, *Tereb janitor* (dans le haut), etc.;

3. Calcaires et marnes à ciment;

4. Marnes à chaux hydraulique, avec *Am. occitanicus*, *Am. Berriacensis*, etc.

Dans la vallée de Sainte-Reine et d'École, on trouve les dépôts 1 et 2; peut-être aussi 3.

Vers le village de la Thuile, ou plutôt au sud du hameau de Nicoday, on trouve les numéros 2 et 3, et dans le numéro 3 on rencontre *Tereb. janitor* et quelques ammonites, malheureusement toujours en mauvais état.

Dans le bas de Puisgros, à l'ouest, et entre Puisgros et le hameau de Boyard, on trouve les numéros 2, 3 et 4. Dans la vallée de la Boisserette, au mont Saint-Michel, et au nord de Curienne, on trouve : les numéros 1 et 2. Puis, au lieu de marnes à ciment, on a un calcaire blanc, esquilleux, compact, recouvert par le numéro 4. A Lémenc, on a les numéros 1 et 2. Le numéro 2 se termine ici par un calcaire marneux, avec points noirs et roses dans la pâte et nombreux trous de pholades à la surface des bancs et nombreux aptychus. A Curienne, à Nicoday, dans la vallée de Sainte-Reine et au fort de Tamié, il est plus difficile d'y constater les trous de pholades et les petits aptychus sont assez rares. Ainsi le numéro 2 à Lémenc et dans les autres localités citées, renferment : *aptychus imbricatus, aptychus lamellosus, aptychus beyrichi*, etc., ceux de la *couche marneuse* à aptychus restent à décrire.

M. Pillet a présenté à la Société géologique de France, une note sur cette couche à *aptychus* (1), mais arrivé aux aptychus cantonnés dans cette couche, il dit : « *autres* « *aptychus*. Ce qui est surprenant dans cette assise, où

(1) Bull. Soc. géol. de France. Séance du 25 avril 1881.

« les aptychus striés sont si abondants, c'est l'absence
« complète de tout aptychus lisse. » Ce sont ces aptychus
qu'il faudrait décrire.

A Lémenc, sur le calcaire gris, compact, à *aptychus
imbricatus*, *aptychus lamellosus* et les marnes à petits
aptychus, est un calcaire blanc, esquilleux, avec rares
ammonites et *Cidaris glandifera Bel. pilletti*, etc. A l'est,
ce calcaire blanc est recouvert par le numéro 4.

Ces dépôts 1 et 2 de Lémenc se relient au massif de la
Chartreuse par les Charmettes, ainsi que l'indique la
coupe numéro 12. On a :

1 et 2. — Zone de l'*Amm. tenuilobatus;*

3, 4, 5 et 6. — Calcaire à grands *aptychus;*

7. — Calcaire blanc, esquilleux ;

8. — Marnes et calcaires à ciment.

Des Charmettes, ces dépôts se prolongent vers Jacob,
Montagnole, passent sous le Joigny, pour reparaître à
Entremont-le-Vieux et au-delà, vers Grenoble.

Le calcaire blanc, esquilleux, avec dolomie à la base
se voit également au nord de Lémenc, au Tilleret. Cet
horizon disparaît sous le Revard; il semble reparaître
dans le bas du défilé de Bange, pour disparaître de nouveau sous le Semnoz; mais il reparaît avec tous ses caractères à la montagne de Veyrier où j'ai trouvé dans
un calcaire blanc, immédiatement au-dessus du calcaire
à grands aptychus, la *Tereb. janitor*. Il importe de remarquer qu'à Veyrier le numéro 4 manque; le calcaire
blanc y est recouvert immédiatement par le calcaire bi-

colore ou valangien à *Pygurus rostratus*. Enfin, on retrouve les numéros 1 et 2, au col de Cherel et vers Doussard.

Il résulte de ce qui précède, que le calcaire à grands aptychus et veines de carbonate de chaux spathique se termine par des bancs marqués à la surface de trous de pholades et renfermant de nombreux aptychus à la partie supérieure.

Les dépôts de l'horizon numéro 2 terminent, dans les Bauges, le Jurassique.

D'un autre côté, ils me paraissent être sur l'horizon des calcaires lithographiques à *Tereb. insignis* du Jura méridional. En effet, à Chanaz, sur les bords du canal de Savières, on trouve de bas en haut :

1. Le bathonien à *Am. polymorphus, Amm. bullatus, Amm. interruptus*, etc.

2. Le Callovien à *Am. macrocephalus, Amm anceps*, etc.

3. Les couches oxfordiennes à *Am. transversarius*, etc.

4. Des calcaires argileux, à *Amm. canaliculatus, Amm tortisulcatus*, etc.;

5. Peut-être les couches de geissberg ;

6. La zone à *Am. polyplocus ;*

7. La base du corallien formé par des calcaires gris à *tereb. insignis;* etc.

8. Dolomie;

9. Calcaire blanc à *diceras lucii ; diceras arietina.*

10. Purbeck;

11. Le calcaire bicolore; etc.

Le même ordre stratigrafique existe au Mont-du-Chat, au mont de l'Epine.

Ainsi, de ce côté l'oxfordien est au-dessous de la zone à *Am. tenuilobatus*, et le calcaire lithographique à *tereb. insignis*, etc. représentant le corallien, recouvre cette zone.

A Lémenc, on ne voit rien sous la zone à *Am. tenuilobatus;* mais au-dessus on a, en concordance, le calcaire gris, compact, à grands aptychus, etc. Au fort de Tamié, au-dessous de la zone à *Am. tenuilobatus*, on trouve l'oxfordien; et, au-dessus de cette même zone, en concordance, on a le calcaire gris, compact, à grands aptychus. Ce calcaire est donc au niveau géologique du calcaire à *tereb insignis* du Jura méridional. Ce dernier est à la partie inférieure du corallien — dicératien, l'autre pourrait bien jouer le même rôle, ainsi que l'a déjà indiqué M. Jeanjean. (1)

Dans le massif des Bauges, sur le calcaire gris, compact, à grands aptychus, on trouve : à Lémenc, au Tilleret, et à Curienne, un calcaire blanc, esquilleux, avec bréche et lumachelle à la partie supérieure, pour Lémenc et le Tilleret. Tandis qu'à Nicoday, au Charvay, la vallée d'Ecole, au col de Cherel, à Doussard, au fort de Tamié, sur le même calcaire à grands aptychus, on trouve un calcaire noir et des marnes noires à ciment; puis, des

_____

(1) Bulletin Soc. géol. de France, séance du 5 décembre 1881.

deux côtés, on a des marnes à chaux hydraulique avec *Am. berriacensis, Am. occitanicus, Am. euthymi,* etc.

C'est-à-dire que d'un côté — Lémenc, etc., — sur la zone à *Am. tenuilobatus,* nous trouvons les dépôts désignés souvent sous le nom de tithonique et comprenant de haut en bas :

A. MARNES ET CALCAIRE AVEC *Am. berriacensis, Am. occitanicus,* etc.

Tithonique.

1. Brèche et lumachelle ;

2. Calcaire blanc, esquilleux, avec *cidaris glandifera, bel. pilletti, tereb. moravica,* nombreux *polypiers,* etc.

3. Calcaire gris, compact, moucheté de points roses et noirs, avec veines de carbonate de chaux spathique et *aptychus imbricatus, aptychus lamellosus, aptychus latus, Am. loryi, Am. ptychoïcus,* etc.

B. ZONE A *Am. tenuilobatus.*

Tandis que de l'autre côté — au fort de Tamié, etc. — on a de haut en bas :

A. MARNES ET CALCAIRE A *Am. occitanicus,* etc.

A'. CALCAIRE ET MARNES A CIMENT.

Tithonique.

1. Manque ;

2. Manque ;

3. Calcaire gris, compact, moucheté de points roses

et noirs, avec veines de carbonate de chaux spathique et *Aptychus imbricatus, Aptychus lamellosus,* etc.

B. ZONE DE L'*Am. tenuilobatus.*

Je le répète, les bancs calcaires, représentant dans les Bauges le tithonique appartiennent au jurassique et pourraient bien représenter le corallien inférieur.

A ce niveau, dans les différentes localités citées, on rencontre les fossiles suivants :

Am. ptychoïcus, quenstedt.
Am. staszyci, zeuschner,
Am. transitorius, opp.
Am. silenus. Fontanes.
Aptychus imbricatus. Von Mayer.
Aptychus latus, Voltz.
Aptychus beyrichi, opp.
Tereb. janitor, Pictet.
Rhynchonella lacunosa, De Buch.
Terebratula bisuffarinata, Ziéten ;
Megerlea pectunculus, Schlotheim.
Rhabdocidaris.

Le Jurassique a donc pour limite, dans les Bauges, le calcaire à grands aptychus, constituant un horizon constant.

A Montagnole, à Pierre-Grosse, à Lémenc, à Curienne et au Tilleret principalement, on trouve sur ce calcaire gris, compact à grands aptychus, de la dolomie, puis un calcaire esquilleux avec polypiers, *cidaris glandifera,* peut-être *tereb. moravica* et *diceras lucii,* et une brèche avec lumachelle à la partie supérieure.

Il est possible que dans les localités citées plus haut on ait réellement un rudiment de *dicératien*, localisé sur le bord ouest de la zone subalpine Cependant, il ne faut pas oublier qu'à la chaîne de l'Epine, et au Mont-du-Chat, éloignés seulement de quelques kilomètres de nos stations subalpines, la dolomie et le calcaire blanc dicératiens se présentent en gros bancs sur une épaisseur de plus de 150 mètres, tandis qu'au Tilleret, elles ont seulement de 20 à 30 mètres.

Nous ferons encore remarquer que les dépôts de Montagnole, de Lémenc et du Tilleret sont séparés du Jura par une faille passant à la croix du Mollard, à *Lélia*, à Saint-Cassin, puis à l'ouest de Chambéry et de Méry.

Cependant, d'après la faune, on aurait au Tilleret, de bas en haut :

1. Zone à *Amm. tenuilobatus;*

2. Calcaire à grands *aptychus;*

3. Dolomie et calcaire blanc esquilleux avec *polypiers, Cidaris glandifera*, etc.

4. Brêche et lumachelle à nombreux fragments d'ammonites ;

5. Marnes et calcaire schisteux à *Amm. berriacensis, Am. occitanicus*, etc.

Les Ammonites de la brêche restent à déterminer.

Le terrain crétacé commencerait à Lémenc, au Tilleret, avec la brêche et la lumachelle. Mais Montagnole, Lémenc, le Tilleret et Curienne doivent être considérés comme un accident local, pour la limite du jurassique, dans le massif que nous étudions. On l'a déjà dit, *cette limite est franchement déterminée par le calcaire gris, compact, à grands aptychus, à pâte mouchetée de points roses et noirs avec veines de carbonate de chaux spathique, et le crétacé commence au calcaire et aux marnes noires à ciment,* correspondant aux marnes à *Belemnites latus.*

Quelques géologues placent les calcaires et les marnes de la zone à *Amm. tenuilobatus* dans le Séquanien, en admettant au-dessous la zone à *Amm. bimammatus* qui correspondrait, d'après eux, au *dicératien* et au *glypticien* (1). Il ne me paraît pas possible d'admettre cette classification pour le massif des Bauges. Au-dessous de la zone à *Amm. tenuilobatus,* je n'ai pas trouvé la zone à *Amm. bimammatus,* ni rien rappelant le glypticien ou le dicératien. Au contraire, au-dessous de la zone à *Amm. tenuilobatus,* j'ai trouvé les dépôts que M. Lory a depuis longtemps placés dans l'oxfordien. Enfin, à Chanaz et dans le Jura méridional, immédiatement au-dessous de la zone à *Amm. tenuilobatus,* on a les couches de l'argovien. Le dicératien et le glypticien me paraissent avoir leur représentant dans les calcaires lithographiques, la dolomie et les calcaires blancs de Chanaz, de Lémenc, du Tilleret, etc. Dans ces circonstances, il a paru naturel de rattacher stratigraphiquement la zone à *Amm. tenuilobatus* à l'oxfordien et à l'argovien, à moins d'en faire un horizon spécial dit *tenuilobatien.*

(1) Voir de Lapparent, *Traité de Géologie,* fascicule 6, page 905.

Le néocomien ou crétacé inférieur dans les Bauges.

Au nord de Grenoble et en Savoie, dit M. Hébert, est un ensemble de calcaires que M. Lory divise en quatre parties, mais dont les fossiles principaux varient peu ; car *ostrea couloni* (Defr.), *janira atava* (d'Orb.), *pholadomya elongata* (Münst), *tereb. prælonga* (Sow.), *tereb. tamarindus* (Sow), se rencontrent dès les couches les plus basses — assise n° 1, calcaires du Fontanil, de M. Lory — et l'on sait que ce sont là des fossiles caractéristiques des calcaires à spatangues.

Le *pygurus rostratus* se trouve dans la 2ᵐᵉ assise, en suivant la série ascendante, avec partie des fossiles précédents, qui reparaissent encore dans la 3ᵐᵉ, où abonde *l'echinospatagus cordiformis*. Dans cette 3ᵐᵉ assise se rencontre aussi *belemnites pistilliformis*, *am. cryptoceras*, etc. Il est à remarquer que cette troisième assise est souvent marneuse et glauconieuse.

Enfin, l'assise supérieure, ou la quatrième, est le calcaire jaune de Neufchâtel. Au-dessus sont les calcaires urgoniens.

Tel est le type septentrional du néocomien ; c'est celui qu'on retrouve dans tout le Jura ; c'est le type jurassien du crétacé inférieur.

Mais, si nous prenons la zone subalpine, les terrains crétacés débutent par des marnes bleues et des calcaires d'un gris bleuâtre, à pâte très fine ; ce sont des dépôts vaseux ; les Ammonites et les bélemnites y constituent les principaux fossiles.

A la base, on a des calcaires à ciment, et M. Pictet a constaté que la faune de ces calcaires était la même que celle des calcaires néocomiens inférieurs et des marnes à bélemnites plates de Berrias.

Au-dessus des marnes à ciment — ou horizon du *bel. latus*, — on a des calcaires schisteux, argileux, à chaux hydraulique avec *Amm. Berriacensis, Amm. occitanicus, Amm. Euthymi*, etc. Puis des marno-calcaires à *Métaporinus transversus*. Des calcaires bicolores à *Amm. cryptoceras*. Des marnes à *Bel. pistilliformis, Bel. dilatatus, Crioceras Duvalii*, etc. Des marno-calcaires à *Echinospatagus Cordiformis*, et le néocomien jaune. Tel est le faciès provençal.

Dans le massif des Bauges, les marnes à *Am. berriacensis, Am. euthymi, Am. néocomiensis, Am. occitanicus, Am. rarefurcatus*, etc. se rencontrent partout, soit sur les marnes noires ou horizon du *bel. latus,* soit sur la brèche et la lumachelle, à Lémenc et au Tilleret ou sur le calcaire blanc, esquilleux, à Curienne. A la partie supérieure de ces marnes, on a des calcaires alternant avec des marnes et l'on y trouve principalement *Am. malbosi*, etc. et quelquefois *metaporinus transversus*. J'ai également rencontré partout le calcaire bicolore, mais en bancs relativement minces et alternant avec des marnes dans toute la partie est du massif. De ce côté, ce calcaire et ces marnes sont très pauvres en fossiles, je n'y ai pas trouvé : *pygurus rostratus, natica leviathan, ni ostrea rectangularis (macroptera)*, mais seulement quelques ammonites : *Am cryp-*

toceras, am. occitanicus, fossiles ne caractérisant aucun horizon, puisqu'on les trouve depuis la base des marnes néocomiennes jusque dans les marnes à spatangues. Dans le massif des Bauges, l'horizon des ammonites déroulées — *crioceras duvalii, scaphites ivanii* — est représenté par des marnes à *am. radiatus, bel. pistilliformis, nautilus pseudo-elegans*, etc.; et l'horizon des marnes à spatangues y est toujours nettement défini; nulle part, je n'ai rencontré le néocomien jaune. Toujours, sur la dernière assise marneuse à spatangues, j'ai trouvé les calcaires blancs à chames. Sur le versant ouest de la vallée des Aillon, de la vallée du Châtelard à Entrevernes, et, principalement sur le versant ouest de la vallée du Désert et de la vallée de Leschaux, le faciès du néocomien est sensiblement différent, pour l'horizon moyen ou valangien.

Ainsi, par exemple, au Nivolet, sur la lumachelle du Tilleret on a les marnes à *am. berriacensis*, etc., puis à la falaise de Raseray, un calcaire bicolore, en gros bancs et formant souvent lumachelle. On y trouve : *tereb. carteroniana, tereb. prælonga, rhynchonella lata, rhynchonella depressa, pygurus rostratus, holectypus macropygus, echinus denudatus, am. cryptoceras*, etc. Les brachiopodes sont extrêmement abondants, les céphalopodes très rares. Ces calcaires forment un abrupt tout le long du Nivolet. Ils sont recouverts par des marno-calcaires avec *pygurus rostratus*, des fragments d'*ostrea macroptera* et de petites *ostrea couloni* (rares). Enfin, ces marno-calcaires sont recouverts par les marnes à *Am. radiatus*, les marnes à spatangues et le calcaire blanc à chames. Ainsi, à l'ouest du massif des Bauges le faciès du néocomien a un cachet de rivage bien plus accentué qu'à l'est. Le terrain crétacé y débute par une lumachelle; on y trouve le valangien avec son faciès franchement jurassien; les marnes à spatangues renferment en abondance d'énormes ostrea couloni — exemple à la Doria, entre le Nivolet et la montagne de Saint-Jean.

Le calcaire urgonien, dans l'est, offre trois divisions assez nettement séparées par des marnes ocreuses, placées au milieu, et renfermant : *orbitolina conoïdea, pterocera pelagi, pterocera beaumontiana, heteraster oblongus,* etc. Je n'ai constaté la présence des orbitolines qu'à l'est du massif; à l'ouest, les marnes ocreuses disparaissent, avec elles les orbitolines, mais on trouve toujours *pterocera pelagi, pterocera beaumontiana, heteraster oblongus,* etc. En résumé, le néocomien présente dans le massif des Bauges le faciès mixte; c'est-à-dire, un enchevêtrement du faciès provençal et du faciès jurassien.

Le Gault.

On sait qu'en Savoie, le gault a plusieurs faciès. On y distingue généralement : 1° Le faciès de la Grande-Chartreuse. En Savoie, on le trouve à la Pointière. 2° Celui des bords du Rhône. En Savoie, le type est à l'entrée du val du Fier, côté de Seyssel. 3° Le gault noir ou des montagnes calcaires voisines des Alpes. — Vallée de Bellevaux, le Charvin, les Fiz, etc.

A l'ouest, dans les Bauges, le gault a le faciès des bords

du Rhône; à l'est, le gault est noir. Les fossiles que l'on y rencontre sont assez nombreux, mais pour cela, il faut trouver le gault bien découvert. On citera :

Am. mamillatus; Schlot.
Am. regularis; Brug.
Turrilites bergerii; d'Orb.
Natica gaultina; d'Orb.
Turbo pictetianus; d'Orb.
Solarium cirroide; d'Orb.
Solarium conoideum; Sow.
Inoceramus concentricus; Park.
Inoceramus sulcatus; Park.
Holaster lœvis; Agass.
Hemiaster minimus; Desor.
Discoidea rotula; Agass.
Galerites castanea; Agass.
Astarte dupiniana; d'Orb.
Rhynchonella sulcata; d'Orb. (1) etc.

Le gault suit régulièrement, dans les Bauges, comme dans le massif de la Grande-Chartreuse, la craie qui le recouvre. Comme la craie, il a été protégé par les plissements des dépôts du crétacé inférieur.

Dans la première vallée haute des Bauges, à l'ouest, on ne rencontre que quelques lambeaux de gault à Entrèves, à Leschaux. Dans la seconde vallée il est visible sur un plus

_____

(1) Voir Géologie et minéralogie de la Savoie par M. de Mortillet.

grand nombre de points; cependant, les fossiles y sont assez rares. Du Châtelard, trois vallées se rendent au lac d'Annecy; l'une passant par le Mont-Julioz et le col d'Entrevernes se rend à Entrevernes et à la pointe de Duing; la 2me passant par Doucy, le col de la Bournette, se rend à la Thuile. Enfin, une 3me vallée se rend au lac d'Annecy, en passant par la Motte en Bauges, Leschaux et Jorioz. Dans la première vallée immédiatement au-dessus du Châtelard, de cette ville chez les Garin, on rencontre le gault sous la craie à *catillus cuvieri*. Le gault parait avoir ici, six à huit mètres d'épaisseur. Dans la seconde vallée on ne trouve que les couches du crétacé inférieur. Mais, dans le haut, depuis la dent de Plowen jusqu'au chalet de Rosay, en passant par la dent des Portes, et même au-delà de ce chalet, on rencontre sur la branche ouest du V urgonien, ayant donné naissance à la montagne du Charbon, on rencontre, dis-je, le gault reposant directement sur l'urgonien et recouvert par les couches de la craie. Sur toute cette surface, dans les Bauges, le gault a le faciès de celui des bords du Rhône.

Les dépôts du gault se voient également dans le V urgonien du haut de la vallée de Bellevaux; on le trouve encore aux environs de Settenez; et, il se prolonge dans la Haute-Savoie, au-delà de la ligne de fracture comprenant la vallée transversale d'Ugines à Faverges et au lac d'Annecy. Sur toute cette surface, dans les Bauges, le gault est noir.

Partout, dans le massif des Bauges, l'épaisseur du gault est faible; elle varie entre moins d'un mètre et quarante mètres; les rognons de phosphate de chaux sont malheureusement rares et souvent les fossiles manquent. Cependant il est probable que la mer du gault recouvrait tout le massif des Bauges et s'étendait au travers de la vallée d'Aix-les-Bains à Annecy, et, était ainsi en communication directe avec la mer recouvrant alors Seyssel.

La Craie.

Dans les Bauges, la craie a une épaisseur variant de 50 à 150ᵐ. Elle appartient au sénonien supérieur. Elle est faiblement représentée dans les premières vallées hautes — à l'ouest du massif. — De ce côté, elle est assez blanche, cependant déjà plus noire qu'à la Pointière. Il est à remarquer que de la base au sommet, ou y trouve *bel. mucronata, ananchites ovata.*

A Leschaux, à Sévrier, la craie est d'un gris jaune; elle est bleuâtre, à la Combe-Noire, dans la vallée des Aillon; elle est un peu plus foncée au Châtelard, à la montagne du Charbon et surtout dans la vallée de Bellevaux; elle est noirâtre dans la vallée de Settenez. Dans le Chablais, dit M. de Mortillet, le Faucigny et la portion alpine du genevois, le nom de craie blanche pourrait induire en erreur. En effet, le calcaire sénonien est dur, compact, à cassure esquilleuse, d'un gris foncé, parfois une teinte bleuâtre enfumée. Ainsi, plus on se rapproche des Alpes, plus la craie devient noire; j'ai un *micraster* qui vient d'un bloc de craie aussi noire que les calcaires noirs du lias du grand Perron des Encombres. C'est là une remarque assez importante : c'est-à-dire, qu'au fur et à mesure que l'on s'avance vers les Alpes, la craie est de plus en plus foncée; mais, cette remarque ne s'applique pas seulement à la craie.

Les marnes néocomiennes sont plus foncées dans la partie est des Bauges que dans la partie ouest; il en est de même du calcaire urgonien. Ce dernier, dit M. de Mortillet, est d'un beau blanc de lait, à aspect crayeux, entre Bellegarde et Seyssel; à Annecy, il est d'un blanc foncé; près de Bonneville, près du mont Brezon, il est d'un gris bleuâtre; aux Tinnes, entre Vallon et Sixt, il est d'un gris brun, il fournit même ici des marbres noirs.

J'ai signalé le même fait pour le gault; il en est de même des calcaires nummulitiques A quelle cause est-il dû? Sans doute à une matière charbonneuse, provenant de la décomposition de substances organiques sous l'action de la chaleur et de la pression, lors du soulèvement des couches.

Le Nummulitique. (Eocène moyen).

Les dépôts tertiaires suivent exactement le crétacé supérieur. A la base, dans le massif des Bauges, on rencontre souvent un énorme poudingue formé principalement par les silex remaniés de la craie, des cailloux du gault et quelques roches des Alpes. Ce qui semble indiquer que le gault et le sénonien ont été en majeure partie détruit après leur formation.

Sur ce poudingue, on trouve des calcaires remplis de nummulites : *Num. Lucasana*, *Num. Ramondi*, *Num. allobrogensis*, etc. Ces calcaires sont nettement indiqués au Châtelard et à la montagne du Charbon, où ils se terminent par un grès très dur.

Au col des Prés et à la vallée de Settenex, à la base du nummulitique est un calcaire grossier et les nummulites paraissent être différentes; on y trouve : *Num. Contorta*, *Num. striata*, etc. Sur ce calcaire est également un grès grossier. Avons-nous dans les Bauges deux horizons nummulitiques, comme paraissent l'indiquer les nummulites? C'est un fait qui ne me paraît pas nettement démontré. Cependant, dans la vallée de Bellevaux, il semble que l'on ait réellement ces deux niveaux en superposition.

Tongrien.

Le tongrien est bien développé au sud du village du Désert. — Voir coupe n° 10. — Les fossiles trouvés dans ces différents dépôts ont été examinés par M. Tournouër (1). Il y a signalé : Un *Cerithium*, voisin du *C. Calculosum* Fuchs (non Basterot), de Barrême, Castel-Gomberto, Gaas, etc.

Des moules abondants de Turbo du groupe Tongrien des *T. Clausus*, Fuchs, et *T. Fittoni*, Bast. de Vicentin et du sud-ouest de la France.

(1) Tournoër, Bull. Soc. géol. de France, t. V., 1877, n° 6.

Beaucoup de moules de *Natica* petites et grandes, à étudier. Parmi les plus gros moules, quelques-uns seulement paraissent pouvoir être rapportés avec quelque certitude à la *Natica Crassatina*, Lam. — ou plutôt à la *N. angustata*.

Deux espèces communes de *Cardium* : l'une voisine, mais différente cependant, du *C. Fallax*, Mich. de Cassinelle, San-Gonini, etc., l'autre se distinguant à peine du *C. anomale*, Math? de Barrême, Castel-Gomberto, San-Gonini, Gaas, etc.

Plusieurs échantillons du *Macrosolen Hollowayi*, Sow. espèce des couches de Barton, commune à Laverda dans le Vicentin, plus rare à Salcedo, et qui semble avoir été commune au Désert.

En résumé, ajoute encore, M. Tournouër, cette faune du Désert possède un caractère Tongrien, malgré la présence de quelques espèces que l'on trouve ailleurs, *généralement un peu plus bas*.

A la Combe-Noire, près de Galoppaz, et à la combe du Servin, on retrouve le conglomérat, le grès et le calcaire à *Natica angustata*, recouvert par les marnes et les calcaires schisteux, micacés, à écailles de poissons, avec matières charbonneuses.

Au nord du massif des Bauges, dans la vallée haute du Châtelard à Entrevernes et à la montagne du Charbon, on trouve des marnes renfermant en abondance des cyrènes désignées d'abord sous le nom de *Cyrena con-*

vexa (1), puis de *Cyrena Vapincana*, d'Orb. On y trouve encore le *C. plicatum var. Alpina*, des *Melanopsis* voisines des *Melanopsis subcarinata* et *Melanopcis fusiformis*. Au Trélod, il est facile de voir l'ordre de superposition de ces dépôts; on a de bas en haut :

1. Poudingue nummulitique ;

2. Calcaire à *num. lucasana, num allobrogensis*, etc.

3. Grès.

4. Marnes et schistes calcaires avec *cyrena vapincana*, etc. Lignites.

5. Calcaire micacé, marneux; sur une très-grande épaisseur.

6. Grès à *Cerithium plicatum, Var. alpina,*

Au Châtelard sur le calcaire nummulitique est également un grès très-dur à la base, mais friable, comme pourri, à la partie supérieure et alors on y trouve des natices écrasées rappelant celles du Désert, et aussi des peignes rappelant également ceux du Désert. Au Châtelard il n'est pas aisé de voir ce qui recouvre directement ce grès; cependant il nous a paru qu'au-dessus venaient les marnes à cyrènes, qu'on ne trouve, il est vrai, bien caractérisées qu'à la cluse de Bellecombe où l'on a assayé une exploitation de lignites. Nous ferons la même remarque pour Entrevernes. Il en résulte qu'aucun fait stratigraphique positif ne nous permet de mettre les marnes à cyrènes au-dessus ou au-dessous du conglomérat et du

---

(1) MM. Hébert et Rénevier. Bull. de la Soc. de statistique du département de l'Isère, sér. 2, vol. III, p. 148 à 228.

grès à *natica angustata*, bien qu'elles paraissent être à la base des calcaires schisteux à écailles de poissons.

Ces dépôts du Désert, de la Combe-Noire et de la combe du Servin représentent un littoral, une plage; les marnes à cyrènes de la vallée du Châtelard à Entrevernes ou de la montagne du Charbon pouvaient se former en même temps dans des lagunes, des estuaires dépendant de la même mer.

Quoi qu'il en soit, au-dessus des calcaires nummulitiques de l'éocène moyen, on trouve, dans les Bauges, deux horizons fossilifères.

1. Les marnes à cyrènes et cérites ou horizon des lignites dans les Bauges;

2. Le conglomérat, le grès et le calcaire à *natica angustata*.

Ces deux horizons fossilifères sont recouverts par une masse considérable de vase, des chistes marneux et de calcaire micacé toujours très pauvres en débris organiques.

L'aquitanien et l'helvétien sont à peine représentés dans le massif des Bauges. En Savoie, on doit étudier ces dépôts sur les bords du Rhône, dans la vallée de Novalaise, à Saint-Genix, ou dans la vallée de Chambéry à Annecy.

Enfin, j'ai souvent rencontré, en Bauges, des blocs erratiques et des boues glaciaires à plus de 1100 mètres d'altitude.

TABLEAU des différents terrains du massif des Bauges

TER-RAINS	ÉTAGES	HORIZONS	LOCALITÉS
Quater-naire		Boues glaciaires, blocs erratiques..........	Col de Tamié, Boyard, etc.
Tertiaire	Helvé-tien	Mollasse marine.......	Lescheraines, St-Eustache.
	Aquita-nien	Marnes à *Helix Ramondi*.	Leschaux.
	Tongrien (Miocène inférieur).	Schistes calcaires, mica-cés...............	Désert, Tré-lod.
		Calcaire grossier à *natica angustata*..........	Désert, Ser-vin.
		Marnes à cyrènes, cérites, lignites...........	Trélod, En-trevernes.
	Nummu-litique (Eoc.moy.)	Grès (macigno?).......	Trélod, Châ-telard.
		Calcaire à *Num. Lucasana* poudingue.........	

10

TER-RAINS	ÉTAGES		HORIZONS	LOCALITÉS
Crétacé	Craie blanche		Calcaire gris, avec silex. Calcaire gris bleuâtre... Calcaire avec nombreux grains de glauconie...	Combe-Noire, Aillon-le-Jeune, Châtelard, Trélod
	Néocomien	Gault	Grès et rognons de phosphate de chaux.......	Chalet du Lac, Châtelard, Trélod, Bellevaux, etc.
		Urgonien	Calcaire à *Chama Lonsdalii*. Marnes ocreuses à ptérocères et *orbitolina Conoidea*...........	Trélod, etc.
			Calcaire à *Chama ammonia*...............	
			Marnes à *Echinospatagus cordiformis*..........	Nivolet, etc.
			Marnes à *Amm. Radiatus*.	Margériaz.
			Calcaire bicolore.......	Nivolet.
			Marnes à chaux hydrauliques avec *Amm. berriacensis*...........	Nivolet.
			Marnes à ciment.......	Fort de Tamié, Nicoday.
			Brèche et lumachelle....	Lémenc, Tilleret.

TER-RAINS	ÉTAGES	HORIZONS	LOCALITÉS
Jurassique	Corallien	Calcaire bréchiforme à *Cidaris glandifera*.... Dolomie.............. Calcaire à grands *aptychus*	Lémenc, Tilleret. Tilleret. Lémenc, etc.
	Oxfordien.	Zone de l'*Amm. tenuilobatus*.............. Calcaires plissés à *Amm. plicatilis, Amm. tortisulcatus*............ Marnes à géodes........ Schistes à *posidonies* et *Amm. coronatus?* etc.	Lémenc, etc. Fort de Tamié Hameau au-dessous du col Mercury, etc.
	Oolithe inférieure?	Marnes à rognons fossilifères *Amm. sowerbyi?*.	Verrens, Allondaz.
	Lias.	Calcaires et marnes noires à *Bel. niger*.........	Frontenex.

Hypothèse sur les différentes phases d'affaissement et d'exhaussement du massif des Bauges.

Pendant la formation du lias, la mer recouvrait les Alpes de Savoie. En effet, on trouve le lias au sommet de la plus haute des aiguilles rouges; on le rencontre à Cevins, enclavé dans les schistes cristallins; à Petit-Cœur; au col de la Magdeleine; au Perron des Encombres et bien au-delà. On le retrouve sur tout le versant est du massif des Bauges; donc, pendant la formation du lias, on avait :

(Voir la coupe n° 13).

A partir du lias moyen, les Alpes de Savoie se soulèvent. On ne trouve, en effet, ni le Bajocien, ni le Bathonien, ni le Callovien, etc., dans ces montagnes. Cependant, un lambeau de Bajocien existe à la Table — canton de la Rochette (Savoie): — on le retrouve aussi sur le versant est du massif des Bauges et au-delà jusqu'à la montagne des Fiz. L'absence de ces différents étages dans les Bauges indique un retrait de la mer jurassique vers l'ouest, dû à un exhaussement des Alpes de Savoie. Pendant l'oxfordien, la mer recouvre tout le massif des Bauges, en même temps que le Jura; et, après la formation des calcaires à grands aptychus et des calcaires à

Terebratula insignis du Jura méridional, la mer jurassique abandonne complètement les Bauges, tandis que, dans le Jura, se forment la dolomie et les calcaires blancs à *Diceras*. Cet exhaussement des Alpes de Savoie continuant, la mer jurassique abandonne alors en partie le Jura méridional, en laissant de petites excavations dans lesquelles commencent à se former les dépôts du Purbeck. Cet exhaussement des Alpes de Savoie paraît s'être arrêté avec les derniers dépôts jurassiques. Il résulte de ce mouvement général d'exhaussement et d'affaissement, que, considérés dans leur ensemble, les dépôts jurassiques sont ici en stratification transgressive. Après la formation des dépôts jurassiques, les Alpes de Savoie s'affaissent; un creux se forme entre elles et le Jura, puis la mer crétacée l'envahit. Dans ce creux, se dépose de la vase, c'est-à-dire les marnes à ciment; puis, l'affaissement des Alpes de Savoie continuant, le Jura, entraîné par ce mouvement, s'affaisse également et se trouve de nouveau sous la mer. C'est alors que se sont formés les calcaires bicolores du Valangien; lequel est un littoral vers le Jura. Les oursins, les brachiopodes, les acéphales abondent dans ces calcaires du Jura. Il en est de même vers la partie ouest du massif des Bauges; mais en pénétrant à l'est, vers les Alpes, les dépôts deviennent plus vaseux. De ce côté la mer était profonde. Enfin, les marnes à spatangues et les calcaires urgoniens, par leur régularité et leur faciès littoral, surtout à la base, indiquent un affaissement lent, mais général et continu.

Ainsi, pendant toute la formation des dépôts jurassiques, nous constatons un exhaussement général dans le
massif des Bauges, sauf cependant un léger affaissement
à l'époque de l'oxfordien. Pendant toute la formation du
néocomien, nous constatons, au contraire, un affaissement général.

Les dépôts supérieurs de l'urgonien manquent dans
les Bauges, ainsi que l'aptien, mais on y trouve le gault.
Cela semble indiquer une série d'oscillations locales
d'affaissement et d'exhaussement, dans l'impossibilité où
nous sommes d'admettre une dénudation totale des dépôts
qui nous manquent. Mais à partir du gault, les Alpes
de Savoie ont dû se soulever sur une grande étendue.
En effet, le Cénomanien, le Turgonien et le Sénonien
inférieur manquent dans les Bauges et la zone subalpine.

Un affaissement général du massif des Bauges y ramène
la mer au Sénonien supérieur. Mais la craie supérieure
et l'éocène inférieur manquent dans notre massif. Nous
y trouvons, au contraire, l'éocène moyen, puis le miocène inférieur et moyen. Il résulte de là que, pendant
la formation des derniers dépôts du massif des Bauges,
il y a eu une série d'affaissements et d'exhaussements
locaux.

Après la formation de l'Helvétien — miocène moyen —
les Alpes de Savoie se soulèvent. Depuis, aucun dépôt
marin ne s'y est formé; ce qui indique un exhaussement

continu jusqu'à la fin des temps tertiaires et peut-être au-delà.

Le diagramme suivant — n° 14 — résume ce que je viens d'exposer au sujet des affaissements et des exhaussements du massif étudié dans ce mémoire.

Dr HOLLANDE.

NOTICE

SUR UN

MANUSCRIT DU XVᵉ SIÈCLE

Attribué à un Chanoine de la collégiale d'Aix en Savoie.

————————

MESSIEURS,

C'est un paléographe bien novice qui prend aujourd'hui la parole devant vous. Il doit même vous avouer tout d'abord que son premier voyage d'exploration dans cette région scientifique, lui a réservé bien des surprises, j'allais dire des déceptions. Appelé, d'après votre programme, à vous parler d'un livre d'Heures, écrit à Aix-les-Bains en 1488 par Rᵈ Bessonis, chanoine de la collégiale de cette ville, j'ai employé les loisirs que me faisaient les vacances, à examiner soigneusement ce manuscrit qui appartient à M. le Président de l'Académie de Savoie, et que j'ai l'honneur de vous présenter. Cette étude attentive m'a conduit à des conclusions qui seront certainement de nature à vous surprendre.

Ce volume se compose de près de deux cents pages dont quelques-unes seulement ont disparu. Il est écrit sur parchemin, en beaux caractères gothiques parfaitement corrects. En maint endroit, il est orné de vignettes élégantes et de lettres majuscules, où se retrouvent toutes les nuances de la palette d'un miniaturiste exercé. Quelques-unes de ces vignettes, plus grandes que les autres, avaient été collées sur un espace resté libre, et celles-là ont presque toutes disparu. Les majuscules sont alternativement rouges et bleues: et le vermillon employé non seulement à cet usage, mais encore pour les rubriques, et aussi pour mettre en vedette quelques mots plus importants, a conservé tout l'éclat et toute la fraîcheur des premiers jours.

En 1488, au moment ou le chanoine Bessonis terminait son livre, la typographie était découverte. Des imprimeries déjà nombreuses étaient établies dans bien des villes, notamment à Paris, sous le puissant patronage de l'Université, à laquelle présidait alors notre compatriote Guillaume Fichet. A Chambéry même, les presses de Claude Neyret fonctionnaient depuis quelques années. Le manuscrit qui nous occupe est donc un des derniers ouvrages de ces copistes patients, de ces *amanuenses* laborieux et obscurs, le plus souvent cachés dans les cellules de nos monastères, qui nous ont conservé, avec nos livres liturgiques, les plus précieux trésors de la littérature ancienne, sacrée et profane.

A cette époque, indépendamment de l'office, qui se chantait aux heures désignées dans le chœur des monastères, des collégiales et des cathédrales, et que nous, prêtres, nous récitons encore, d'autres prières étaient aussi obligatoires. C'était, suivant les jours, le petit office de la Sainte Vierge, l'office des défunts, les psaumes pénitentiaux avec les litanies des Saints. Cette obligation exista jusqu'à S. Pie V. Ce pape, réformant le texte du Bréviaire en 1568, abrogea cette loi, obligatoire jusqu'alors, et à laquelle le chanoine Bessonis était encore soumis. C'est pour cela qu'il a transcrit, sous un format commode et portatif, les prières liturgiques que je viens d'énumérer, et auxquelles il a ajouté, pour sa dévotion personnelle, un petit office de la Passion, un autre du Saint-Esprit, le récit de la Passion selon l'Evangéliste saint Jean, et enfin une petite prière composée par saint Bernard. Il a fait précéder le tout d'un calendrier liturgique, adapté à son église et analogue à celui qui se trouve dans nos bréviaires d'aujourd'hui.

Mais qu'était donc ce chanoine Bessonis? Où a-t-il écrit ce beau manuscrit? Telles sont les questions qu'il faut poser maintenant, et auxquelles je suis en mesure de donner une réponse certaine, quoique bien différente de celle que vous attendez.

A la dernière page de son livre, le bon chanoine a écrit de sa plus belle encre rouge les lignes suivantes : *Finit officium beatæ Mariæ Virginis secundum diocesim ecclesiæ aniciensis scriptum in calidis aquis per Petrum Bessonis, presbyterum necnon et canonicum supra dicti loci anno domini millesimo quadringentesimo octuagesimo octavo et die octava mensis januarii. Deo gratias. Amen.*

En entendant ces paroles, vous avez traduit sans doute : Ici finit l'office de la Bienheureuse Vierge Marie, selon le diocèse de l'Eglise d'Annecy (*Aniciensis*), écrit à Aix-les-Bains (*in aquis calidis*), par Pierre Besson ou Bessonis, prêtre et chanoine du lieu susdit, l'an 1488 et le 8 du mois de Janvier. Le *Deo gratias* final vous a fait songer au soupir de satisfaction qu'a dû pousser le bon chanoine, lorsque, dans une de nos froides journées d'hiver, il a vu s'achever son œuvre de longue haleine; et il vous semble que peut-être,

non loin d'ici, au fond de son cercueil, bientôt quatre fois
séculaire, il est tout étonné que l'on prononce son nom et
que l'on s'occupe encore de l'ouvrage de ses mains pa-
tientes et habiles.

Messieurs, je vous avouerai que pour moi, comme pour le
rédacteur de votre programme, la version que je viens de
lire m'avait paru tout d'abord être la bonne ; mais une étude plus attentive m'a fait voir qu'elle était bien éloignée de
la vérité. Il faut lire en effet : Ici finit l'office de la Bienheureuse Vierge Marie, selon le diocèse de l'église du Puy-en-
Velay, et non pas d'Annecy. L'œuvre que nous étudions
n'est point due à la main d'un compatriote ; elle ne nous redit
pas les traditions liturgiques de notre pays, mais bien les
prières qui se récitaient à cette époque dans une église
d'Auvergne, et dont une copie est, je ne sais trop par quel
chemin, parvenue jusqu'à nous.

Cette assertion, qui nous transporte bien loin de la Savoie
jusque dans les vallées montagneuses de la Haute-Loire, vous
paraît sans doute quelque peu étrange. Permettez-moi de
vous exposer les arguments, qui, pour moi, la rendent non
pas seulement hypothétique, mais absolument certaine.

Vous avez dû remarquer cette formule extraordinaire,
secundum diocesim ecclesiœ aniciensis, et qui semblait de
voir faire mention du diocèse d'Annecy. Or, le diocèse de
ce nom n'existait pas en 1488 ; il n'a été créé que depuis
soixante ans à peine. A cette époque, le prédécesseur de saint
François de Sales n'avait pas même encore été chassé de sa
ville épiscopale de Genève par l'hérésie Calviniste. Pour moi,
j'étais fort surpris de voir qu'un prêtre, résidant à Aix, sur
les confins du diocèse de Genève, auquel appartenait la ville
d'Annecy, eût pu employer une semblable expression. C'est
alors que l'idée du Puy, en latin *Anicium*, se présenta à mon

esprit; et les études faites ensuite me montrèrent que c'était bien ainsi qu'il fallait traduire l'expression employée par notre bon chanoine. La lumière fut faite par différents arguments dont les principaux sont tirés de l'examen du calendrier liturgique et des litanies des Saints, contenues dans notre manuscrit.

Chaque diocèse, en effet, a son calendrier liturgique spécial qui sert à régler l'ordre et la solennité des offices. On y voit indiqués à côté des saints inscrits au calendrier de l'Eglise universelle, un certain nombre de saints qui ont, avec ce diocèse, ou avec les régions voisines, des relations particulières, soit parce qu'ils y sont nés, soit parce qu'ils l'ont évangélisé, soit parce que leurs reliques y reposent et y sont honorées d'un culte plus vivant. Or, si je parcours le calendrier placé en tête de notre manuscrit, je n'y trouve aucun des saints honorés alors dans notre pays de Savoie, mais bien ceux qui étaient en Auvergne, l'objet d'une vénération spéciale. Au quatre des ides de Novembre (10 de ce même mois), je trouve inscrit en lettres rouges, avec toute la solennité due à un patron, le nom de saint Georges, évêque, et en ouvrant les petits Bollandistes, je vois que cet évêque est l'apôtre et le premier évêque du Velay, et par conséquent le patron de cette *ecclesia aniciensis*, que desservait notre chanoine. Cette preuve-là suffirait à elle seule, mais je lis encore dans le même calendrier : au 1er février, saint Agripanus du Puy, évêque et martyr; — au 24 Avril, saint Robert, abbé de la Chaise-Dieu, dans ce même diocèse — au 6 juin, saint Artemius, évêque de Clermont; — au 22 juin, sainte Consortia, vierge, fille de saint Eucher de Lyon ; — au 30 juin, saint Martial, évêque de Limoges; — au 16 juillet, saint Dominin d'Avrilly, martyr honoré au Puy; — au 12 août, saint Andéol, sous-diacre dans le Vivarais; — au 21 août, saint Privat, évêque de Mende ; — au 28 août, saint Julien de Brioude, soldat et martyr ; — au 11 septembre, saint Marçel, évêque et martyr, honoré au Puy ; — au 18 septembre, saint Fer- réol, martyr près de Vienne, en Dauphiné ; — au 5 octo- bre, saint Firmin, évêque d'Uzès et confesseur ; — au 13 octobre, saint Gérald, ou Géraud d'Auvergne, comte d'Au- rillac et confesseur. Cette énumération suffira amplement pour convaincre tous ceux qui sont un peu au courant de notre science liturgique et de la manière dont sont composés encore aujourd'hui nos calendriers diocésains.

Ce même argument est confirmé encore par ce que nous lisons dans les litanies des saints, telles qu'elles sont écri- tes dans notre manuscrit. A cette époque, en effet, où le texte du Bréviaire n'avait pas fixé d'une manière aussi précise qu'il l'a été depuis, ces litanies variaient suivant la dévotion de chacun. Vous connaissez l'invocation historique qu'on y avait insérée à une époque de malheur, et où l'on disait : *a furore Northmannorum, libera nos, Domine.* Si la même discipline était encore en vigueur aujourd'hui, on y eut ajouté sans doute, cette formule, que les évêques de Belgique font redire dans leurs églises : des écoles sans Dieu, et des maîtres sans foi, délivrez-nous, Seigneur. Les litanies écrites par le chanoine Bessonis, ne sont donc pas absolument iden- tiques à celles que nous récitons maintenant. Dans l'énumé- ration des saints, qui y sont nominativement invoqués, nous trouvons des noms qui ne figurent pas dans notre bré- viaire actuel. Mais à côté des saints apôtres, martyrs, confes- seurs et vierges, dont le nom est répété dans l'Église uni- verselle, nous y retrouverons encore les saints de l'Auvergne, déjà mentionnés, et quelques autres encore tels que saint Agripinus ou Agripanus, saint Theofred, saint Privat, saint Marcel, saint Just, de Lyon, saint Martial, de Limoges, saint

Georges, premier apôtre du Velay, saint Suacrus ou Syagrius évêque du Puy, saint Gérald, deux illustres abbés de Cluny, saint Odilon et saint Mayeul, saint Apollinaire, évêque de Valence, saint Léonard, solitaire en Limousin. Nous y chercherons en vain les saints de nos contrées. Saint Maurice seul, y apparait avec ses compagnons ; mais la dévotion aux martyrs d'Agaune était trop répandue pour que cela puisse diminuer la valeur de notre argumentation.

D'autres considérations moins sérieuses peuvent encore jeter un dernier rayon de lumière sur notre conclusion si inattendue. Au premier abord, quand on lit ce nom de *Bessonis*, écrivant *in aquis calidis*, on se demande si l'on ne se trouve pas en présence du nom latinisé d'une famille à laquelle appartenait le docte curé de Chapeiry, famille qui existe encore aux environs d'Aix, et qui n'a point perdu sa fécondité sacerdotale. Cependant cette terminaison en *is* n'a pas été employée pour mettre le nom de Besson à l'accusatif réclamé par la préposition *per*. Les noms terminés en *is* ne sont pas communs en Savoie. Ils le sont davantage en Auvergne, comme cela nous est montré par le nom de l'évêque qui vient de quitter ces montagnes lointaines pour venir s'asseoir sur le siége épiscopal de notre Tarentaise. D'un autre côté, au pied des montagnes basaltiques et des volcans à peine éteints de l'Auvergne, il doit y avoir assez de sources thermales, pour que le nom d'une localité puisse être traduit par *aquis calidis*.

Une dernière observation enfin. En lisant ce manuscrit, j'avais remarqué que certains mots, tels que *mihi* et *nihil*, étaient écrits *michi* et *nichil*. Or, vous savez que l'orthographe indique la prononciation ; que la prononciation découvre l'origine, et que, si jamais nous n'avons prononcé de cette façon, il est au contraire *fachile de voir* que *ch'est* un Auvergnat qui a écrit comme *cha*.

C'est donc pour moi, messieurs, une véritable déception de ne pouvoir attribuer ce beau manuscrit à un de nos compatriotes et d'être obligé d'en restituer la paternité à un habitant de la Haute-Loire. Mais pour moi, les arguments sont concluants, et mon esprit ne conserve pas la moindre hésitation. Un des plus vifs regrets que j'éprouve, est celui de penser que ce manuscrit vous intéressera désormais beaucoup moins. Aussi, c'est à peine si j'ose maintenant vous présenter quelques observations sommaires au sujet du texte contenu dans ce volume.

Qu'il me suffise de vous dire que les psaumes et les autres passages de l'Ecriture contenus dans ces différents offices m'ont paru d'une correction remarquable. Je les ai comparés au texte de la Bible, que nous avons maintenant, et qui a été soigneusement revu par les papes Sixte V et Clément VIII, et je n'ai trouvé aucune variante qui méritât de vous être signalée. L'ordre des psaumes est d'ailleurs exactement le même que dans notre bréviaire d'aujourd'hui. Des différences plus sensibles apparaissent dans les leçons, les hymnes et les répons. Dans l'office de la Sainte Vierge, les leçons en sont pas tirées de l'Écriture comme dans notre bréviaire; elles se composent de passages dont je n'ai pu constater l'auteur, mais qui appartiennent à cette littérature pieuse autant que gracieuse, dont les chefs d'œuvre ont été écrits à l'ombre des cloîtres par saint Bernard, par le vénérable Bède, ou par l'auteur de l'Imitation. A l'antienne de Magnificat, je trouve l'expression : *Gaude Dei Genitrix, virgo immaculata* exprimant la croyance de nos pères envers le dogme de l'Immaculée Conception, défini naguère par Pie IX. A complies,

on lit un hymne qui n'est qu'une variante d'une de celles
que nous chantons à la fête de Toussaint.

L'office des Morts est aussi presque identique à celui que
nous récitons aujourd'hui. Quant aux litanies, je ne répéte-
rai pas ce que j'ai dit tout à l'heure. Le pieux chanoine a
écrit ensuite quelques prières, que l'on chercherait en vain
dans notre bréviaire actuel, et auxquelles il a donné le titre
d'office de la Passion, le distribuant d'après les heures cano-
niales. Pour chacune de ces heures, il a placé une hymne,
un verset et une oraison. Ce qu'il a fait pour la Passion, il
l'a reproduit encore en l'honneur du Saint-Esprit. Permettez-
moi d'insérer ici quelques-unes de ces strophes, qui rappel-
lera avec quelques variantes et sur un rythme différent notre hymne si connue du *Veni Creator*.

Spiritus paraclitus fuit appellatus
Donum Dei, caritas fons unificatus
Spiritalis unctio, ignis inflammatus
Septiformis gratia, carisma vocatus

Dextera Dei digitus, virtus spiritalis
Nos defendat penitus ab omnibus malis
Ut nobis non noceat demon infernalis
Protegat, nutriat et foveat sub alis.

Spiritus Paraclitus nos velit juvare
Gressus nostros regere et illuminare
Ut cum Deus voluerit omnes judicare
Nos velit ad dexteram suam appellare.

J'ai fini, Messieurs, et tout en regrettant de n'avoir pu
vous présenter l'œuvre d'un compatriote, je vous remercie

de l'attention bienveillante que vous avez bien voulu me prêter. Le Bréviaire est en effet un livre universel. Au point de vue historique, il fait autorité. Sa poésie est la langue du peuple chrétien auquel ont appartenu nos pères et dont nous faisons nous-mêmes partie. Nous connaissons les auteurs de quelques-unes de ses hymnes. Ce sont Fortunat de Poitiers, Théodulphe d'Orléans, le Pape Innocent III, l'ange de l'Ecole saint Thomas d'Aquin, et d'autres encore. Mais un grand nombre de ces cantiques sacrés n'a pas d'auteurs connus. Semblables à ces chants nationaux ou populaires qui se répètent dans nos fêtes publiques ou au foyer de la famille, et qui sont primitivement l'œuvre naïve de quelque barde inconnu, perfectionnée et modifiée d'âge en âge, ils ont été tout d'abord l'expression des sentiments des populations chrétiennes Ils ont formulé le cri sorti de l'âme de nos pères, lorsque leur piété les amenait auprès des autels, à leurs jours de fête, ou à leurs heures de tristesse et d'angoisse. Répétés ensuite dans les cérémonies saintes, ils ont subi bien des changements, bien des variantes jusqu'à ce que l'Eglise Romaine, par la voix du pape Urbain VIII, ait fixé leur texte définitif.

A ce titre, le manuscrit de Pierre Bessonis peut encore être précieux, puisqu'il nous fait connaitre quelques-uns de ces chants, à une période qui est pour eux comme une époque de formation. Aussi, ce volume mérite de ne pas être complètement voué à l'oubli. Il serait sans doute d'un plus grand prix pour les compatriotes du chanoine Bessonis. Mais en Savoie, nous savons nous intéresser à tout ce qui touche à la science et à la littérature. Nous l'avons montré bien des fois. Vous Messieurs, qui êtes à ce point de vue les représentants autorisés de notre chère province, et qui continuez noblement ses traditions séculaires, vous avez le droit de redire fièrement en son nom la parole du vieux poète latin : *Nihil humani a me alienum puto.*

L'abbé A. PILLET,

professeur à l'Université catholique de Lille.

Orthographe des Noms Géographiques

DE SAVOIE

Proposition présentée au Congrès d'Aix-les-Bains par la
Société Savoisienne d'Histoire et d'Archéologie.

MESSIEURS,

Au nom de la Société Savoisienne d'Histoire et d'Archéologie, j'ai l'honneur de vous soumettre les considérations qui suivent :

L'emploi grandissant de l'imprimerie et de la lecture tend à fixer invariablement l'écriture des noms propres.

Bon nombre de noms propres géographiques appartenant à la Savoie, sont actuellement écrits d'une manière fautive et choquante. La prononciation, guidée par l'écriture, tombe dans les mêmes erreurs.

Si nous ne nous y opposons pas, la génération qui nous succèdera, au lieu de dire, comme ont dit nos ancêtres : *Aïen, Montparal, Mô, Tessin, le Bourget-en-Hulhe,* — dira : *Aïnne, Montpascal, Motze, Tessan et Bourget-en-Huile.*

Les vieux noms, les vrais, seront perdus ; ces « monuments nationaux » seront détruits. J'emprunte cette ex-

pression fort juste à M. Louis Pillet; il s'en est servi, à
l'appui de la même thèse, au XXXe congrès scientifique
de France, tenu à Chambéry en 1863. Je lui emprunte
encore ce passage :

«Tout change dans un pays, les hommes, leurs chétives
constructions; leur langage même s'altère avec le temps.
Une seule chose persiste et brave les siècles, c'est le nom
assigné à la montagne, au cours d'eau, au moindre groupe
d'habitations. Cette parole, jetée au vent par le premier
colon, se transmet d'âge en âge, répétée par des
générations qui n'en comprennent plus le sens. Elle
devient un monument plus durable que le marbre et le
bronze. »

Prenons-y garde. Ce qui nous choque, dans vingt ans ne
blessera plus aucune oreille savoyarde. Déjà, pour la plupart nous disons : les eaux de *Marliôs* près d'Aix, le village
de *Servôs* près du mont Blanc. Dans quelques années, si
nous n'avisons pas à orthographier autrement les mots,
on dira *Drumettâs* et la *Forclâs*.

L'écriture aurait dû représenter fidèlement la prononciation. Elle a été fort infidèle, fort variable; elle a été ce
qu'elle pouvait être avec des scribes peu lettrés et livrés
chacun à sa propre inspiration. Aujourd'hui, les rôles
s'intervertissent : la prononciation tend à se modeler sur
l'écriture. Hâtons-nous de redresser l'écriture. Il n'est que
temps.

J'ai eu l'occasion d'exposer ces idées à M. le Préfet de la
Savoie, durant la tournée de révision. Il m'a dit que, si

un mémoire lui était adressé à ce sujet par quelque société savante de Savoie, il ordonnerait à ses employés de n'user que des orthographes régulières.

La Société savoisienne d'histoire et d'archéologie a pensé que le Congrès des sociétés savantes de Savoie avait en ceci autorité, mieux qu'une société isolée quelconque.

Peut-être jugerez-vous qu'un délai d'une année donnera à chacun des membres du Congrès le temps d'une préparation nécessaire; et que le Congrès d'Aix doit se borner à dresser un programme ou questionnaire qui dirigera les efforts des travailleurs.

Comme conclusion, la Société savoisienne d'histoire et d'archéologie soumet à votre vote les trois propositions suivantes :

1° La question de l'orthographe des noms géographiques de Savoie est portée à l'ordre du jour du Congrès de 1883

2° Une commission, chargée de dresser un questionnaire, va être immédiatement choisie; — elle se réunira dans les intervalles des séances, et déposera le questionnaire avant la clôture du présent congrès.

3° Le questionnaire sera imprimé (dans le compte-rendu du Congrès — ou à part) et sera adressé à tous les membres du Congrès et à toutes les sociétés savantes de Savoie.

JULES CARRET.

Ces trois propositions, mises aux voix, furent adoptées.

La Commission du Questionnaire fut formée de MM. Louis Pillet, François Molard et Jules Carret.

A la dernière séance, M. Jules Carret, rapporteur, donna lecture du Questionnaire suivant,

QUESTIONS PROPOSÉES

1° RECHERCHES A OPÉRER.—Quels sont les noms géographiques qui, à votre connaissance, se prononcent dans le pays autrement qu'ils ne sont écrits sur les cartes ou par l'administration ?

Rechercher autant que possible parmi les orthographes anciennes, celles qui indiquent ou semblent indiquer des étymologies.

Rechercher les appellations que se donnent les gens des diverses localités (1).

2° NOMS EN IEU OU EN EU —Ces noms occupent, comme l'a montré M. Pillet (compte-rendu du Congrès de Chambéry, 1864, p. 627 et suiv.) une région distincte, formée de la Bresse, du Bugey, d'une partie de la Savoie et d'une partie du Dauphiné. En Savoie seulement, ces noms se terminent par un *x*. Pensez-vous que l'*x* final, qui semblerait indiquer abusivement un pluriel, doive être généralement supprimé ?

3° NOMS EN OU ET AU. — En est-il de même de l'*x* qui termine les noms en *ou* et en *au*, où le son de l'*x* ne se

---

(1) Ainsi, les habitants de Chambéry, avant de s'intituler *Chambériens,* s'appelaient des *Chambrolains,* exactement comme ceux de la Chambre.

fait pas sentir davantage : *Combloux, Villaroux, Mon-thoux, Villy-le-Pelloux, Seytroux,—Veaux, Bonnevaux, Bellevaux, Leschaux?*

4° NOMS EN EX. — *Quid* des nombreux noms en *ex* qui, comme ceux en *ieu*, semblent réunis dans une région distincte : *Ontex, Verthemex, Argonnex, Charvonnex, Versonnex, Cernex, Copponex, Chénex, Menthonnex, Bernex, Excenevex, Saxonnex, Pellionex, Loex, Foncenex Mornex, Alex,* etc. ?

Où l'*x* se prononce-t-il, et où ne se prononce-il-pas?

5° NOMS EN AIX. — Comment faut-il orthographier *Gerbaix, Rognaix?*

6° Faut-il un *x* à *Chamonix?*

7° NOMS EN INGE. — On écrit *Tanninges, Fillinges,* etc. par un *s*. Encore un pluriel illégitime (excepté pour les *Allinges*). Doit-on généralement supprimer l's, à part l'exception sus-mentionnée?

8° DIVERS AUTRES NOMS TERMINÉS PAR S. — On écrit *Valloires, Tignes, Sallanches, Thônes* avec un *s* final. Ne devrait-on pas écrire Valloire (*Valloyria*), Tigne (*lacus Tigniaci*), Sallanche (*Sallanchia*), Thône (*Thono*)?

On écrit de même Sainte-Marie-de-Cuines (*Cuyna*), Saint-Sorlin-d'Arves (*de Arvaco*); mais on dit les Cuines, les Arves; faut-il faire exception pour ces mots?

Examiner l'orthographe des mots *Serrières, Sollières-Sardières, Ferrières, Vallières, Feigères, Etrembières,*

Ugines, Vimines, Evires, Cranves-Sales, Mures, Naves,
Talloires, Cruseilles, Nances, Challonges, Collonges, Ara-
ches, Vers, Pers, Arthas, Bons, Vions, Feissons, Aussois,
Moûtiers, Celliers, etc. Où l's se prononce-t-il? — Où in-
diquerait-il un pluriel?

9° Noms en ans, ens, ins. — Encore presque tous ces
mots portent un *s* parasite : *Voglans, Miolans, Bessans,*
Bramans, Rotherens, Cessens, Randens, Verrens, Albens,
Vulbens, Franclens, Brens, Cervens, Bassens, Tessens, Ce-
vins.

La question de l's étant jugée, ne convient-il pas encore de modifier l'orthographe de certains de ces mots,
afin qu'ils soient écrits comme on les prononce?

10° Mots terminés par y. — Faut-il écrire *Pontama-*
frey, Lucey, Arvey, Freney, le Sapey, etc.?
Y a-t-il une distinction à établir par la prononciation de
la dernière syllabe? (1)
Doit-on écrire *Annecy, Chambéry,* —ou *Anneci, Cham-*
béri, comme MM. Dufour et F. Rabut?

11° Dernière syllabe longue terminée par un z qui ne
se prononce pas. — Doit-on laisser le *z* final aux mots tels
que *Barberaz, Genebroz, Viuz, Sciez,* qui se prononcent
Barberâ, Genebrô, Viû, Scié?

---

(1) Faut-il écrire Montgellafray, Montgelafray, Montgellafrey
ou Montgelafrey? Ces quatre manières se rencontrent actuellement.
(On trouve *Mons Gellafredi.)*

Les habitants de St-Jean-de-Couz et de Saint-Thibaud-de-Couz se nomment les Coudans. Serait-il préférable d'écrire Coud?

12° DERNIÈRE SYLLABE BRÈVE TERMINÉE PAR UN Z QUI NE SE PRONONCE PAS — Doit-on laisser le *z* final aux noms tels que *Drumettaz, Lovettaz, l'Alpettaz, Aviernoz, le Sierroz,* où la dernière syllabe, brève, se prononce à l'italienne?

Faut-il les écrire *Drumette, Lovette, l'Alpette, Avierne, le Sierre?* — Alors, comment faire quand l'*e* muet viendrait après une voyelle, comme pour *Saint-Jorioz, la Doriaz :* les mots *Saint-Jorie, la Dorie* risqueraient d'être prononcés comme *jolie?*

Faut-il écrire *Drumetta, Lovetta, Saint-Jorio,* etc. comme des noms italiens?

Si vous adoptez cette méthode, et si vous supprimez le *z* aux mots à dernière syllabe longue, — ne pensez-vous pas qu'afin de distinguer les noms qui se prononcent à l'italienne de ceux qui se prononcent à la française, il conviendra de munir l'*a* final de ceux-ci d'un accent : *Barberâ, Genebró, Viû, Scié,* — ou *Barberà, Genebrò, Viù, Sciè;* — et *Drumetta, Lovetta, Avierno, Saint-Jorio, la Doria?*

13° CAS OU LE Z FINAL POURRAIT ÊTRE CONSERVÉ. — L'usage, basé sur une orthographe fautive, semble avoir consacré les noms de *Culoz, Marlioz,* — pensez-vous que le *z* final de ces mots doive être gardé?

Connaissez-vous, en dehors de ces appellations vicieu-
ses, mais admises, des mots où le *z* final soit légitimé par
la prononciation locale?

14° LES ARTICLES. — Les articles *le*, *la*, *les* qui précè-
dent un grand nombre de noms de localités tendent à disparaître. C'est ainsi qu'on dit couramment *Montcel* pour
le Montcel, *Villard-Léger* pour *le Villard-Léger*, *Verneil*
pour *le Verneil*, *Bourg-Saint-Maurice* pour *le Bourg-
Saint-Maurice*. Nous n'oserions peut-être pas encore
dire : aller *à Montcel*, *à Villard-Léger*, *à Verneil*, *à
Bourg-Saint-Maurice;* mais déjà l'administration écrit
au maire *de Montcel*, *de Bourg-Saint-Maurice*, etc. Encore
quelques temps, et on écrira de même aux maires *de
Biolle*, *de Rochette*, *de Chambre*, etc. (1).

On va supprimant de plus en plus les articles, parce que,
croyons-nous, en dressant les listes alphabétiques des
noms des communes on n'en tient pas compte.

Est-il le cas de demander aux administrations de ran-
ger tous ces noms à la lettre *L*, comme elles rangent à la
lettre *S* les nombreux noms qui commencent par le mot
Saint?

15° LES VILLARD.— Souvent on écrit en deux mots re-
liés par un trait d'union : *Villard-Léger*, *Villard-Sallet*,

---

(1) L'administration du chemin de fer a bien écrit *Les Marches*
sur l'une de ses gares, mais au front de la gare située entre Aix et
Chambéry est ce seul mot *Viviers*. Il faudrait *le Vivier*, sans *s*,
(*Vivarium*).

Villard-Lurin, Villard-d'Héry; — et en un seul mot
*Villaroux, Villaroger, Villargerel, Villarembert, Villar-
gondran, Villarodin.* Ne conviendrait-il pas d'adopter
un mode uniforme?

On trouve aussi *Lanslebourg* d'un seul mot, et *Lans-le-
Villard* avec deux traits d'unions.

16° LES MONT. — Même question en ce qui concerne:
*Montgirod, Montaimont, Montgellafrey, Montrond, Mont-
richer, Monterminod,* écrits d'un seul mot, — et *Mont-
Valezan, Mont-Denis, Mont-Vernier, Mont-Pascal, Mont-
Saxonnex,* écrits avec trait d'union.

17° APPELLATIONS GÉOGRAPHIQUES DÉRIVÉES DE NOMS DE
FAMILLE. — Un grand nombre de noms de hameaux proviennent des noms des familles. Ainsi : les Favre, les
Blanc, les Millet, etc. Faut-il les orthographier avec ou
sans *s* final?

18° DIVERS NOMS. — Comment faut-il orthographier :
Ayn qu'on prononce *Aïen?*
Motz qu'on prononce *Mô?*
Le Bourget-en-Huile qu'on prononce *le Bourget-en-
Ulhe?* (1) Ici convient-il d'écrire *Ulhe,* ou *Hulhe;* et
faut-il ajouter un *s* parce qu'on dit les *Ulhes?*

---

(1) La difficulté de faire prononcer les *l* mouillées a conduit à
écrire *Hullies, Heuilles, Huile, Huilles. Hulhe* ou *Ulhe* signifie
aiguille, pointe rocheuse. Le mot *Huile,* le plus fréquemment employé aujourd'hui, ne donne pas précisément l'idée d'une sommité
alpestre.

Faut-il. écrire *Lescheraines* (Escherena), ou *l'Escheraine?*

L'Aisse, ou la *Laisse?*

Albane ou *Albanne?*

Les *Hurtières* ou les *Urtières?*

Le *Cucheron* ou le *Cucherond?* etc, etc.

———

La commission ne prétend pas limiter les travailleurs aux seules dix-huit questions qu'elle propose. Elle les invite, au contraire, à trouver des questions nouvelles.

Le Congrès de 1883 sera probablement amené à adresser à MM. les Préfets et aux chefs des diverses administrations, une liste alphabétique contenant au moins les noms des communes des deux départements de Savoie, convenablement orthographiés. Il est à désirer que le Congrès puisse de la même manière, et avec les mêmes règles, donner les listes alphabétiques des hameaux, des cours d'eau, des montagnes.

Sans doute, les règles générales étant fixées, il ne serait peut-être pas difficile d'y soumettre les divers cas particuliers. Mais, pour bien fixer les règles générales, il est utile de pouvoir considérer la totalité des cas.

La Commission engage donc chacun des membres du Congrès à ne pas se borner à l'examen des noms des communes, mais à dresser, au moins pour un petit rayon, des listes alphabétiques de tous les noms géographiques, — en joignant à chaque nom les divers renseignements qu'on aura pu recueillir.

On pourra s'aider des listes déjà publiées par M. F. Rabut dans les volumes I et III des *Mémoires de Société savoisienne d'histoire et d'archéologie* (noms des communes et hameaux de l'arrondissement de Chambéry et de l'arrondissement d'Albertville,) et dans *Sabaudia* (cours d'eau des deux départements). On puisera encore des renseignements utiles dans les cartes de l'Etat-major, de Raymond, de Borgonio, et mieux dans le cadastre ancien et le cadastre nouveau.

Nous engageons les travailleurs à consulter les minutes des notaires à partir de la fin du XVIIe siècle.

Mais rien ne remplacera les études faites dans les localités, surtout en ce qui concerne la prononciation et le sens des mots.

La Commission croit que le Congrès accueillerait avec bonheur les études qui pourraient être faites sur la Haute-Savoie, la Maurienne et la Tarentaise, par les sociétés Florimontane, d'Histoire et d'archéologie de Maurienne, et de la Val d'Isère.

———

LA CAUSE DU GOITRE

PAR LE Dr JULES CARRET

RÉSUMÉ

Au début de sa communication, le docteur Jules Carret signale, pour quelques régions, une relation très inattendue entre — la hauteur moyenne de la taille des conscrits nés à de certaines époques de l'année, — et la température moyenne qui régnait environ dix mois avant leur naissance.

Il aide sa démonstration de tableaux graphiques. Sur l'un de ces tableaux, les dix températures moyennes : de mars 1851, de mars 1852, etc. jusqu'à 1860, donnent des hauteurs successives et inégales, qui, reliées par des traits, dessinent une ligne brisée très anguleuse. Au dessous, est tracée, par le même procédé, une seconde ligne brisée figurant les tailles moyennes des conscrits nés dans tout le canton d'Aiguebelle, moins les deux communes de Montgilbert et Montsapey, depuis le 1er janvier jusqu'au 23 février, dans les dix années 1852, 53...... 61 ; — c'est-à-dire appartenant aux classes de 1872, 73... 81. Les deux lignes brisées sont d'un parallélisme non douteux et montrent bien que : — plus le mois de mars est

froid, plus seront petits les individus qui naîtront dans le canton d'Aiguebelle environ dix mois plus tard; — plus le mois de mars est chaud, plus ils seront grands.

Dans les mêmes communes du canton d'Aiguebelle, les températures moyennes d'octobre et novembre ont un effet inverse. Leur influence s'exerce bien encore sur les individus qui naîtront dix mois environ plus tard, du 1er juillet au 22 septembre, mais les deux lignes brisées ne sont plus parallèles, elles sont nettement symétriques; — en sorte que les hautes températures donnent les petites tailles, et les basses températures donnent les tailles élevées.

Ajoutant au canton de Lanslebourg les huit hautes communes de Valmeinier, Valloire, Albane, Albiez-le-Jeune, Albiez-le-Vieux, Montrond, Saint-Jean-d'Arves et Saint-Sorlin-d'Arves, qui sont des cantons de Saint-Michel et de Saint-Jean-de-Maurienne, on a un territoire de grande altitude, où des phénomènes analogues se produisent également deux fois par année, mais à des époques différentes. Plus la température de février est élevée, plus seront élevées les tailles moyennes des individus qui naîtront dans le cours de décembre. Plus juillet est chaud et plus seront petits les individus qui naîtront du 20 avril au 30 mai dans l'année suivante

Ces faits sont de nature à étonner; nous en aurons une explication tout à l'heure. Ils sont importants à plusieurs points de vue; ils montrent, notamment, que le type des individus ne se détermine pas postérieurement à la nais-

sance, ni même durant la gestation ; il se fixe probablement au moment de la conception, et varie suivant les influences auxquelles les géniteurs ont été soumis.

Sur les registres du Bureau de recrutement et des Archives de la Savoie, le docteur Jules Carret a relevé 3057 conscrits atteints de goître. Il a noté les communes où ils sont nés, et a calculé les proportions de goîtreux fournies par les populations qui vivent aux diverses altitudes, aux diverses orientations, sur les diverses espèces géologiques de terrains.

La nature du sol n'a qu'une action secondaire, ou adjuvante ; la cause première est ailleurs.

Les populations qui vivent au-dessus de 1,500 mètres, et au-dessous de 300, n'ont presque aucun goîtreux. Aux territoires qui regardent le sud, les plus fortes proportions de goîtreux se trouvent entre 1,000 et 1,100 mètres. Aux territoires qui regardent le nord, entre 450 et 500 mètres. A l'est, le lieu de maximum de fréquence est vers 630 mètres. A l'ouest, vers 700. Plusieurs figures montrent le tracé de la courbe de maximum de fréquence du goître, en supposant une montagne régulièrement conique.

Cette courbe n'est pas une ellipse ; c'est probablement l'intersection d'un cylindre hyperbolique avec le cône. Elle est semblable aux isothermes ; telle est l'isotherme qui serait dessinée par la limite supérieure de la culture de la vigne, ou la courbe de maximum de fréquence d'une plante ou d'un mollusque. Une différence de six cents mètres en hauteur sépare le point d'altitude maxima de la courbe

qu'on trouve au sud-sud-ouest, — du point d'altitude minima, qui est proche du nord, mais légèrement dévié à l'est. Cette différence considérable montre qu'il ne s'agit pas ici d'une isotherme de l'air, mais d'une isotherme du sol. La courbe dessinée par la limite supérieure de la culture de la vigne ne semble guère donner, en Savoie, qu'une différence de trois cents mètres entre son point d'altitude maxima et son point d'altitude minima.

Ceci posé, nous pouvons dire que la cause première du goître n'est ni la magnésie, ni le sulfate de chaux, ni le carbonate de chaux, ni la présence ou l'absence de l'iode ; car il n'est aucune roche, aucun minéral qui ne se trouve qu'entre 1,500 et 300 mètres, qui soit principalement abondant vers l'altitude de 1050 mètres au midi, et vers celle de 475 mètres au nord.

La cause première du goître n'est pas une cause inorganique ; c'est une cause organisée ; un végétal ou un animal.

La cause du goître doit être cherchée dans l'eau de la boisson. La chimie l'aurait découverte s'il s'agissait d'un composé inorganique. L'animal ou le végétal qui cause le goître n'a pas encore été vu ; il est donc extrêmement petit, microscopique ; c'est un microbe.

Il vit dans le sol et se trouve parfois dans l'eau des sources.

« Si je ne me suis pas trompé dans mes déductions, dit le docteur Jules Carret, si la cause du goître est réellement un microbe, ce microbe ne doit pas agir également

durant tous les mois de l'année; il faut qu'on ne soit exposé à contracter le goître qu'à de certaines saisons, lesquelles varient suivant l'altitude. »

Le goître est une maladie à développement lent, à début inaperçu. Il serait inutile de s'adresser aux goîtreux pour connaître à quelle époque de l'année leur infirmité a commencé. Nous arriverons à cette connaissance par une autre voie.

Ayant étudié 195 communes situées dans la portion la plus contaminée du département, M. Jules Carret a pu établir cette règle générale : *Dans une commune quelconque, la taille moyenne est d'autant plus élevée que la proportion des goîtreux est plus faible, d'autant plus basse que les goîtreux sont plus nombreux.* C'est parce que la population de chacune de ces communes est formée d'au moins deux races, dont une petite, ancienne, acclimatée; et une grande, moins ancienne, plus facilement atteinte par l'endémie; —dans les localités où le goître sévit, la grande race tend à être éliminée.

Si la cause du goître n'agit que durant certaines saisons, prenons une commune quelconque, étudions les tailles des individus nés dans chacun des douze mois, et nous devrons trouver des moyennes fort inégales; les moments où l'eau contient le microbe seront indiqués par des minima dans la hauteur de la taille.

Les communes du canton d'Aiguebelle, ainsi étudiées, donnent, en effet, chacune des maxima et des minima, et

es différences entre les tailles moyennes des divers mois sont souvent énormes. Mais les maxima et les minima sont tellement nombreux qu'il est impossible de les attri-buer à la seule action du goître. Cette complication est heureuse et devait être attendue. Il y a d'autres endémies, d'autres maladies tout au moins, qui, comme le goîtrisme, frappent inégalement la race grande et la race petite, qui se signalent par leurs effets sur les tailles et par le mo-ment de l'année où elles règnent; on pourra les décou-rir.

Les courbes annuelles de chaque commune, courbes à physionomie si singulière, sont, pour ainsi dire, des équa-tions où figurent deux sortes d'inconnues :

1° Les races qui composent la population, et leur degré d'acclimatement, c'est-à-dire leur ordre de superposi-tion.

2° Les maladies et les époques où elles sévissent.

Le nombre des équations est illimité; le nombre des inconnues est forcément limité. Ces gros problèmes peu-vent être résolus.

Nous comprenons maintenant comment des variations dans les températures moyennes du mois de mars, par exemple, se traduisent, pour le canton d'Aiguebelle, par les variations dans la taille moyenne des conscrits qui naî-tront au commencement de l'année suivante. Un mois de mars froid est favorable aux microbes; ceux-ci seront moins nombreux, ou moins redoutables, si la températu-

re est élevée. Les géniteurs qui ont absorbé le microbe, quoique à dose insuffisante pour produire en eux des lésions quelconques, ont tendance à procréer des enfants dont le type se rapproche de celui de la race acclimatée. Plus nombreux sont les géniteurs atteints par l'endémie, plus petite sera la taille moyenne.

Le goître n'est pas le seul méfait du goîtrisme; il convient de citer encore : le crétinisme, — une morti-natalité exagérée, et telle que le département de la Savoie est celui qui donne la plus forte proportion de mort-nés, — l'abréviation de la durée moyenne de l'existence, — probablement encore la surdi-mutité.

On supprimerait presque complètement cette odieuse maladie, et son non moins odieux cortège de maux, si, ayant déterminé pour chaque commune l'époque ou les époques annuelles du danger, on décidait les populations à n'user à ces moments que d'eau bouillie, ou d'eau recueillie antérieurement dans des citernes.

Le mardi, la société presque entière se rendait à Saintes, où la ville nous préparait une splendide réception, après la visite de son amphithéâtre, de son arc et de ses thermes romains, ainsi que de ses curieuses basiliques chrétiennes. On revenait par Rochefort, où l'intendance militaire nous faisait les honneurs de l'Arsenal, de ses torpilles et de ses chantiers et, où rivalisant de courtoisie, la municipalité nous offrait une brillante soirée à l'hôtel-de-ville.

Le mercredi, plusieurs sections se rendaient à Luçon en Vendée et à Saint-Michel en Lherm, pour étudier de singulières buttes de coquillages, qui rappellent les Kokenmodjing de la Suède.

Le jeudi, après la clôture de la session, on se rendait au nouveau port maritime de la Palisse, où M. Bouquet de la Grye, le savant ingénieur hydrographe qui en a conçu le plan, qui en dirige les travaux, nous expliquait les détails de cette merveilleuse création.

Le vendredi, les membres partaient encore pour une longue course de deux jours à Royan, sur les bords de la Gironde, et le dimanche enfin une dernière excursion à l'île de Ré, et au phare des Baleines.

On voit que le programme des travaux était bien rempli. Les plaisirs étaient également nombreux : Le maire de la Rochelle, a donné, le jour de l'ouverture, une soirée splendide dans son magnifique hôtel-de-ville. Le casino du Mail, avec ses concerts, ses bains de mer, ses salons de lecture s'ouvrait tous les jours aux membres du Congrès, et le dimanche il les invitait à une soirée dansante.

Le cercle Dupaty, celui de la rue du Temple, les divers Musées, les tours de Saint-Nicolas et de la Lanterne étaient ouverts tous les jours.

Des régates en mer étaient organisées pour le dimanche ; enfin la flotte de Brest est venue elle-même mouiller en rade, comme pour s'associer aux fêtes du Congrès.

J'ajouterai que le comité de la Rochelle avait rédigé une excellente *notice scientifique, historique et économique sur la ville et sa région maritime,* dont un exemplaire était remis à chacun des membres du Congrès. M. Louis Audiat, de Saintes, avait également remis à chacun de nous son excellent petit volume — *Saintes et ses monuments.*

Dans ce court exposé, je n'ai pas même songé à vous donner une idée des communications nombreuses et variées faites aux 16 sections du Congrès. Un gros volume en 1200 ou 1500 pages viendra le faire dans quelques mois. Aujourd'hui je n'ai eu en vue que cette question pratique pour nous : pourrons-nous avoir à Chambéry un congrès de l'Association française ?

Vous avez tous deviné déjà ma pensée : en ce moment où notre ville n'a pas encore jeté les fondations de son Musée-Bibliothèque, où les plans d'agrandissement du Lycée sont encore à l'étude, il serait évidemment prématuré de convoquer une société, qui ne pourrait y trouver une installation convenable.

Mais des projets sont votés ; dans quelques années ils seront réalisés, alors pourrons-nous recevoir dignement la grande société française ?

Je le crois, Messieurs, et je vais tâcher de vous faire partager mes espérances.

Quelques-uns des membres éminents que nous avons eu occasion de pressentir, nous ont fort encouragés. Des géologues, je n'en parle pas ; nos montagnes ont toujours un vif attrait pour eux !

Mais tous sont attirés par nos lacs du Bourget et d'Annecy, par nos eaux d'Aix, de Challes, de Brides et Salins, par le Mont-Cenis, et même par les glaciers du Mont-Blanc, comme excursion finale.

Je crois que plusieurs d'entre eux, considérant notre Savoie comme le plus jeune enfant de la famille française, se feront un plaisir de la venir étudier de près, et de la faire jouir des bénéfices de l'Association scientifique. Nous n'aurions peut-être à redouter, comme l'Algérie en 1881, qu'un concours trop nombreux, une sympathie trop générale.

S'il nous est difficile d'y répondre dignement aujourd'hui, venant à la suite des onze cités riches et populeuses qui ont réuni jusqu'à présent l'association scientifique, cette tâche deviendra moins compromettante dans quelques années, lorsque des cités moins considérables nous auront frayé la route. Ainsi Blois est incrite pour 1884 ; si des villes de moindre importance accoutument nos sociétaires à moins de splendeurs, en retardant de cinq ou six ans nous gagnons des chances de succès, ou tout au moins nous diminuons les dangers d'un échec.

Il ne faut pas vous le dissimuler. La réunion du Congrès nécessite des dépenses assez considérables. La ville de Bordeaux y avait consacré une somme de 20,000 francs ; je doute que les autres villes, y compris la Rochelle, s'en soient tirées à meilleur marché.

Je ne parle pas des édifices pavoisés, des illuminations, des musiques et des réceptions, dépenses qui ne sont que facultatives, mais il faut rédiger et imprimer une notice sur la ville qui a l'honneur de recevoir le Congrès, sur son histoire et les curiosités qui doivent appeler l'attention.

Il faut imprimer des cartes personnelles pour chaque membre portant le plan de la ville et l'indication des hôtels où l'on peut trouver des logements. Il faut disposer les salles de réunions publiques et des sections.

Il faut un bureau permanent qui reçoit les demandes, arrête les chambres, siége encore pendant toute la durée du Congrès. Chaque matin, un ordre du jour imprimé donne les noms des membres arrivés la veille, un autre le compte-rendu de ce qui a été fait dans chaque section, un autre enfin l'emploi de la journée qui commence.

L'Association centrale ne prend à sa charge que les frais de publication du compte-rendu. J'ai vu que pour le volume de Reims, ces frais seuls se sont élevés à plus de 33,000 francs. Pour Alger, ils excèderont certainement.

Je n'ai pas soulevé cette question financière, pour décourager notre Académie de Savoie; je le dis au contraire pour aviser dès à présent aux moyens de se procurer cette somme indispensable. Dans toutes les autres régions, le Conseil général, le Conseil municipal ont voté généreusement ce ce qui leur a été demandé. En Savoie, lorsque le département et la cité seront un peu moins grevés qu'ils ne sont aujourd'hui, je ne doute pas qu'ils n'accueillent aussi favorablement notre demande. L'Académie de Savoie qui a eu l'initiative de la proposition, voudra aussi, je l'espère, voter à chacun de ses budgets annuels, une petite réserve pour les frais du Congrès.

Mais ce qui m'inquiète bien plus sérieusement, et pour ceci je dois adresser un appel à toutes nos sociétés sans exception, c'est de préparer le capital intellectuel nécessaire pour recevoir dignement le Congrès. Pour cela, il nous faut des hommes, des hommes instruits, des travaux préparés d'avance.

Nous n'avons pas à Chambéry d'université, de facultés dont les professeurs fournissent le cadre des 16 ou 17 sections qui devront y figurer. Il faut que les dévouements individuels y suppléent.

Nous espérons que notre lycée de Chambéry nous prêtera le local de nos réunions et surtout le concours de ses professeurs de sciences. Les autres colléges, les petits séminaires uniront leurs efforts aux nôtres; sans le concours de tous l'œuvre serait irréalisable. Nous nous estimerions heureux si le Congrès projeté avait déjà ce bon résultat d'amener un rapprochement, une entente entre tous les hommes voués à l'étude, sans distinction d'opinion et de drapeau.

L'Association française pour l'avancement des sciences nous présente un terrain neutre, où tous les partis disparaissent. Elle ne s'inspire que d'une pensée patriotique: la nécessité de propager, de vulgariser les découvertes de la science, dans toutes les régions de la France, dans toutes les classes de la population, sur le terrain pacifique de la science, maintenir la supériorité traditionnelle de notre patrie; lutter contre les progrès rapides des nations rivales, qui aspirent à nous devancer, et qui y réussiraient bientôt, (les récentes expositions universelles ne l'attestent que trop) si nous ne redoublons d'efforts dans cette guerre des intelligences, dans cette lutte suprême contre l'invasion teutonique.

PILLET Louis,
Président de l'Académie de Savoie.

Patois

Commune de Vionnaz (Bas-Valais).

L'année dernière, au Congrès de Moûtiers, en esquissant une carte des patois de nos Alpes, je vous annonçai une bonne nouvelle : l'Académie des Inscriptions et Belles-Lettres venait de couronner avec les plus grands éloges un ouvrage de M. Gilliéron sur le patois de la commune de Vionnaz (Valais). Le savant rapporteur de l'Académie, M. Bréal, faisait ressortir l'intérêt qui s'attache à ce genre d'études et appréciait la méthode suivie par le nouveau lauréat.

Il me semblait que cette méthode recevant une si haute approbation méritait d'être connue et adoptée dans l'étude des patois de notre région.

Notre zélé secrétaire du Congrès de Moûtiers, M. Brachet, a su découvrir l'ouvrage de M. Gilliéron, et il a eu l'obligeance de me le communiquer.

Cet ouvrage ne se présente pas seulement sous le patronage de l'Institut, qui l'a couronné, mais, ce que nous ne savions pas, il a été publié dans la *Bibliothèque de l'Ecole*

13

des hautes études, sous les auspices du Ministère de l'instruction publique de France. En tête du volume nous lisons : « Sur l'avis de M. Gaston Paris, directeur de la « conférence des langues Romanes et de MM. Bréal et « Darmesteter, commissaires responsables, le présent « mémoire a valu à M. Jules Gilliéron le titre d'élève diplômé de la section d'Histoire et de Philologie de l'éco-« le pratique des hautes études. Paris le 20 avril 1879. « Signé G. Paris et Léon Rénier. »

C'est bien là une consécration officielle du mérite de l'œuvre de M. Gilliéron. Mais quelle est cette œuvre ? Quel est le patois qui y est étudié ?

M. Gilliéron nous dit lui-même, dans son introduction, que la commune de Vionnaz compte 760 habitants. Il n'a pas embrassé cette commune en entier ; il s'est contenté du moindre de ses hameaux, celui de Torgon, qui n'a pas plus de 60 habitants ; ce hameau est situé sur un escarpement, à 1110ᵐ d'altitude, loin de toute voie de communication.

Comment une étude faite sur une si petite échelle a-t-elle pu valoir à son auteur les hommages si flatteurs de l'Ecole pratique des hautes études et de l'Académie des inscriptions et belles-lettres ?

Ce succès paradoxal nous prouve que ce n'est pas l'étendue du champ parcouru qui est aujourd'hui demandée aux philologues. Au contraire, plus l'auteur aura restreint son tableau, mais plus il en aura su nettement arrêter les traits, faire saillir les moindres détails, plus son œuvre sera appréciée par les juges réellement éclairés.

Ceci doit nous encourager tous à nous mettre à l'œuvre dans le petit hameau dont nous connaissons le mieux le patois. Nous n'avons qu'à nous inspirer de l'exemple et des procédés de M. Gilliéron.

L'ouvrage intitulé : *le patois de la commune de Vionnaz*, se compose de cinq parties, après quelques pages d'introduction :

La première est la *transcription des sons*, c'est-à-dire l'alphabet tout à fait arbitraire qu'a adopté l'auteur pour marquer les nombreuses et délicates articulations du patois. Cet alphabet est chose assez indifférente en soi; on peut même dire que celui de M. Gilliéron ne vaut pas mieux qu'un autre; il présente de graves inconvénients : il exige en effet la fonte de caractères nouveaux, par exemple, l'l barré l'e, le t, le d avec un point au dessous; le n l'a, l'e, l'o avec accents flexueux, etc.

Ces inconvénients toutefois me semblent compensés par un avantage inappréciable : adopté déjà par M. Cornu, dans sa *Phonologie du Bagnard*, par M. Nigra pour le dialecte du *Val-Soana*, il a reçu, par le travail de M. Gilliéron, une sorte de consécration officielle.

En ces matières, ce qui importe avant tout, c'est d'avoir un alphabet phonétique accepté de tous. Le grand écueil à éviter, c'est la multiplicité des alphabets, qui oblige le lecteur à une nouvelle étude d'épellation, pour chaque commune, et chaque auteur.

Vu la grande notoriété du travail de M. Gilliéron, je proposerais donc à tous nos amateurs d'études philologiques des patois, de s'en tenir à sa méthode de *transcrip-*

tion des sons, sauf à y ajouter d'autres signes convention-
nels pour les sons nouveaux, qu'il n'a pas rencontrés dans
son patois de Vionnaz.

La seconde partie, la *phonologie* est la plus longue et
la plus importante de l'ouvrage, mais aussi la plus difficile.

Passant en revue les voyelles, les diphtongues, les con-
sonnes de l'alphabet, l'auteur y étudie les modifications
qu'elles subissent en passant du vieux latin populaire,
dans l'idiôme patois qui en dérive.

Pour cela, il faut d'abord connaître ce latin barbare,
qui était parlé dans nos contrées, et qui est la source de
nos patois. On trouverait dans Ducange, et dans les autres
glossaires de la basse latinité, les éléments de ce travail.

A la suite des Bopp, des Max-Muller et des autres philologues modernes, il faut étudier ensuite les lois générales qui ont présidé à la transformation du langage. Il y
a là toute une série d'observations sur les voyelles *toniques,*
atones ou *protoniques,* sur les lettres *libres* ou *engagées,*
observations qui sont en quelque sorte la clé, la philoso-
phie de chaque idiôme.

Je ne crois pas que cette étude de *phonologie* doive nécessairement être entreprise par chacun des observateurs
de patois; il est bon seulement qu'il en connaisse les
principes, pour noter les divergences plus ou moins prononcées dans chaque région. Dans tous les cas, elle ne
viendra que la dernière, comme le résumé, la résultante
des observations faites au cours des trois parties qui vont
suivre.

Le *tableau des flexions* n'est que la grammaire abrégée du patois, les déclinaisons des noms et pronoms, les conjugaisons des verbes, où se rencontrent encore de curieux phénomènes. Dans ces déclinaisons et conjugaisons on trouve à chaque mot l'application des règles générales de la phonologie.

La grammaire n'a pas de syntaxe ; mais elle est suivie d'une littérature, si l'on peut donner ce nom au relevé exact de trois de ces niaises historiettes que les vieillards racontent dans les veillées d'hiver, et où se conserve mieux le type de la langue primitive. L'auteur y ajoute tous les proverbes patois qu'il a pu recueillir, au nombre de plus de 300. Enfin il termine cette partie par la traduction de la parabole de l'enfant prodigue.

La cinquième et dernière section est formée par un glosaire, qui est la partie essentielle et substantielle de l'ouvrage. L'auteur s'abstient de recherches étymologiques, qui sont souvent trompeuses ; il note le mot avec sa prononciation, son accent local, et sa traduction française, sans aucun commentaire. On sent que ce *glossaire* est forcément incomplet. Depuis l'invasion du français, tous les mots du dictionnaire de l'Académie pourraient, avec une simple modification dans leur terminaison, être comptés comme des mots patois, et figurer dans le glossaire. Il y a là un sage milieu à prendre : s'attacher surtout aux expressions qui manquent au français, ou qui diffèrent sensiblement du français moderne, recueillir le plus possible les mots employés par les vieillards qui ne parlent pas le français, qui n'ont jamais fréquenté les écoles ni

quitté leur pays. Même avec ces réserves et précautions, il
y aura toujours une large part laissée à l'arbitraire.

Pour résumer cette note, et en tirer une conclusion
pratique, j'engagerai tout amateur qui veut se livrer à l'é-
tude du patois de son village à consulter d'abord le p.tit
volume de M. Gilliéron. Voici le titre exact : *Bibliothèque
de l'école des hautes études publiées sous les auspices du
ministère de l'instruction publique. Sciences philologiques
et historiques, quarantième fascicule. Patois de la commune
de Vionnaz, Paris Vierveg, libraire-éditeur, rue Richelieu,
67. — 1880.*

2° Après s'être familiarisé avec la transcription des sons,
il commencera le *glossaire* de son hameau, puis la *grammaire*, avec la *littérature*. Ce ne sera qu'après cela qu'il
en déduira la *phonologie* spéciale.

3° Si, dans ces travaux, il rencontrait quelque difficulté
imprévue, il pourrait en écrire à M. Jules Gilliéron,
dont malheureusement nous n'avons pas l'adresse ; mais je
pense qu'on la trouverait chez M. Vierveg, son éditeur,
ou chez M. Georg, libraire à Genève. Je ne doute pas
qu'il ne fût heureux de se mettre à la disposition des érudits, travaillant à imiter son œuvre et à en augmenter
ainsi la notoriété.

NOTICE

SUR

Un Manuscrit de la Collégiale d'Aix-les-Bains

MESSIEURS,

La Providence m'a favorisé pour présenter au Congrès un manuscrit in-4° de mille pages, contenant environ 550 pièces originales qui intéressent spécialement la ville d'Aix, et ceux qui voudraient faire l'histoire de sa Collégiale aux deux derniers siècles.

Je suis heureux d'en présenter aujourd'hui l'étude, à cette docte assemblée, dans cette cité d'Aix, la mère de nos stations thermales savoisiennes, rendue mémorable par la plume de Cabias.

Le manuscrit, annoncé dans le programme de ce Congrès, porte en titre : « *Livre capitulaire des censes, ascensements, actes capitulaires, testaments, réception des chanoines, obligations et autres choses pour les Révérends seigneurs Doyen et chanoines d'Aix, commencé le 4 septembre 1660, estant procureur le sieur Pernet.* » Il se termine à l'an 1789 et comprend un plan des jardins d'Aix et des fontaines au XVIIe siècle.

Il serait fastidieux pour cette assemblée, d'entendre la nomenclature des bulles, délibérations capitulaires, nominations, l'inventaire des registres paroissiaux, du mobilier de la sacristie, et la liste des deux mille signatures autographes de ce recueil.

Les cent premières pages contiennent une période de 19 ans, dans laquelle figurent les autographes de trente-trois chanoines ; entr'autres : Lorras, Domenget, de Fésigny, de Montiset, Perraud, Pucet, etc.

Il serait difficile de faire un choix de lecture de l'une de ces pièces, pour les soumettre à votre appréciation. Elles forment un enchaînement tel, que, détacher un anneau de cette chaîne de documents, ce serait rompre l'intérêt produit par leur collection. Cette minute de notaire de 130 ans, commence en 1660 par la copie d'un codicille de Rd Jean d'Orlyé de St-Innocent, et se continue par une variété de réceptions, de partages, d'inventaires, etc.; pièces précieuses pour établir les généalogies, l'origine, les titres et l'orthographe patronymique des membres de la Collégiale et pour constater ses propriétés, ses usages, etc.

Je crois cependant, qu'il sera agréable aux membres du Congrès, que leur attention soit appelée sur le plan des jardins qui environnent les fontaines, et que se distribuaient annuellement les chanoines. Il est de la main de R^d Bernard, chanoine, et porte la date du 10 avril 1745. On peut juger par ce plan topographique, de la transformation heureuse opérée dès lors, dans une partie notable de la première des villes balnéaires. Vichy, malgré sa splendeur, n'offre pas autant de charmes que la ville d'Aix, embellie par l'art humain et la nature Il manque à Vichy, un lac, un port, et ce panorama d'Aix, qui attirent peut être autant d'étrangers, que les Thermes amènent de malades.

J'espère faciliter l'étude historique d'Aix, en signalant les documents épars qui m'ont passé sous les yeux. Ce procédé est un des buts du Congrès. La mutualité des communications et les échanges facilite le groupement des titres ou documents, les fait mieux connaitre aux pionniers de l'histoire, qui militent contre l'éparpillement des feuilles historiques et le romantisme des journaux.

L'église de Notre-Dame, berceau de l'église collégiale d'Aix, existait déjà en 1057, puisque la reine Ermengarde donne à Notre-Dame de Grenoble l'église de Sainte-Marie, située *in aquis*, avec ses dîmes et dépendances, la mense de Chambéry-le-Vieux, celle de *Cute*, lieu dit *in gutta grandis,* et la maison d'Ebon, lequel habite le bourg de Chambéry.

J'ai rencontré à la bibliothèque, si riche en manuscrits savoisiens, de M. le marquis de Costa, les mémoires suivants (1) :

1° Au n° 1531, un mémoire sur la relique de la Sainte-Croix, apportée d'Orient à Aix, en 1203, par Pierre de Seyssel. Les pièces justificatives se trouvent dans les annales du moine Godefroy, et dans la relation de l'abbé de Comnéne. Celui-ci a fait connaître la vénération dont était l'objet cette précieuse relique, et sa conservation dans la sacristie d'Aix. On la dit maintenant chez un particulier de cette cité.

2° Aux n°s 1244, 1246, 1247, et 1343, et à la date du 27 juillet 1514, se rencontrent les dotations et les fondations faites par Françoise de Seyssel de la Chambre, dame d'Aix, mère de François-Philibert de Seyssel. La pureté de diction littéraire de Claude de Seyssel d'Aix a été remarquée, par les critiques de notre littérature. Ils trouvent, dans ses œuvres, le principe de la réforme de l'idiôme français. Il devint évêque de Marseille en 1515 et de Turin en 1520.

3° Au numéro 619, un état des aumônes de la collégiale d'Aix, fait par Pointet le 22 mars 1715, nous apprend

---

(1) Je saisis avec empressement cette occasion pour témoigner à M. le marquis de Costa toute ma gratitude, pour l'obligeance avec laquelle il m'a ouvert sa riche bibliothèque, et m'a donné sa cordiale hospitalité.

que le chapitre d'Aix, faisait une aumône dès le premier lundi de carême au Jeudi-Saint inclus. Elle consistait en un morceau de pain de seigle, distribué à tout passant. Le total de la dépense s'élevait, en mesure moderne, à plus de 48 hectolitres et 7 décalitres (*Mémoires de l'Académie de Savoie*, tom VI, 3me série). Les mémoires de la Société savoisienne, tom III, p 172, nous apprennent qu'il y avait à Aix un hôpital pour les passants D'après un autographe de Mgr Caulet, évêque de Grenoble, en date du 9 novembre 1741, le recteur de la chapelle de saint Sébastien était alors Catherin Jourdan, simple acolythe, dont le titre clérical ne date que du 8 mars 1742.

4° L'infatigable paléographe savoyard, M. le général A. Dufour, a reçu en communication à Turin une charte avec sceaux du 12 juin 1443, portant une fondation en l'honneur de saint Michel et de saint Jean-Baptiste, laquelle intéresse la paroisse d'Aix-les-Bains.

Il me paraît opportun, Messieurs, dans la solennité d'un Congrès savoisien, de rappeler l'attention des historiographes de la Savoie, sur les archives d'Etat, qui devaient rentrer de Turin en Savoie. Là sont admirablement classés les éléments historiques les plus anciens, et les plus importants de notre pays. Je saisis avec empressement cette occasion propice, pour redire à nos compatriotes, l'excellent accueil que les Savoyards reçoivent aux archives royales et à la Chambre des Comptes de Turin, et pour exprimer publiquement ma reconnaissance personnelle,

soit à l'Intendance des archives, soit à celle de la bibliothèque du Roi, qui me furent particulièrement bienveil-
lantes. Enfin je suis heureux aussi de témoigner haute-
ment, avec quelle grande bonté et quelle hospitalité
généreuse m'a accueilli Sa Grandeur, Mgr. Gastaldi,
l'éminent archevêque de Turin.

L'abbé Tremey,

Membre effectif de l'Académie de la Val-d'Isère à Moûtiers,
des Sociétés d'histoire et d'archéologie de Chambéry et de Maurienne,
Membre correspondant de l'Académie des sciences, belles lettres
et arts de la Savoie, et de la Société Florimontane,
Agrégé de l'Académie Salésienne d'Annecy.

DE L'ÉLECTRISATION DES VINS

Depuis quelque temps déjà on a parlé de l'action salutaire exercée sur les vins par l'électricité, quand elle agit dans des circonstances convenables.

Le point de départ de cette remarque est assez confus ; il serait dû, parait-il, à ce fait raconté il y a deux ans par plusieurs journaux : « que la foudre tombée dans le voisinage immédiat d'un récipient quelconque renfermant du vin, aurait amélioré sensiblement la qualité de ce dernier. »

Partant de là, dès le mois de décembre de 1881, j'entrepris une série d'expériences sur l'électrisation des vins, en employant tout d'abord l'électricité statique. Voici de quelle façon j'ai commencé : une bouteille de vin était recouverte extérieurement jusqu'aux 2/3 avec une feuille d'étain ; le bouchon de cette bouteille était traversé par un faisceau de fils de platine qui pénétraient d'un côté dans le vin, et de l'autre étaient terminés par une petite boule de cuivre. Comme on le voit, ce n'était pas autre chose qu'une bouteille de Leyde. Je mis ensuite l'armature intérieure de la bouteille en contact avec le conducteur d'une bonne machine électrique et l'armature extérieure en communication avec le sol, puis je tournai rapidement le plateau, aussi longtemps que possible et à plusieurs reprises différentes. Le vin examiné après n'avait pas changé du tout, le résultat était absolument nul. Pensant alors qu'une série d'étincelles énergiques pourraient donner une modification, je mis plusieurs fois les deux armatures de la bouteille en contact, avec celles d'une forte batterie de neuf jarres chargées à saturation pour chaque étincelle.

Cette fois, il y eut réellement quelque chose de changé dans la saveur du vin, et au bout d'une vingtaine d'expé- riences, je reconnus ce fait qui me parut des plus curieux : l'action électrique, faible quand le vin se trouve exposé à une forte lumière dans un flacon transparent, de- vient sensiblement plus intense lorsque ce dernier est à l'obscurité dans un flacon peint en noir; bien que dans les deux cas il y ait eu le même nombre d'étincelles, c'est- à-dire trente pour chaque expérience.

Les vibrations lumineuses sembleraient donc, dans ce cas, se trouver en opposition directe avec l'action de l'effluve électrique.

Jusqu'ici cependant les résultats étaient peu impor- tants, et surtout ils manquaient absolument d'applications pratiques.

Les courants d'induction produits par une bobine de Ruhmkorff, de moyenne force, ne donnèrent pas de résul- tats supérieurs, bien que l'étincelle d'induction ait été employée tantôt directement dans le liquide lui-même, tantôt pour charger la bouteille de Leyde dont j'ai parlé plus haut.

Il restait l'électricité dynamique à essayer sur les vins. A première vue, les courants électriques ne pouvaient donner de résultats.

On pouvait s'attendre à la simple décomposition de l'eau renfermée dans le vin en employant des courants intenses, et à une action nulle avec les courants faibles, eu égard à l'énorme résistance des liquides ; malgré cela les courants furent essayés, et les premières expériences que je fis en soumettant des vins à l'action des courants électriques, ne tardèrent pas à me prouver, une fois de plus, qu'il y a souvent très loin entre une prévision théorique et le résultat fourni par l'expérience.

Après une série de tâtonnements qu'il est parfaitement inutile de décrire, j'ai pu, en effet, constater ce fait remarquable : *Que les courants très faibles en quantité, mais forts en tension* (comme le sont par exemple ceux que produit la pile de Leclanché), *déterminent dans les vins une modification absolument comparable à celle que leur fait subir le temps.* C'est donc là une action des plus salutaires, et cette action est d'autant plus sûre et plus efficace que le vin est resté plus longtemps soumis à l'expérience.

Voici d'ailleurs, et c'est ici la partie essentielle et pratique de ma communication, de quelle façon on parvient à rendre l'expérience simple, pratique et surtout économique :

Dans la cave même, tout près du tonneau, on dispose une vingtaine de pots en terre de la contenance approximative d'un litre 1/2 à 2 litres. Ces vases sont pleins de terre humide dans laquelle, pour chacun d'eux, on a enfoncé aux 4/5 un morceau de fer (débris quelconque de ferraille), offrant à peu près la surface totale d'un décimètre carré. A côté de chaque morceau de fer on enfonce dans la même terre humide du vase un morceau de coke, ayant les mêmes dimensions, en le laissant sortir quelque peu de terre.

Cela fait, on réunit, avec de gros fils de cuivre, le fer du premier pot avec le coke du second ; puis, de même, le fer du second avec le coke du troisième et ainsi de suite, ayant bien soin d'établir et de maintenir toujours, un contact parfait entre les fils de cuivre et les morceaux de fer ou de coke.

Il ne reste donc de libres que le coke du premier vase et le fer du dernier ; ce sont les deux pôles de la pile, car on voit qu'il se forme en effet une pile électrique, laquelle pour être rustique et peu coûteuse, n'en fournit pas moins un courant très sensible au galvanomètre ; de plus, ce courant a précisément les qualités que doivent avoir ceux que l'on veut employer à l'électrisation des vins, c'est-à-dire, comme nous l'avons vu plus haut, faible en quantité et fort en tension.

Lorsque la pile est formée, on fixe au pôle positif un fil de cuivre assez long pour atteindre le tonneau, et l'on termine ce fil par plusieurs fils de platine longs de 12 à 15 centimètres, placés côte à côte et formant une sorte de houpe qu'on introduit dans le vin par un petit trou percé au-dessus du tonneau.

On fixe de même au pôle négatif de la pile un fil de cuivre, que l'on termine cette fois avec de petits fils de fer et non avec des fils de platine. Les fils de fer doivent tremper dans le vin par un autre trou placé à côté du premier.

Il faut avoir soin de ne pas laisser la partie de cuivre des électrodes en contact avec le vin.

Il se produit toujours lentement et en très petite quantité des bulles gazeuses, mais elles s'échappent facilement par les petits trous des rhéophores. Lorsque le tonneau n'est pas grand, l'effet est déjà sensible au bout de deux mois. Un dégustateur pourrait croire alors qu'on a ajouté au vin soumis à l'expérience une certaine quantité de vin vieux.

L. Gauthier,

Professeur à l'école de télégraphie de Chambéry,
membre de la Société d'histoire naturelle de Savoie.

14

OBSERVATIONS

DE

CACHEXIE PACHYDERMIQUE

(DE CHARCOT)

MYXŒDÈME CRÉTINOÏDE

(De Sir William Gull et de Ord)

———————◇◇◇◇◇❊◇◇◇◇◇———————

MESSIEURS,

J'ai pensé qu'il n'était pas en dehors du cadre d'un Congrès scientifique tenu dans notre station thermale, de vous parler de la curabilité par nos eaux d'une affection nouvelle ou tout au moins tout nouvellement classée par les pathologistes.

Je veux parler de la *Cachexie pachydermique*, du professeur Charcot (*Myxœdème crétinoïde* des auteurs Anglais). Ce n'est qu'à la fin de l'année 1873 que Sir W. Gull présentait pour la première fois à la société clinique de Londres des observations de cette maladie.

Quatre ans plus tard, le Dʳ Ord publiait à son tour quelques cas de myxœdème.

Vers la même époque, le professeur Charcot publiait aussi des cas analogues qu'il avait observés soit à Paris, soit dans ses voyages.

Durant la saison d'été 1878, ce maître nous envoyait le premier cas de cette affection que nous ayons pu suivre et diriger personnellement. — Je vous dirai plus loin son observation et son amélioration.

Nous avons, depuis ces cinq dernières années, étudié avec intérêt cette affection.

Nous avons pu voir deux ou trois cas à l'hôpital temporaire à Paris, à l'hôpital Lariboisière, enfin à l'hôpital Saint-Thomas à Londres.

Nous avons suivi toutes les publications des grands maîtres de toutes les capitales sur ce sujet.

De toutes ces observations il résulte que l'affection, plus commune chez les femmes adultes se rencontre aussi, mais rarement, chez l'homme et chez l'enfant.

La cachexie pachydermique se manifeste par des symptômes du côté de la peau, du côté des muqueuses, et enfin du côté du système nerveux.

Ces symptômes sont une déchéance (une cachexie), un dépérissement intellectuel et physique.

Les phénomènes cutanés et nerveux n'apparaissent pas en même temps au début.

Le plus souvent la peau de la face surtout, devient rude, rapeuse, épaisse, si bien qu'on ne peut la pincer. On pourrait alors croire à de l'ichthyose.

Les poils tombent, il n'y a plus de secrétion ni sébacée ni sudoripare. Les muqueuses sont boursouflées, tendues, violacées, la langue très augmentée de volume semble trop large pour la bouche.

Aussi la voix est nasillarde, empâtée, à chaque mot le malade fait un mouvement de déglutition —Les gencives hypertrophiées s'ulcèrent, les dents tombent ou tout au moins s'ébranlent.— Les mamelles sont énormes, la face est comme un masque en porcelaine.

Les pommettes colorées se distinguent de la pâleur des parties environnantes.

L'intelligence est tout à fait affaiblie, la mémoire est diminuée.

On croirait ces malades plongés dans un état de torpeur. Ils répondent lentement et difficilement, et ont un aspect de crétinisme complet.

Ces états subissent le plus souvent une marche progressive jusqu'à la mort qui survient par le fait de quelque altération organique. Cette affection au début pourrait être confondue avec une maladie des reins, ou avec une maladie du cœur. Mais nous avons des signes pour un diagnostic différent très sûr.

La cachexie se distingue de l'eléphantiasis, en ce que dans cette dernière affection un membre seul est envahi. De l'ichthyose en ce que dans cette maladie il n'y a ni œdème ni déformation de la face. De plus la desquamation est à larges plaques, dans l'ichtyose, quelques médecins ont voulu confondre cette maladie avec la sclérodermie. La sclérodermie se manifeste par des plaques indurées et rétractées, mais non par un épaississement général, du tissu. Il n'y a pas de troubles intellectuels.

La cachexie pachydermique est donc bien une entité pathologique, ne ressemblant à aucune autre affection. La nature de cette maladie est encore hypothétique; à moins qu'on ne se rallie à l'opinion de Thomas Inglis (1) qui voit là un trouble de la nutrition des cellules des masses ganglionnaires supérieures, retentissant sur les sympathiques qui n'absorberaient plus alors suffisamment. Les *traitements* appliqués jusqu'ici n'ont pas encore donné des résultats très sérieux. Cependant le séjour dans les pays chauds a été suivi de succès. Charcot recommande les massages et les bains sulfureux (2).

---

(1) Thèse du Dr Ridel-Saillard (188).
(2) *Gazette des Hôpitaux* (1881), n° 10.

Première Observation.

Mme V., nous fut envoyée en juin 1878, avec ce diagnostic (cachexie pachydermique), âgée de 40 ans, née à
l'île de Zanthe Cette femme présente une face arrondie en
lune avec expression d'hébétude, pommettes rouges, violacées, teint généralement d'une pâleur de cire, conjonc-
tives gonflées,très dures à la pression, nez large à la racine, voix nasillarde, bras et jambes très forts, mains et
pieds gonflés, chûte des poils sous l'aisselle et au pubis,
les cheveux sont très peu abondants, démarche lente et
cadencée.

Paresse et lourdeur intellectuelles, difficulté à s'expri-
mer.Elle a presque oublié l'anglais et l'italien qu'elle par-
lait fort bien autrefois, la langue est épaisse, d'un rouge
violacée, et les muscles de cet organe sont très paresseux.
Les organes nous paraissent à l'état normal. Les périodes
sont très régulières,l'estomac seul fonctionne mal et d'une
manière bizarre ; ainsi il ne tolère que des vins blancs
légèrement acides ; une anémie profonde semble résulter
de l'ensemble de ces phénomènes, et nous étions très in-
quiets au sujet de cette malade. Le caractère est d'une
grande mélancolie et d'une grande irascibilité.

Séparée de son mari, retenu en Angleterre, Mme V., en
ressent une profonde douleur. Après avoir consulté de

toute part les princes de la science, elle arrivait chez le professeur Charcot qui nous l'envoyait comme type de la *cachexie pachydermique*. Attaquant de suite la fonction de la peau complètement défectueuse, nous soumettions Mme V. à une série de bains sulfureux alternés avec des bains de vapeur.

Dès la première cure, les écailles de la peau tombaient sans se reproduire.

C'était un premier succès, suffisant pour encourager la malade ; elle fit en effet deux cures d'une trentaine de bains chacune, et dès l'hiver 1880, le Dr Thaon, de Nice, en publiant son observation dans la *Revue médico-chirurgicale*, écrivait : la malade va beaucoup mieux après deux saisons à Aix. La plupart des symptômes se sont amendés, la figure, les paupières, les lèvres se sont dégonflées en partie, la peau des extrémités est moins dure, la parole moins lente, la malade fait d'assez longues promenades.

Deux années se sont passées depuis que ces dernières lignes étaient écrites, et la malade est revenue chaque été passer à Aix trois à quatre mois. Elle a continué ses bains de vapeur, alternés avec des bains de soufre.

Elle nous quittait, il y a quelques jours, complètement améliorée ; les muqueuses ont perdu leur état œdémateux, aussi bien que la peau ; la parole est aisée, l'intelligence et la mémoire participent aussi à l'amélioration. Mme V. parle couramment les langues qu'elle possédait dans son enfance, et elle espère bien être assez forte pour passer l'hiver près de son mari en Angleterre. Pour nous, c'est un succès complet, et dû à la médication toute externe d'Aix, car jamais notre malade n'aurait consenti à absorber le moindre médicament.

Deuxième Observation.

Mme N., nous fut envoyée en juillet dernier par un des maîtres anglais qui a le premier fait connaître le *myxœdème crétinoïde* :

Âgée de 34 ans, Mme N. a eu un enfant qui se porte fort bien (pas d'antécédents héréditaires, ni personnels connus; bien réglée depuis l'âge de 15 ans, elle a toujours été fort régulière).

La maladie a débuté depuis six années par des sensations cotoneuses aux doigts, par de la difficulté à écrire, par des douleurs dans les côtés, par de la boulimie, par de l'œdème dans les pieds et dans les mains, par un affaiblissement général.

Alors progressivement, les poils du corps tombent, la peau s'écaille, les yeux se gonflent, l'intelligence diminue, la langue s'épaissit, la parole devient lourde et gênée; c'est ainsi qu'elle nous arrivait. L'examen des organes ne nous présentait aucune contre indication du traitement d'Aix; nous la soumîmes de suite à la même médication que Mme V. de l'observation précédente : bains d'eau sulfureuse à 36° et bains de vapeur.

Après un mois de ce traitement, la peau avait repris un aspect normal. L'œdème des muqueuses n'était pas amélioré, la parole était aussi difficile. Mais l'activité musculaire et intellectuelle avaient repris leur énergie normale. Cette malade nous reviendra et arrivera à retrouver une guérison complète.

Troisième Observation.

Mme J., 44 ans, nous fut envoyée au début de la saison par le professeur Charcot, comme affectée de *Cachexie pachydermique.*

Née et habitant le Canada, Mme J. n'a eu qu'une fille qui est avec elle, très florissante de santé. Mme J. n'avait jamais été malade, quand elle fut prise, il y a deux ans, de gonflement des paupières. Ses yeux fort grands et fort beaux commencèrent à disparaître sous la paupière gon- flée.

La face prit l'aspect typique d'un masque de cire, d'une vraie pleine lune (de Gull).

Les pommettes ici n'étaient pas rouges. La bouche était tuméfiée, la langue est énorme et violacée, la parole est empâtée, nasillarde. Il est impossible de saisir entre les doigts un point des tissus de la face qui sont comme tendus, comme recouverts d'une couche de collodion,

L'intelligence est troublée et déprimée, la malade est impatiente, irritable, elle ne saisit que vaguement ce qu'on lui dit. Les dents sont mauvaises et ébranlées. Pieds et mains massifs. Constipation opiniâtre.

Ici le traitement n'était point facile, car dès le premier jour, je trouvais une résistance inouïe contre mes prescriptions. Attaquant la malade par la coquetterie, j'arrivais à lui faire prendre des bains, des douches de vapeur et des pulvérisations sur la figure.

Le phénomène du masque de la face céda durant cette médication. L'œdème des paupières diminua, le regard devint normal, les yeux reprirent leur volume habituel, la peau de la figure sa souplesse. Après quarante jours, la malade nous quittait confiante et heureuse de ce premier succès.

Je vous demande pardon, Messieurs, de ces longueurs. Mais j'ai tenu à établir devant vous que nous pouvions appliquer les richesses de notre Établissement à une entité médicale qui jusqu'ici était peu ou mal définie.

L'École de Paris, suivant un de ses maîtres les plus illustres, appelle cette affection *Cachexie pachydermique*, parce que ces deux mots comprennent les grands symptômes qui la constituent, soit le dépérissement intellectuel et physique, en même temps que l'affection typique de la peau qui ressemble à celle du pachyderme.

De l'autre côté de la Manche, on a porté plus d'attention sur l'œdème muqueux et sur l'affaiblissement intellectuel, et on a appelé la maladie *myxœdème crétinoïde*.

Les deux appellations se valent, suivant nous, car l'une et l'autre se rattachent à des symptômes typiques qu'on ne peut oublier quand on les a rencontré une fois.

Docteur L. Brachet,

Médecin aux Bains d'Aix et de Marlioz, médecin adjoint de l'Hospice thermal, médecin de la Compagnie P.-L.-M., membre de la Société de Médecine et de Chirurgie pratiques de Montpellier, membre des Sociétés Médicales de Chambéry et de Genève, membre de la Société savoisienne d'Histoire et d'Archéologie, etc.

Rapport

Sur la création, l'organisation et les travaux de la Société savoisienne d'Histoire et d'Archéologie, présenté au Congrès des Sociétés savantes de la Savoie.

MESSIEURS,

La Société savoisienne d'histoire et d'archéologie compte 26 ans d'existence; elle vient de publier son vingtième volume de mémoires et documents.

La réunion de toutes les Sociétés savantes de la Savoie à Aix-les-Bains a paru à ses sociétaires une occasion naturelle de passer en revue ses travaux, afin de voir s'ils ont répondu au programme qu'elle s'était tracé, afin de payer un tribut d'éloges aux érudits qui les ont produits et d'encourager les membres nouveaux à suivre l'exemple de leurs devanciers.

Notre société a été fondée le 6 août 1855, à Chambéry, par MM. Joseph Dessaix, publiciste, François Rabut et Claude Saillet, tous les deux professeurs au collége national de la même ville.

Elle s'est constituée définitivement le 6 août 1856.

Empruntant son programme à la Société d'histoire et d'archéologie de la Suisse romande, notre Société se destinait « à offrir un centre de réunion et d'étude aux amis « de l'histoire répandus dans les diverses parties de la Sa- « voie, à provoquer des recherches dans les archives pu- « bliques et dans les dépôts particuliers, à encourager « l'étude locale des monuments et des faits propres à « éclairer l'état ancien du pays, à rassembler les maté- « riaux de l'histoire nationale, à publier des documents « inédits et des écrits propres à étendre la connaissance « des anciens âges de la patrie. »

Composé d'un nombre de membres indéfini et créée dans les vues les plus libérales, la Société savoisienne a accueilli tous les hommes de bonne volonté. Elle comprenait le jour de son organisation 112 membres effectifs, parmi lesquels on remarquait à côté des noms de MM. Joseph Dessaix et François Rabut, ceux de MM. Timoléon Chapperon, Jacques Replat, Pierre Lanfrey. Durant le quart de siècle qui s'est écoulé depuis, beaucoup de membres fondateurs sont morts ; dont quatre parmi les cinq écrivains que je viens de nommer ! Il y en aurait bien d'autres à mentionner : M. Joseph Huguenin, le naturaliste, M. Laurent Sevez, M. Hudry-Ménos, M. Eugène Burnier, le Dr Caffe, etc;

Quelques-uns ont donné leur démission, mais la plupart lui sont demeurés fidèles, et, malgré les vicissitudes
des temps, les changements de situation ou de résidence,
l'ont soutenue, soit par leurs travaux, soit par leurs cotisations, lui fournissant ainsi les éléments intellectuels et
matériels sans lesquels elle n'aurait pu subsister.

La Société savoisienne s'était empressée de nouer des
relations avec les sociétés voisines du Piémont, de la Suisse
et de la France. Le 8 septembre 1855, M. Fortoul, ministre de l'instruction publique en France, lui accusait réception de son Règlement, et, bientôt, son successeur lui
transmettait pour sa bibliothèque divers volumes précieux.
Dès cette époque, la Société savoisienne comptait au nombre de ses membres honoraires plusieurs savants français
et étrangers : MM. Auguste Bernard, Auguste le Prévost,
Louis Cibrario, Ricotti, Slopis, Keller, Gustave Revillod,
Frédéric Sorel, un peu plus tard, M. l'abbé Cochet, M.
Viollet-Leduc, etc., etc.

De nombreux encouragements lui furent donnés par
la ville de Chambéry, le département de la Savoie et par
le gouvernement sarde. M. le comte Pillet-Will, ce géné-
reux bienfaiteur de la Savoie, lui fit en 1859 un don de
mille francs qu'elle consacra à compléter le matériel de
ses bureaux et à la fondation d'un prix d'histoire.

L'annexion de la Savoie à la France en 1860 ne modi-
fia pas les conditions d'existence de la Société. Les relations qu'elle avait nouées dans les divers départements
français s'accrurent et devinrent plus faciles. Plusieurs de

ses membres quittèrent la Savoie à cette époque, mais ils continuèrent à s'associer activement à l'œuvre qu'ils avaient commencée; c'est ainsi que M. François Rabut, nommé professeur d'histoire à Agen, puis à Dijon, n'a pas cessé de nous adresser soit seul, soit en collaboration avec le général Auguste Dufour, les communications les plus précieuses. La Société savoisienne a voulu leur témoigner sa reconnaissance en les nommant ses présidents honoraires.

Le Collége national de Chambéry avait été converti en Lycée; la Société a trouvé parmi les profeseurs qui s'y sont succédé d'utiles collaborateurs.

A son tour, le Gouvernement français lui accorda des subsides annuels et des récompenses. Par un décret en date du 8 octobre 1881, il l'a reconnue comme établissement d'utilité publique.

Lorsque la Société savoisienne d'histoire et d'archéologie s'est fondée, la science historique avait eu déjà et avait encore en Savoie de brillants représentants. Elle possédait Mgr Billet, archevêque de Chambéry, MM. Timoléon Chapperon, Jacques Replat, Léon Ménabréa. Les travaux de ce dernier surtout avaient été considérables. Il avait fouillé toutes nos archives, celles du Piémont et de la Suisse romande; mais ce n'est qu'après sa mort et en 1865 que l'Académie de Turin a publié son beau et vaste travail: *des origines féodales dans les Alpes occidentales.*

Il y avait alors deux associations historiques et littéraires; c'était d'abord l'Académie des Sciences, Belles-Lettres et Arts de Savoie, fondée en 1820; puis l'Association Florimontane fondée, en 1851, à Annecy pour faire revivre l'Académie Florimontane créée dans cette ville en 1607 par nos grands compatriotes, Saint-François de Sales et le président Favre.

Le pays avait vu se former aussi, à partir de 1840, vers l'époque où la monarchie sarde se relâchait des principes politiques absolus, que la Sainte Alliance lui avait imposés, des sociétés d'agriculture, d'histoire naturelle, de médecine qui avaient contribué aussi à répandre dans la nation le goût et les habitudes de l'étude.

L'Association Florimontane n'avait pas encore le développement qu'elle a pris un peu plus tard. Son bulletin d'alors ne pourrait être comparé à sa très intéressante publication actuelle : la *Revue savoisienne* qui paraît régulièrement chaque mois depuis 1860.

L'Académie de Savoie par son genre d'organisation, à raison même, peut-être, du prestige mérité de son nom et de la haute situation de ses membres, n'attirait pas à elle tous les travailleurs et surtout ne pouvait aller au devant d'eux. La création de la Société d'histoire répondait donc à un besoin. Elle eut rapidement, je l'ai dit, un nombre considérable de membres et ne tarda pas à donner aux recherches archéologiques et historiques un élan qui ne s'est pas démenti. Ses travaux stimulèrent le zèle des autres sociétés, dont les publications devinrent plus régulières et plus considérables. C'est ainsi que l'Académie de Savoie qui, jusqu'en 1859, n'avait publié que 12 volumes de mémoires en a édité 22 depuis lors, équi.

valant au moins à 40 anciens. L'histoire et l'archéologie qui n'avaient pas tenu une place très importante dans ses annales y sont devenues prépondérantes.

Bien que l'adage : *post hoc, ergo propter hoc*, ne soit pas d'une application bien rigoureuse, il est permis, je crois, à notre Société de s'attribuer une part dans ce résultat heureux, et dont tous ici nous nous réjouissons, puisque c'est dans nos Mémoires qu'ont été recueillis les premiers essais de quelques-uns de ses plus brillants sociétaires qui sont en même temps restés les nôtres. C'est aussi à cette époque que se fondèrent les Sociétés d'histoire de Saint-Jean-de Maurienne et de Moûtiers.

Du reste ce n'était pas simplement par la publication de ses Mémoires, par ses séances ordinaires et extraordinaires à Chambéry, que notre Société s'efforçait de provoquer les personnes studieuses aux recherches et aux travaux historiques. Par une innovation heureuse, elle a transporté ses séances sur les lieux divers où devait s'appliquer l'activité des sociétaires. Elle tint donc comme des assises historiques sur les différents points de la Savoie; se rendant tour à tour dans le champ d'action de ses divers membres. En 1856, son bureau et plusieurs sociétaires se réunirent à Annecy où les savants de la Suisse vinrent en nombre et prirent part à des séances et à des excursions qui furent singulièrement facilitées par l'accueil bienveillant de la ville d'Annecy et le concours fraternel de l'Association Florimontane. En 1857, la réunion eut lieu ici même, à Aix-les-Bains; en 1859 à Saint-Jean-de-Maurienne, et en 1860 à Thonon. Suspendues depuis lors, ces séances ont été remplacées heureusement en 1877 par le Congrès de toutes les Sociétés savantes de la Savoie. Il se réunit aujourd'hui pour la cinquième fois; nous comptons bien que chaque année continuera à amener une nouvelle réunion.

La Société savoisienne ne possède qu'un budget des plus restreints; elle vit à l'aide de la cotisation annuelle de 10 fr., payée par chaque membre effectif, d'un droit d'entrée de 5 fr. et d'une subvention qui lui est fournie par la ville de Chambéry, par le département de la Savoie et par l'Etat; le département a bien voulu lui accorder gratuitement la jouissance d'un vaste local dans le Palais de Justice. C'est au moyen de ces modiques ressources et grâce à la sévère économie de ses administrateurs, qu'elle a pu pourvoir jusqu'à présent à ses dépenses et publier, presque chaque année, un volume de Mémoires de 400 pages en moyenne.

Sous le rapport matériel, cette publication ne laisse rien à désirer : le format est commode, quoique grand, l'impression est excellente, et son imprimeur étant en même temps membre de la Société, c'est avec un soin jaloux qu'il surveille la correction des textes.

Obéissant à sa devise : *Sparsa colligit*, la Société savoisienne a recueilli et édité une quantité considérable de documents historiques qui ont été bien vite mis à profit, nous l'avons vu avec plaisir, dans les publications d'autres Sociétés, de Genève et de Lausanne, par exemple. Quelques-unes des chartes publiées nous avaient été transmises par M. Joseph Huguenin, par le P. Camille, de Thonon; un certain nombre sont disséminées dans les diverses monographies que j'indiquerai bientôt, mais la plus grande partie ont été éditées par le général A. Dufour, qui les a tirées des archives italiennes, où elles seraient restées inconnues longtemps encore sans le dévouement de notre éminent sociétaire.

A côté de ces documents, qui sont les matériaux que l'historien doit mettre en œuvre, la Société savoisienne a publié dans ses vingt volumes une quantité considérable de travaux touchant à toutes les parties de la science historique.

Elle a publié le Poëme de la Savoie, de Jacques Pelletier, du Mans, avec une étude fort intéressante de J. Dessaix (T. i); un manuscrit d'Esprit Combet, sur le diocèse de Maurienne, édité par M. le comte Martin d'Arve (T. iv).

Fragmentum descriptionis Sabaudiæ, de Delbene (T. iv); le premier Livre de l'Amédéïde, du même (T. viii); Droits de préséance de la maison de Savoie sur les Ducs de Toscane, de Philibert de Pingon, — *Adriano*, récits de fêtes en 1522, édités par A. Dufour (T. ix).

L'histoire de l'illustre maison Millet, de Chambéry, de Besson (T. viii); le Martyre de Saint-Sébastien (T. xiii), édités par François Rabut, etc., etc.

Des articles biographiques sur Jean-Marie Frère, par Joseph Dessaix, sur le professeur Joseph Saint-Martin, par M. Bebert, sur Eugène Burnier, par M. Claudius Blanchard.

Dans le domaine des Sciences et des Arts, la Société savoisienne a publié de curieuses études de Laurent Sevez, sur l'Académie chimique de Savoie et Grimaldi de Copponay (T. III), et sur la bijouterie et l'iconographie religieuse en Savoie (T. VI); l'inventaire des meubles, ornements, vaiselle, joyaux, etc., empruntés par le pape Félix V (Amédée VIII) à l'hôtel de la maison de Savoie, de M. Vincent Promis (T. XV); un aperçu historique et artistique snr la Sainte-Chapelle de Chambéry, de M. Fivel (T. VI).

En numismatique et sigillographie, je dois signaler les lettres de MM. François et Laurent Rabut, les articles de MM. Vincent Promis et Gustave Vallier.

Les études historiques proprement dites ont eu un très grand développement.

Je citerai le *Parlement de Chambéry* sous François Ier et Henri II, par Eugène Burnier (T. VI), fragment complet, du reste, que notre regretté collègue détacha de son grand ouvrage, le Sénat de Savoie, publié ensuite intégralement par l'Académie de Savoie.

Les Moines de la Bazoche, les Compagnies de Tir (T. VIII, IX et X), *le Monnayage en Savoie* (T. XIII), par M. André Perrin; *un Factum des Espagnols* en Savoie, de M. Louis Pillet (T. X); *les Juges seigneuriaux* en Savoie, de M. Claudius Blanchard (T. XIV); *la Noblesse savoisienne aux États de Bourgogne,* par A. Albrier (T. X); *Notice sur les Urtières,* par M. C. Foray (T. II); *les Peintres et la Peinture en Savoie* (T. XII et XV), *les Sculpteurs et la*

Sculpture (T. xiv) ; *l'Imprimerie, les Imprimeurs et les Libraires* (T. xvi); *les Musiciens et la Musique* (T. xvii) ; études très étendues de MM. François Rabut et Auguste Dufour ; Notes pour servir à l'histoire des *Compagnies de Tir* (T. xiv); *Histoire de la commune de Flumet* (T. xi), des mêmes auteurs; *Notice sur l'Aumône de Pâques* et une *étude sur les Franchises de Saint-Genix* de M. P. A. Naz (T. x et xi). *La liste des Châteaux, Hameaux, Fermes*, etc., de la province de Haute-Savoie (T. iii), par M. F. Rabut.

L'histoire des Eglises, des Communautés religieuses et des Châteaux a tenu aussi une large place dans nos Annales. Nous avons publié *l'Histoire de l'Abbaye de Talloires*, par M. Jules Philippe; elle a valu à son auteur le prix Pillet-Vill, décerné par notre Société le 23 juillet 1860 (T. v) ; *l'Histoire de l'Église St-Léger* de Chambéry, par M. André Perrin (T. vii) ; *l'Obituaire de l'Abbaye d'Aulps*, par P. A. Naz (T. xv); *une Notice sur le Prieuré de Bellevaux*, de Melville Glover (T. vii) ; *le Couvent de St-Dominique*, de Chambéry (T. i et ii); *les Antonins*, de Chambéry (T. vii); *les Frères Mineurs conventuels* de Chambéry (T. vi), par François Rabut; *le Pouillé du Décanat de Savoie, en* 1848 (T. iii), et les *Dominicains de la Savoie* (T. viii), par A. Dufour ; le commencement de l'histoire d'Hautecombe, de M. Claudius Blanchard (T. xi); *le Château et le Prieuré du Bourget*, par E. Burnier (T. x); *Miolan, prison d'État* (T. xviii), et *Montmélian, place forte* (T. xx), par MM. F. Rabut et A. Dufour.

M. François Rabut, cet infatigable travailleur, a publié,

de 1857 à 1870, un Bulletin bibliographique de la Savoie indiquant, chaque année, les ouvrages imprimés en Savoie, les ouvrages faits par des Savoisiens et imprimés hors de la Savoie, et les ouvrages faits et imprimés hors de la Savoie par des étrangers à nos deux départements, mais ayant trait à la Savoie ou aux Savoisiens. L'utilité incontestable de cette publication fait vivement désirer qu'elle soit reprise à l'année où elle a cessé et continuée désormais.

M. le Dr Louis Guilland a donné, de son côté, un Bulletin bibliographique, spécial à Aix-les-Bains (T. xix et xx).

Parmi les travaux entrepris par la Société d'histoire ou sous son patronage, je dois enfin en mentionner d'autres et des plus intéressants. S'ils n'ont pas été répétés plus souvent, c'est qu'ici la bonne volonté du savant ne suffit pas, il faut des ressources pécuniaires dont nous ne sommes pas pourvus. Je veux parler des recherches dans nos lacs et dans les grottes. Là description des habitations lacustres de la Savoie, le résultat des fouilles dans nos divers lacs, ont fait l'objet d'une très remarquable étude de M. Laurent Rabut. Cette œuvre, accompagnée d'un excellent album de dessins, et dans laquelle on a reconnu — la mise en pratique d'une véritable méthode scientifique — nous a valu une mention très honorable médaille d'argent) au Concours des Sociétés savantes de 1863, section d'archéologie. Ces fouilles, ainsi que celles qui ont été pratiquées dans les grottes, ont enrichi le musée départemental d'une quantité considérable et très intéressante d'objets appartenant aux premiers âges du pays. Les ossements recueillis dans la grotte de Challes ont fait l'objet d'une savante étude de M. le Dr Jules Carret (T. xiv).

En terminant, j'ajouterai que notre Société a obtenu une médaille de bronze à l'Exposition universelle de 1878.

Cette énumération de nos travaux, que j'ai dû laisser incomplète pour me renfermer dans l'espace de temps accordé à nos lectures, prouvera, je n'en doute pas, à tous ceux qui s'intéressent à notre Société, que les encouragements reçus ont été mérités et qu'ils doivent nous être continués.

Les travaux publiés ont fait étudier une masse considérable de documents; il en reste des quantités immenses à dépouiller. Je ne saurais trop engager les amis de l'histoire à recueillir pendant qu'on le peut encore *(tempus edax)*, les médailles, les monnaies, les inscriptions, même modernes, car elles deviendront anciennes à leur tour. La Société savoisienne est prête à examiner tout ce qui lui sera présenté, à publier ce qui sera jugé utile. Pour faciliter la tâche des jeunes travailleurs, elle met à leur disposition ses locaux, sa bibliothèque de 1,600 volumes. Ils y trouveront des glossaires, des dictionnaires d'archéologie, les ouvrages de fonds, tels que les principaux cartulaires, les *Monumenta historiæ patriæ*, le

Regeste genevois, les publications des Sociétés de la Savoie et de la plupart des départements français. Au moyen de ces précieux outils, ils s'épargneront bien des recherches inutiles.

La Société savoisienne avait, lors de sa création, formé le projet de dresser une table de toutes les chartes et documents relatifs à la Savoie, épars dans Guichenon, Besson, Duboin, le Regeste genevois, etc. Le temps et les facilités ont manqué aux personnes qui s'étaient chargées de cette besogne; mais en attendant qu'elle puisse être reprise, il en est une plus facile qui pourrait être accomplie par chacune des Sociétés d'histoire présentes à ce Congrès, c'est la table analytique, aussi complète que possible, de ses publications. On réunirait ces tables, et leur ensemble serait encore de nature à faciliter singulièrement les travaux futurs; il empêcherait surtout les nouveaux adeptes de la science historique de s'attaquer à des filons déjà fouillés et peut-être épuisés.

Un mot encore : au cours des recherches préliminaires à toute œuvre, l'on rencontre des documents importants, mais qui ne rentrent pas dans le sujet traité. On les recueille cependant afin de les utiliser plus tard ; le temps marche, et souvent ils sont oubliés. Ne vaudrait-il pas mieux, au moyen de communications plus fréquentes entre nos Sociétés sœurs, les faire connaître aux auteurs des études auxquelles ces pièces se rattachent directement. Elles seraient alors utilisées rapidement, et l'on arriverait ainsi plus vite et plus sûrement au but que nous nous efforçons tous d'atteindre : la connaissance approfondie de notre histoire, la glorification de la Patrie.

M. Mugnier,

Conseiller à la Cour d'appel de Chambéry,
Président de la Société savoisienne d'Histoire et d'Archéologie, etc.

TOMBEAU

DE

JULIA VERA

Élevé par les soins de sa mère Maximilla Lucretia

En 1861, les ouvriers occupés sur le chantier de la route départementale n° 9, mirent à découvert à Détrier dans le champ des Pendus ou champ de la potence, comme on le nomme encore maintenant, des restes de murailles, au milieu desquelles étaient de nombreuses poteries Romaines, des tuiles et des objets en verre. Quelques vases bien complets d'une pâte rouge vernissée furent conservés.

Quelques précautions furent prises alors par les ouvriers dans les travaux de déblai. Car un grand nombre de vases et de verreries avaient été brisées. Ils découvrirent un cercueil en plomb, qui avait été enterré à la surface d'un effleurement de schiste ardoisier, dans une sorte de cavité creusée à dessein, et dans laquelle il avait été calé par des plaquettes de calcaire. (1) Les restes de la personne qui

---

(1) Communication de M. Guinand, ingénieur, *Mémoires de la Société savoisienne d'Histoire et d'Archéologie*, T. VI.

y avait été ensevelie tombèrent en poussière au contact de l'air. Le cercueil contenait encore quelques objets qui avaient appartenu au mort, et qu'il avait probablement affectionnés. Ces objets étaient : une statuette de Vénus en bronze avec son socle, des boucles d'oreilles en or, un coq en terre, un objet en verre qui avait la forme d'un biberon et une petite amphore en terre. Ces deux derniers objets n'ont pas été conservés.

D'autres poteries trouvées autour de ce tombeau ont été recueillies par les soins de M. Comte, ingénieur, et offertes ensuite au Musée départemental par l'Académie de Savoie, ainsi que les fragments du cercueil, la Vénus, les boucles et le coq. — Deux petits vases en verre bien conservés, d'une grande délicatesse de forme, ont disparu. Le dessin de ces vases fait par M. Guinand et adressé à la Société savoisienne d'histoire et d'archéologie, n'existe plus dans les archives de cette société. Les poteries qu'on a pu conserver et qui se trouvent actuellement au musée, comprennent :

4 petits vases, de forme sphéroïde et de dimensions différentes, en terre rouge samienne.

3 vases, forme d'écuelle, en terre rouge samienne.

1 autre écuelle, décorée de feuilles de lotus.

1 vase, forme d'urne, en terre grise, et couvert sur sa surface de bandes parallèles, formées de traits inclinés en creux.

1 fond de vase, forme pot à fleur, en terre rouge, couvert de petits traits inclinés à droite et à gauche alternativement.

1 vase forme d'urne, en terre rouge vernisée.

1 vase forme de fiole.

1 vase en terre jaune de forme élégante.

1 autre vase forme pot à fleur, en terre rouge non vernissée.

La sépulture était celle d'une personne d'une certaine condition. Les dimensions du cercueil, la fragilité des ossements qui n'ont pu être conservés indiquaient une personne encore jeune. Les boucles d'oreilles, le culte de Vénus, démontré par la présence d'un objet d'art précieux, révélaient aussi le sexe de la défunte. Une sépulture aussi intéressante avait dû laisser d'autres traces.

En effet, j'ai eu la chance de trouver le nom et la généalogie de la jeune femme de condition, qui avait été inhumée dans cette petite vallée presque perdue de la Savoie. Dans une tournée d'explorations que je faisais ces vacances, pour prendre les estampages des monuments épigraphiques de la contrée, j'appris de M. Curtet, recteur de la Chapelle-Blanche que l'inscription de *Julia Vera* publiée par l'Académie de Savoie (1) et par M. Allmer, *ins-*

---

(1) Tome XII. 2e série.

criptions antiques de Vienne, [t. ɪɪ, p. 296, n° 192], venait précisément de Détrier, du champ où avait été découvert le cercueil en plomb.

Cette inscription a été encastrée dans le mur d'enceinte de la cour du presbytère de la Chapelle-Blanche Elle était auparavant appliquée contre l'autel de la vieille église, où elle avait été apportée à une époque antérieure à la découverte du cercueil, mais postérieure cependant à l'année 1831. En effet, une circulaire de M. le directeur général des archives du royaume à Turin, le chᵣ Nomis de Cossilla, en date du mois de juillet 1831, invitait Messieurs les recteurs du Royaume à recueillir les inscriptions existantes dans leurs paroisses et à lui en adresser des dessins ou copies. Le recteur de la Chapelle-Blanche à cette époque n'envoya qu'une inscription chrétienne du Moyen Age. L'inscription de *Julia Vera* a donc été trouvée un peu plus tard et transportée à l'église de la Chapelle-Blanche par les soins d'une personne, qui en comprenait l'importance et qui a voulu la sauver d'une destruction presque certaine.

Pour nos archéologues, il n'y a aucun doute, cette inscription appartenait au cercueil, et le cercueil était bien celui de la flaminique *Augustale Julia Vera*. Tous les renseignements que j'ai pris a Détrier et dans le voisinage, auprès du maire, du recteur et d'autres personnes confirment cet heureux rapprochement. L'inscription est elle-même tracée sur une dalle de schiste ardoisier, semblable à celui dans lequel a été creusé la cavité du cercueil.

Une autre inscription située sur une colline voisine de Détrier, à Saint Jean-Puy-Gauthier, fait connaître une autre sépulture, et vient compléter celle de la Chapelle-Blanche, en permettant d'établir la généalogie de notre flaminique. Enfin une autre inscription de Genève donnée par M. Allmer, fait connaître d'autres membres de la famille de Julia Vera. *Julia Vera était fille de Quintus Julius et de Maximilla Lucretia, petite fille de P. Lucretius Parvolus de la tribu Voltinia,* parente aussi, peut-être cousine de cette Julia Vera, fille de Titus Julius, qui a fait élever un tombeau à son père, revêtu de dignités et de charges importantes, mentionnées dans l'inscription de Genève ; elle appartenait à cette famille considérable des Julii qui occupaient des fonctions honorées et nombreuses dans la cité de Vienne.

La Vénus reproduite en vraie grandeur par la photographie est un objet d'art de la bonne époque. Le petit socle sur lequel elle est placée est cylindrique, avec une petite base et une corniche formée d'un filet et d'une ove renversée. Il est d'un bon dessin et de bonnes proportions. La figure de Vénus est bien campée ; elle porte sur la jambe droite. D'une main elle prend une partie de sa chevelure dénouée et appuie sa main gauche sur sa hanche. Deux anneaux mobiles en argent sont passés l'un à son bras et l'autre à sa jambe gauche.

La tête est gracieuse, jeune et souriante. Le mouvement du corps est bien compris, et d'une grande souplesse. La silhouette est gracieuse de tous les côtés. Les membres sont bien modelés et les attaches en sont fines.

C'est là un bon modèle, et si ce n'était le socle on la prendrait pour Vénus au sortir de l'onde. Les boucles d'oreilles, sont des plus simples. Elles sont faites d'un fil d'or euroulé et noué par ses extrémités.

Le coq est représenté avec une naïveté charmante sur un socle arrondi ; des brides lui lient les ailes au corps. Il rapelle volontiers les sifflets en terre qui servent encore de jouets aux enfants.

IVL· Q· FIL·   P· LVCRETI.
VERAE   P· FIL· VOL
FLAM· AVG   PARVOLO
MAXIMILLA FIL   MAXIMILLA PATRI
T» P» I»   T· P· I·

T· IVL· T· FIL· CORN· VALERIANO
PATRONO· COLON· II VIR· AER· III VIR
LOCOR· P· PERSEQVENDOR· TRIB· MILIT
LEG· VI· VICTR· PRAEF· FAB V· FLAM· AVG
PONTIFICI
IVLIA· T· F· VERA· PATRI OPTIMO

L. Rabut,

Professeur, Conservateur du Musée départemental, Membre correspondant du Ministère, Secrétaire de la Société savoisienne d'histoire et d'archéologie, Officier de l'Instruction publique.

Le Théâtre en Maurienne au XVIᵉ siècle (1)

Le Mystère de la vie de Saint Martin,

à Saint-Martin-de-la-Porte.

C'était en 1564, une épidémie terrible qui nous venait de l'Orient, la peste, sévissait en Maurienne.

De nombreuses communes, la ville de Saint-Jean-de-Mauri nne (2), entr'autres, étaient envahies, les populations affolées de terreur ne trouvaient de remède plus efficace à opposer au fléau que d'appeler l'intervention cé-

---

(1) Voir le compte-rendu du 1ᵉʳ congrès des Sociétés savantes de la Savoie, tenu à Saint-Jean de Maurienne, les 12 et 13 Août 1878.

(2) L'auteur de cette étude a trouvé à Saint-Jean une pierre tombale en albâtre de la combe des Moulins, où se lit en magnifiques lettres gothiques, l'inscription suivante avec la date de 1565 :

Icy git renuerse en terre

leste, aussi les communes firent-t-elles des vœux au moins bizarres. C'est ainsi qu'à cette occasion la commune de Saint-Martin-de-la-Porte, se voyant sur le point d'être atteinte par la contagion, fit le vœu de faire représenter l'année suivante, 1565, le mystère de la vie de Saint-Martin, évêque de Tours, son patron, s'il lui arrivait d'être préservée. Ce mystère est une piéce de théàtre en vers patois et français.

Ce fait n'est pas unique; c'est ensuite d'un vœu engagé dans des circonstances semblables que se joua, et se joue encore aujourd'hui, le mystère ou jeu de la Passion de N. S. Jésus-Christ, à Oberammergau, petite commune de l'Allemagne du Sud.

A défaut d'autres documents qui n'ont pu être trouvés dans les archives de la commune de Saint-Martin, en vain fouillées à cet effet, et à cause de la similitude des circonstances, que le messager de la première journée nous décrit dans son prologue à l'auditoire, avant le lever du rideau du théâtre, il sera peut-être utile de citer, d'après Victor Tissot (1), la vieille chronique conservée aux archives de la commune d'Oberammergau :

« Pour lors il y avait un homme d'ici s'appelant Gaspard
« Schueler, à Eschenlohe, faucheur, icelui avait dit en
« soi-même qu'il voulait s'en retourner au pays dans la

« entra par où il n'y avait point de garde, sa maison étant
« tout à proximité de la barrière (1). Aussi déjà au lundi,
« il ne fut plus qu'un cadavre, à cause qu'il avait emporté
« avec soi un germe de peste. Et alors du même lundi
« jusqu'à la Saint Simon et Judas, en l'espace donc de
« trente trois jours, sont mortes quatre-vingt-quatre per-
« sonnes. En si piteux cas, s'assemblèrent de la commune,
« six femmes et douze hommes qui firent le vœu de jouer
« la tragédie de la passion, tous les dix ans, et dès ce
« temps, oncques personne n'est plus mort, encore que
« d'aucuns eussent conservé des symptômes de cette
« maladie. »

Revenons à Saint-Martin-de-la-Porte, voici ce que dit
le messager de la première journée :

Le Messager

Celluy-la qui par sa puissance
Crea la mer et terre et cieulx
Vous tienne tous par sa clemence
En sante dehet (2) et joyeux

Par le voloir du roy celeste
Nous punissant de noz peches
Lan passe du mal de la peste
Quelque temps feusmes entaches.

---

(1) Ces gardes et cette barrière étaient probablement un cordon
sanitaire établi pour empêcher la propagation de la peste aux pays
voisins.

(2) *Dehet,* c'est-à-dire allègres et gaillards.

Lors auecques pleurs et angoisses
A Sainct Martin heusmes recours
Le patron de ceste paroisse
Le priant nous donner secours

Et de bon cœur voyames (1) faire
Dedans un an representer
Sa vie et son divin mistere
Si Dieu nous voloit exempter

Dieu tout puissant a sa priere
Print pitie de l'afliction
De son peuple et tira arriere
Ceste mortelle infection

Pourtant sellon nostre promesse
Et pour nous acquitter du veu
Au nom de Dieu hauoir liesse
Vous représenterons le jeu.

Et le mistere de sa vie
En supliant tres humblement
Toute la noble compaignie
Nous ouyr actentivement.

Voilà tout ce que l'on sait de l'histoire de ce poëme dont l'auteur est inconnu. Mais il est évident que celui-ci était savoyard, et très probablement de Saint-Martin-de-la-Porte même, car il cite assez fréquemment, en patois du crû surtout dans les rôles de Badin et du Fol, deux des

---

(2) *Voyames* pour vouâmes, fîmes vœu.

personnages de la pièce, des noms de localités situées sur le territoire de cette commune, ou des environs, et des détails de costumes qui y étaient ou y sont encore adoptés.

Ce mystère était joué par soixante-quatorze acteurs de la commune, tous gens de travail et de labeur, ainsi qu'a soin de nous l'apprendre, le messager de la seconde journée, en prenant congé de son auditoire, comme suit :

> Nobles seigneurs nous vous prions
> Pardonner a nostre ignorance
> Et humblement vous mercions
> De vostre benine audience
>
> Presque du jeu toutte la trouppe
> Est gent de travail et labeur
> Et pour aultant si elle se couppe
> Au parler et faict quelque erreur
>
> Vous ne debues pas la reprendre
> Comme feroit un detracteur
> Mais il fault et conuient prendre
> Pour le bon effect le bon cueur.
>
> De cueur parfaict dieu je supplie
> De vous donner contentement
> Et appres la mortelle vie
> Paradis eternellement.

Ce devait être pour ces braves gens un grand travail et aussi une grande dépense que la représentation d'un mystère, si l'on considère la longueur des rôles à apprendre, les répétitions, qui devaient être d'autant plus nombreuses que ces acteurs improvisés n'avaient point l'habitude du théâtre, les pertes de temps qu'elles exigeaient, temps si précieux pour les gens de la campagne, la construction des échaffaudages de la scène, les achats de cos tumes et de décors, de poudre pour les salves et fusées, de sels minéraux pour les flammes de l'enfer. Il fallait aussi payer les musiciens, joueurs de *flustes et tabourins*, et surtout l'auteur de la pièce et les copistes, car à cette époque il n'y avait pas, que l'on sache, de droit d'auteur.

La représentation avait lieu sur un théâtre préparé à cet effet, au-devant ou à côté de l'église, ainsi que les notes marginales du manuscrit, prescrivant les divers mouvements des acteurs sur la scène, nous l'indiquent. Ces représentations ne pouvaient avoir lieu fréquemment, aussi des milliers de spectateurs y accouraient de tous les pays voisins. Tous les costumes et toutes les conditions sociales s'y coudoyaient, l'aspect seul de cet auditoire varié devait être extrêmement intéressant.

De plus, il est probable qu'en outre des cotisations volontaires, les rôles des acteurs et les dépenses excédantes étaient imposés aux communiers, à prorata de leur fortune ou de leur capacité intellectuelle, sous peine d'amende, si l'on en juge par ce qui se passait à St-Jean-de-Maurienne, pour la représentation du mystère de la *Passion* de N. S.

J.-C. (1). Rabelais, parlant des grandes difficultés que présente un travail ou un ouvrage quelconque cite ce dicton populaire : *C'est la grand diablerie a quatre personnages* (2). Or la diablerie à nombreux personnages n'est pas ce qui manque à notre mystère.

Avant de parler de la pièce proprement dite, il convient d'avertir qu'elle a passé au creuset de la censure, et qu'au bas de la seconde page du manuscrit s'étale l'autorisation suivante, tracée d'une belle et ferme écriture : *Vidi : Jacobus Rapini* (3) *ecclesie maurianensis, canonicus vicarius et officialis*, ce qui nous permettra de ne pas être plus catholique que le pape, et de ne point trouver trop saugrenus les dires de *Badin* et du *Fol*, à qui, en raison de leur qualité de badin et de fou, l'on doit tolérer certaines privautés, qui nous paraissent aujourd'hui, d'une extrême légèreté, mais étaient de mise en ce temps-là.

L'œuvre est divisée en deux journées, et était aussi jouée en deux jours consécutifs ; la première embrasse la vie militaire, la seconde, la vie épiscopale de Saint Martin de Tours.

---

(1) L'auteur de cette analyse a publié déjà sur les *Mystères* en général, et, en particulier, sur celui de la *Passion*, représenté à Saint-Jean-de-Maurienne, et celui de la *Dioclétiane*, représenté à Lanslevillard un travail inséré dans le *Compte-Rendu du Congrès des Sociétés savantes Savoisiennes*, page 71, année 1878.

(2) Gargantua. Ch. IV.

(3) V. l'Histoire généalogique de la famille de Rapin par M. de Cazenove, A. Perrin. Lyon.

Après le prologue du messager de la première journée
qui est cité en entier ci-devant, maitre Badin, de son
meilleur patois mauriennais, vient nous raconter ses
aventures, les désiderata de son imagination sentimentale
et ses besoins physiques et gastronomiques. Voici le texte :

Bona dies et bona noez
V fo et u saioz auoez
Sey voz presta le oreilliez
Vos morrey conta de merueilliez

Jez suy venu du fon despagnyz
On jey una gran campagnyz
Plenta de noiratez petitez
Le qualez porten noez confitez.

Poez cheminan un po ply lez
Jez viu un riu gro come ung lez
V qua on peschet dey rizollez
De gro jambon et de laniolez

Goliard goliard voz voz lechie
Et ja voz voudria demarchie
En alla migie vostron so
Garda voz ou voz sarey fo.

Lez pre y a dey croez chaton
Arma dey coenna de bacon
Lo qua si to qu'on vin u plan
Vos getton de gro matafan

Les fillez ley son bin apreysez
Tant amyables et tant corteysez
Quey sen pressa ney sen prie
Y gliz sey leyson vortollie

Una filliz quey sera bella
Quasy voz fara conscienciz
Prendre de voz una cordella
Encor miu una penitenciz. (1)

Fusset o dinsez en to lua
V gna ley fennez font dey lua
Quey ne voz laisson sens baillie
Rapa dessus luz polallie

Jez un po coeta dalla beyre
Jez pasmoz de la mala sey
S'a mon parla ne volie creyre
Y ney men chault alla o vey.

Ensuite de ces préliminaires commence l'action proprement dite. La scène se passe dans une ville d'Italie, Milan ou Pavie, sous l'empire de Julien l'apostat (2). C'est une conversation entre le vieux tribun militaire Sylvien et son épouse Emilienne, père et mère de Saint Martin qui se désolent de voir leur fils fuir les amusements du monde et l'éclat des honneurs de son rang, pour se complaire dans la solitude et l'humilité. C'est que Martin

---

(1) La pénitence est avec raison ainsi nommée pour désigner une espèce de ceinture-corset rigide que les femmes serraient plus ou moins sur la poitrine au moyen d'un ruban (cordella). Ce vêtement, où plutôt cet instrument de torture, n'est plus porté à Saint-Martin-la-Porte.

(2) D'après Ribadeneira (Vie des Saints), ce serait sous l'empereur Constance et nom sous Julien l'apostat que Martin aurait embrassé la carrière des armes.

s'est fait clandestinement catéchumène chrétien, et aspire à se livrer tout entier à la vie religieuse. Cependant un envoyé de l'empereur Jullien qui guerroyait contre Arabus, roi imaginaire des Lybiens, (1) vient demander au tribun de rentrer sous les drapeaux. Celui-ci âgé et goutteux donne son page Hydaspe à son fils et les envoye à l'empereur. C'est pendant ce voyage que Martin rencontre un pauvre à qui il fait la charité de la moitié de son manteau.

L'attitude réservée de Martin indispose contre lui l'empereur et les autres soldats, qui le soupçonnent de lâcheté. Cependant il se vante de faire gagner la bataille du lendemain en se mettant aux premières lignes et n'ayant qu'une croix pour toute arme, bien que l'armée de Julien fut déja amplement pourvue de canoniers, d'artillerie, d'arquebuses et de fusées qui font explosion sur le théâtre,

La scène est ensuite transportée au camp du roi Arabus, puis intervient la diablerie à six personnages et le Fol qui vient sur le théâtre donner la note gaie, par quelques joyeusetés plus ou moins égrillardes.

En effet, le lendemain, Martin invoque le Dieu des chrétiens, qui envoie ça-bas, en toute diligence, des anges pour soutenir l'armée impériale conduite par Martin.

---

(1) Ces Lybiens n'étaient autres que des Allemands (Ribadeneira).

L'armée d'Arabus est renversée, culbutée et mise en fuite, et du même coup, toutes ses idoles, depuis Mahon jusqu'à Vénus et Jupin, au grand dam de la diablerie vaincue.

Martin refuse les récompenses que lui offre l'empereur, à qui il laisse et recommande son page, puis étant licencié, il part pour reprendre les pratiques de la vie du chrétien. Toutefois le saint homme compte sans les embûches du diable, qui remue les enfers pour lui envoyer un escadron infernal, qui l'assaille en vain pour l'induire a péché. Martin se rend à Poitiers auprès du saint évêque Hillaire; celui-ci l'accueille favorablement, ne tarde pas à reconnaître ses vertus, et lui confère le sacrement de l'ordre. Il se passe à cette occasion une scène d'une naïveté charmante, entre Martin et le barbier qui lui pratique la tonsure.

Martin éprouve le besoin de revoir ses parents; arrivé auprès d'eux il convertit un prêtre arien, nommé Porrequin, et sa mère Émilienne : celle-ci part pour finir ses jours dans un hermitage, mais le vieux tribun Sylvien, son père, reste inébranlable dans la foi de ses ayeux, malgré la vue de deux prêtres ariens qui s'entr'egorgent et sont emportés en enfer par la diablerie.

Enfin, Badin vient clore la première journée par un boniment en patois du pays, invitant tout l'auditoire à revenir le lendemain assister à la représentation de la seconde journée, et lui promettant de lui servir un repas pantagruélique :

Badin

Messiour per parla de bon sen
Siz voz plet de torna deman
Chaquion ara una creysen
Quey jez fet buta en leuan.

Et arey a vostron gota
Des croset en pasta et u pan
Quey saron siz ben apresta
Quey nen porrey perdre la fan.

Voz arey uncor dauentagioz
Dey callia et de pan en flour
Duez ou trey sortes dey fromagioz
Sey lun e bon l'atro meilliour.

Chasquion ara son pollaton
Rusty dessu son beau tranchiour
De trey en trey son gra chapon
Tratteya comen dey signiour.

Voz berey du vin de la Saulsa
Un chaquion per due ou trey vey
Si per fortuna y avait fauta
Sara voz solet que larey.

La seconde journée commence de même par le prolo
gue du messager reproduit ici textuellement :

Le Createur hault et puissant
Sans lequel nous ne sommes rien
Par sa bonte vous bénissant
Vous comble dé tout heur et bien.

Nous vous prions vous arrester
Et tantost choisir vostre place
Si vous gardez de caqueter
Nous feres grand plaisir et grace.

Nostre jeu ne sera pas long
Que deux heures un peu davantage
Sans jaser escoutez-nous donc
Et vous orres qu'on fera rage.

Amans laisses vous amourettes
Cependant que nous jouerons
Femmes laisses voz sornettes
Ce soir nous les escouterons.

Qui plus est pour vous esueiller
Au son de fluste et tabourin
Aubaderons sans sommeillier
Joyeusement jusqu'au matin.

Cependant je vous dis adieu
Et humblement je le supplie
Que tous ceux qui sont en ce lieu
Encore cent ans je voye en vie.

Puis Badin entre en scène avec un autre boniment en patois, de sa façon, mais il est interrompu et s'enfuit effrayé par l'apparition, sur le théâtre, d'une vache furieuse, montée par un diable visible seulement pour le saint homme Martin.

Celui-ci exorcise la vache, et met en fuite le diable au grand ébahissement et édification des villageois. Martin arrive à Tours dont l'évêque vient de mourir, laissant ainsi le champ libre aux ambitions canonicales, notamment du grand vicaire Brice. Calomnié, injurié par ses rivaux et surtout par un certain évêque nommé Défenseur (1), il est soutenu par le saint évêque, Hillaire, de Poitiers. Il obtient la résurrection de Porrequin, prêtre arien, qui avait été touché de la grâce en même temps qu'Emilienne sa mère, et venait de trépasser sans avoir été baptisé.

Sur ces entrefaites l'évêque Défenseur en proie à un mal étrange, se voue à tous les diables, qu'il invoque à grand cris, d'abord en vers de deux syllabes, pour finir par le majestueux alexandrin.

DÉFENSEUR.

> Or cours
> Accours
> Tout peruers
> Des enfers
> Le Seigneur gouverneur
> Vien de bon cœur
> Vien bien tout soudain
> O diable inhumain
> Ores je t'appelle
> Aussi ta sequelle
> Que voules-vous actendre
> Et tardes de me prendre
> Venes trestous ensemblement

(1) Or celui qui s'opposait le plus à l'élection de Martin était un évêque Défenseur (Rohrbacher).

Et me conduises au torment
De l'enfer qui est perdurable
Sathan sur tous le plus grand diable
Ayes pitié de mes ennuys et maux
Et me conduis aux gouffres infernaux
De bien bon cueur a toi je recommande
Lame et le corps et a la noire bande
Cest trop languy au monde il ny faut plus penser.
Baille moy ce pognard le cœur me veux percer
Venes prendre ce corps tant villain infame
Sathan et le portes au feu avec mon ame.

L'évêque saisit un poignard pour se suicider, mais les diables ne lui en donnent pas le temps et l'escamotent tout vif pour le jeter en pâture à Lucifer. Celui-ci pour récompenser le diable Désespoir qui a fait le coup, lui promet en ces termes une houri sans pareille :

LUCIFER

Je te donray pour ta peine
En mariage une orde vilaine
Sourcière qui na plus de dents
Dont le regard faict peur aux gentz
Quen sa jeunesse en tous bordeaux
Vuidoit les couillons des ribaux
Et puis appres n'estant plus belle
Se fit parfaite maquerelle
Vendant les filles a la guise
Que lon vend daultre marchandise
Veux-tu plus belle récompense

Le grand vicaire Brice qui aspire à la mître, entrave de toutes manières l'élection de saint Martin. Un nouveau miracle, la résurrection d'un enfant, enlève toutes les hésitations et Martin revêt les ornements pontificaux. Cette nouvelle dignité le met aussitôt en butte à toutes les tentations de l'enfer, dont les diables, sous toutes sortes de formes, l'assaillent comme le bon saint Antoine dans la gravure de Callot. Sathan ne craint même pas de se présenter sous des dehors de clinquant en se donnant pour N.-S. Jésus-Christ. Encore un miracle, Martin se rendant à l'église rencontre un pauvre hère se mourant de froid. Il dépêche auprès d'un marchand, son archidiacre ; celui-ci, après avoir débattu le prix, achète un mauvais vêtement; Martin trouvant que le grand vicaire tarde à revenir, quitte sa propre tunique, dont il revêt le pauvre, et se revêt lui-même de celle que le grand vicaire rapporte. Trop courte, celle-ci lui couvre à peine les genoux et les coudes ; ce que voyant du haut du ciel, le père Eternel expédie les anges Gabriel et Raphaël pour tirer de cette fausse position son fidèle serviteur. Les anges profitent du moment où il élève les bras vers le ciel en disant la messe, pour lui passer des manchettes (avant bras), et entonnent l'hymne *Iste confessor* en produisant une grande lumière.

Puis tout-à-coup, l'auteur du mystère, probablement afin de rompre la monotonie produite sur la scène, par une suite de miracles assez peu variés, y transporte les armées d'Arabus et de Julien, tenant assez peu de compte des circonstances de temps et de lieu, non plus que de la vérité historique, car à l'époque de l'épiscopat de saint Martin, Julien l'apostat était mort depuis assez longtemps. Enfin cette exhibition de soldatesque se termine par l'enlèvement d'Arabus et d'un capitaine qui vont rejoindre en enfer, et tout vifs, l'évêque Défenseur.

La mort de saint Martin approche : couché sur la cendre, il est reconforté d'un côté par les anges, tenté, de l'autre, par les esprits infernaux, qui sont encore vaincus en cette occasion et ont le déboire de voir leurs ennemis emporter en paradis l'âme du saint évêque.

Tout n'est pas fini.

Au passage du convoi de saint Martin, deux gueux, l'un aveugle, l'autre contrefait, sont guéris de leur infirmité malgré eux, et pour se consoler de leur malheur, entonnent la chanson suivante :

> Ores il fault qu'allions chantant
> Adieu adieu bellistrerie
> Et a celle plaisante vie
> Que nous auions en te suyuant.
>
> Hélas auec toy viuant
> Au cueur n'auions melanconie
> Et bien peu rarement s'ennuye
> Qui selon tes lois va viuant
>
> Bellistre na aulcunement
> Ni son cueur ny sa fautaisie
> De regret et soucy saisie
> Si le bled est gaste du vent.

17

Le bellistre se rassasie
Du bien d'aultruy joyeusement
Helas helas bellistrerie
Doulce dame a Dieu te comment (1).

Il nous fauldra dores en auant
Trauailler comme de Juifs
Et nous viuions au parauant
Gayz et fallotz par tous les huys.

Le dernier miracle est la guérison d'un comte de
Cornouailles fort riche et lépreux, qui venait exprès
intercéder auprès de saint Martin et ne put que baiser
son cadavre, ce qui suffit pour le guérir.

Afin de témoigner sa reconnaissance, il fit de suite
construire une vaste église dédiée à saint Martin. Enfin
la pièce se clôt par le boniment du fol et les adieux du
messager que nous avons déjà cités au commencement
de cette analyse.

Le manuscrit de ce mystère ne comprend pas moins
de cent-vingt feuillets cousus en un gros cahier. Il a été
trouvé à St-Martin-la-Porte, par M. le docteur Mottard,
qui l'a remis à l'auteur de cette analyse.

L'écriture en est belle, grande, correcte et presque sans
abréviation. On y remarque quelques lacunes sans importance. Des feuillets chargés d'une écriture de la même
époque, mais non de la même main, y ont été intercalés.

---

(1) Douce dame, je te recommande à Dieu.

On y trouve des vers de toutes mesures, depuis le **vers de**
deux syllabes jusqu'à l'alexandrin et les règles de la pro-
sodie y sont quelquefois violées, avec beaucoup de sans-
gêne.

L'auteur de ce mystère ne savait pas encore diviser son
œuvre en actes et en scènes. Les changements scéniques
y sont indiqués par le mot *pause,* mis en marge, lequel
se rencontre à des intervalles fort inégaux et quelquefois
sans besoin bien justifié. Le style d'une naïve simplicité
ne manque pas toujours de pensées élevées, contrastant
avec les drôleries de Badin et du Fol qui servent à les
faire ressortir.

En voici un exemple, c'est la réponse de Martin aux
exhortations de ses parents qui le sollicitent de tenir un
train de vie en rapport avec son rang :

SAINT-MARTIN.

Vous me venez tous deux reprendre
D'un cas qui ne dessert blasme
A vous monsieur et a madame
La raison je veux declairer
Helas que nous sert de parer
Ce corps de riche vestement
Qui par fortune en ung moment
D'heure sera mis a lenuers
Et sera tout mange des vers
Las si tenions bien la memoire
Combien fragile et transitoire
Est cette vie on porroit dire

Quil vault mieux de plorer que rire
Des valletz grande quantité
Signe est certain de vanité
Du bien dont nous avons grandz souures (1)
Ne vaut-il mieux nourrir les pouures
Qui pour la faim pleurent et crient
Qu'ung tas de valets qui nespient
Qua tromper et robber leur maistre
Monseigneur je ne veux pas estre
Accompagne sinon d'un page
Et vestu de simple equipage.

Ce poëme est un document des plus précieux pour l'histoire des lettres et de l'instruction en Savoie, et notamment en Maurienne au xvie siècle, si l'on considère que l'auteur était Mauriennais, qu'il devait avoir d'assez vastes connaissances pour écrire ce poëme, en même temps qu'une assez grande facilité de versification. De même les soixante-quatorze acteurs de la pièce devaient nécessairement savoir lire l'écriture manuscrite pour apprendre leurs rôles souvent très longs.

Nous sommes heureux de constater que les œuvres de l'esprit et de l'art étaient déjà, à cette époque, nombreuses en Maurienne, même dans les communes les plus ignorées, qui n'en étaient pas les plus ignorantes.

---

(1) *Souures,* mot patois venant de *superius* latin, surabondamment.

Il est facile d'établir cette assertion. Toutefois, afin de ne pas faire de répétition, les personnes qui voudraient s'édifier sur ce point pourront se reporter à la première partie de cette étude, publiée dans le compte-rendu des séances du premier congrès des sociétés savantes, tenu à St-Jean-de-Maurienne les 12 et 13 août 1878.

Avant de finir cette analyse, que le cadre restreint d'une lecture au congrès nous oblige à écourter, il convient d'avertir que le patois de la Maurienne en général et celui de la commune de St-Martin en particulier se sont grandement modifiés depuis le xvi° siècle, et tendent à s'enrichir d'une foule de mots français.

La découverte de ce document, en patois et en français, est donc une vraie bonne fortune, d'autant plus que les investigations des savants paraissent se porter sur les origines du théâtre en France, investigations qu'encourageait de toute son autorité M. le Ministre de l'instruction publique, dans son dernier discours au congrès des des Sociétés savantes de la Sorbonne, en 1882, et qu'il indiquait de préférence aux chercheurs dans son programme pour le congrès de 1883.

La Société d'histoire et d'archéologie de Maurienne, voulant aussi apporter sa petite pierre à l'édifice, n'a pas hésité à s'imposer un sacrifice bien lourd pour elle; elle a voté à l'unanimité l'impression de cet antique poëme, et a le plaisir d'informer les personnes qui composent le Congrès d'Aix, qu'il est sous presse pour paraître dans quelques mois.

N. B. — Depuis que cette communication a été faite au Congrès d'Aix-les-Bains, d'assez nombreux indices, trouvés dans les archives de la ville de Saint-Jean de Maurienne, nous font croire que l'auteur de ce mystère serait Nicolas Martin, auteur de *Noëls et Chansons nouvellement composés tant en vulgaire françois, qu'en savoysien, dit patois,* ou bien noble Baptendier, docteur en droit, lequel, antérieurement, aurait déjà *corrigé et traduit le Mystère de la Passion.* Ils étaient tous les deux de Saint-Jean-de-Maurienne.

Truchet Florimond,

Pharmacien, Secrétaire de la Société d'Histoire et d'Archéologie

de Maurienne,

Conseiller d'arrondissement,

Maire de Saint-Jean-de-Maurienne.

LA CRYPTE

CATHÉDRALE DE SAINT-JEAN-DE-MAURIENNE

Je viens, Messieurs, vous parler d'un monument que je n'ai jamais vu, que personne n'a visité certainement depuis quatre siècles; sur lequel aucune charte, aucune légende ne nous fournit le moindre renseignement. Vous voyez que je ne puis ni le décrire, ni tracer son histoire. J'affirme cependant qu'il existe, qu'il est un des monuments les plus intéressants que possède la Savoie, et je viens prier le Congrès, d'émettre en sa faveur un vœu sympathique qui pourra, je l'espère, contribuer à le rendre à la vie, c'est-à-dire, à la lumière, et enrichir nos sociétés archéologiques d'un nouveau et curieux champ d'étude.

L'année dernière, pendant le Congrès de Moûtiers, M. l'architecte Borrel, avec une amabilité dont je suis heureux de le remercier de nouveau, en mon nom et au nom de mes collègues de Maurienne, nous fit visiter la Crypte de la cathédrale de cette ville, dont la découverte est due à son zèle et à ses travaux. Eh bien, messieurs, la crypte de Moûtiers a une sœur, peut-être du même âge, qui, moins heureuse qu'elle est encore cachée à tous les regards, remplie en grande partie, soit par les débris de l'église autrefois élevée sur ses voûtes, soit par les cailloux et les terres amenées par le torrent de Bonrieux, lors de la grande inondation de 1439, qui détruisit une grande partie de St-Jean-de-Maurienne, fit un grand nombre de victimes, combla tous les sous-sols, et dont les désastres, causés par les alluvions, n'étaient point entièrement réparés sept ans après la catastrophe.

Laissez-moi d'abord vous rappeler deux faits d'une incontestable certitude, le premier c'est que du V° au XI° siècle, on ne construisit pas une église un peu importante, surtout une cathédrale, sans creuser sous le chœur une crypte, pour y disposer les reliques de quelques saints, sorte de salles carrées toujours voûtées, le plus souvent ornées de deux rangs de piliers ou de colonnes. On y descendait par un ou deux escaliers, dont l'ouverture se trouvait au milieu, ou de chaque côté du chœur.

Le second fait, c'est la construction de la cathédrale de St-Jean par le roi Gontran, peu après 560, pour y déposer les reliques de saint Jean-Baptiste, apportées d'Alexandrie par sainte Thècle. Ne peut-on pas affirmer, même en l'absence de toute preuve positive, que cette église a été faite selon le style et les usages de l'époque, et par conséquent avec une crypte placée sous le chœur.

Que reste-t-il au-dessus du sol de l'église du VI° siècle, de Gontran? Presque rien, sauf peut-être quelques parties des gros piliers et des gros murs. On sait que la ville de St-Jean a été brûlée par les Sarrasins dans leur seconde invasion et ruinée de fond en comble par Conrad le Salique en 1037 ; il n'est donc pas à présumer que la cathédrale ait échappé à ces désastres. Mais la crypte n'a pu être détruite et, en supposant même que sa voûte se soit effondrée à l'une de ces deux époques, sous le poids des ruines de l'église, les murs n'ont pu être renversés. J'ajoute que tout porte à croire qu'elle n'a pas été oubliée, dans les travaux considérables que l'évêque Lambert fit faire à la cathédrale en l'année 1170.

Nous pouvons donc dès maintenant affirmer que, si l'on pénétrait sous l'avant-chœur de notre cathédrale, on retrouverait la crypte du VI⁰ siècle. J'ai dit sous l'avant-chœur parce que le chœur actuel n'a été construit qu'en 1494 par l'évêque Etienne de Morel, en prolongement de l'ancien, et qu'en supposant, ce qui est infiniment probable, que l'ancien chœur se terminait par une abside, comprise elle aussi sur le périmètre de la crypte, il est certain que cette abside ne s'étendait pas aussi loin que le chœur actuel.

Mais, direz vous, messieurs, puisque vous êtes certains d'avoir une crypte et que vous savez où elle est, pourquoi n'y entrez vous pas ?

Pour une raison très simple, c'est que pour entrer quelque part, il faut une ouverture, et que notre crypte n'en a point. J'ajoute 1° que, pour y entrer utilement, il faudrait de l'argent et que nous n'en avons pas ; 2° qu'en eussions nous, nous n'aurions pas le droit de le dépenser, puisque la cathédrale est la propriété de l'État.

Je vous disais en commençant que personne n'a vu la crypte de St-Jean-de-Maurienne, j'ai exagéré et me suis trompé. En 1826, on fit des réparations au sous-pied de l'avant-chœur de la cathédrale. Tout-à-coup une pierre manqua d'appui et disparut. On plaça une échelle dans le trou et plusieurs personnes descendirent, entre autres M. le docteur Mottard, ici présent. Elles virent très bien une salle aux trois quarts comblée jusqu'à la voûte, les chapiteaux et des colonnes de pierre blanche supportant une voûte bien conservée et un œil de bœuf, destiné à donner de la lumière à l'escalier de la crypte par l'ambon.

Et que fit-on alors ? me demanderez-vous. Ce que l'on fit !
On boucha le trou au plus vite et l'on ne laissa pas même une
note. C'est comme celà. N'oubliez pas, je vous prie, que
c'était trente ans avant la naissance de la Société d'histoire
et d'archéologie.

Deux courtes observations encore, et je conclus.

Ce qui a remplit la crypte de St-Jean, provient-il des ruines de l'église primitive ou des terres apportées lors de la
grande inondation de 1437 ? On le verra quand on y entrera.
En toute hypothèse, le désastre a été trop subit, pour que
l'on ait pu enlever tout ce qui devait se trouver dans la
crypte. Vous voyez, Messieurs, qu'il y aurait grand espoir
de trouver là des objets de la plus grande valeur au point
de vue de l'histoire et de l'art. Mais n'y eut-il pas autre chose
que la crypte elle-même, voyez quel magnifique complément
à notre cathédrale. Avec son chœur, ses voûtes et son cloître
du XVe siècle, ses murs, ses grandes arcades, ses fenêtres
des nefs latérales du XIe, il ne lui manque que sa crypte du
VIe pour être un des plus beaux sujets d'études archéologiques
de la Savoie.

Je prie donc le Congrès d'exprimer le vœu que l'État fasse
faire, le plus tôt possible, des fouilles au-dessous de l'avant
chœur de la cathédrale de St-Jean-de-Maurienne pour pénétrer dans la crypte qui s'y trouve, et d'en opérer le déblaie-
ment par une voie de communication aboutissant dans le
cloître, afin que ce travail puisse se faire sans trop de déran-
gement et que l'on puisse aussi tout à son aise, en fouiller
les décombres pour y rechercher les épaves archéologiques

B. VULLIERMET.

Rapport

Sur les travaux de la Société d'Histoire naturelle de Savoie.

———

MESSIEURS,

La Société d'Histoire naturelle de Savoie, dont je vous exposais, il y a deux ans, les travaux et les aspirations, n'a pas failli à la tâche qu'elle s'était imposée et a continué à tenir haut et ferme le drapeau de la science dans notre cher pays. Je suis heureux de venir aujourd'hui vous prouver qu'elle persévère dans la voie de travail et de progrès où elle s'était engagée, et qu'elle n'est point au-dessous du rôle qu'elle est appelée à remplir.

Dans la première de nos séances, M. Louis Pillet nous a fait un compte-rendu général des travaux de la Société depuis l'année 1879. Après nous avoir entretenus longuement de l'état de nos collections et avoir rappelé les divers mémoires qui nous avaient été présentés, il nous exposait les décisions prises par le Congrès géologique international de Boulogne.

Il nous lisait aussi une note sur les exploitations aurifères de Cusy et de Gruffy, tentées en 1848, et qui durent être abandonnées après des recherches infructueuses, et terminait en nous rendant compte des observations géologiques qu'il avait eu occasion de faire aux environs de Banges.

Dans une autre séance, il nous communiquait le commencement d'un mémoire sur la paléontologie. En reprenant l'étude des marnes néocomiennes de la Savoie, il a observé plusieurs types rares, dignes d'être décrits. Dans nos collections se trouvent deux écailles isolées de poissons, sans trace d'ossements, provenant de la colline de Saint-Claude. Elles doivent appartenir à une espèce nouvelle, voisine du spathodactylus néocomiensis, découvert aux Voirons par Pictet, et publié dans ses matériaux pour la paléontologie suisse. Après nous avoir donné une description minutieuse de ces écailles, notre savant confrère étudie une variété d'ostrea Couloni que Leymerie avait proposé de distinguer sous le nom de Falciformis et qui est abondante à la Chambotte. Cette forme doit constituer une espèce distincte, et au point de vue géologique est seule caractéristique de l'étage, car elle ne se rencontre que dans le néocomien inférieur.

M. le docteur Hollande nous a lu un travail sur le bajocien dans les montagnes calcaires de la Savoie. Au sud-ouest du village de la Table, se trouve un gisement fossilifère appartenant à l'oolithe inférieur. Les couches de cet horizon paraissent se prolonger tout le long de la chaîne de Belledonne. Plus à l'ouest, ces mêmes dépôts ont été signalés par M. Alphonse Favre. Il résulte de ces faits que la mer des temps oolithiques a recouvert la Savoie et la Haute-Savoie, depuis la limite occidentale jusque vers une ligne d'une direction à peu près nord-sud, qui part du massif des Fiz, passe par le Mont-Joly, le Col de la Madelaine et les montagnes de la Table et d'Allevard.

Dans la séance du 27 avril, notre confrère nous rendait compte d'une excursion qu'il venait de faire de Faverge à Frontenex par le col de Tamié. La vallée de Settenex à

Tamié est le résultat d'un pli synclinal, et si on la coupe transversalement du Sambuy au village de Combes, on trouve l'urgonien, le gault, la craie, le nummulitique, le macigno, puis le nummulitique, la craie, le gault et l'urgonien.

Au col de Tamié, vers l'ouest, on trouve les calcaires jurassiques de l'horizon de l'ammonite tenuilobatus, et en descendant du col, on rencontre des marnes argileuses, avec géodes et cristaux de carbonate de chaux, enfin, vers le hameau des Jacquettes, on a des calcaires schisteux renfermant des posidonies. A ces diverses assises succède le lias, qui forme un mamelon situé à l'est de Frontenex. La découverte des posidonies est un fait nouveau et résout une question fort importante pour la géologie de la Savoie.

M. Hollande, qui connaît maintenant à fond nos montagnes, nous a encore donné lecture d'un mémoire sur la vallée de Bellevaux, dans le massif des Bauges. Ce mémoire est accompagné de quatre coupes qui permettent de se rendre exactement compte de la stratigraphie de la région. La première coupe, dirigée du sud-ouest au nord-est, va de la pointe d'Arcallod à la Sambuy, et montre, sur une faible étendue, un pli synclinal et un pli anticlinal. La deuxième part de la vallée haute de la Dent de Rossane, comprend les vallées anticlinales d'École et de Jarsy, la vallée synclinale de Bellevaux et le pli anticlinal faisant suite à celui de Chaurionde. La troisième, située plus au sud que la précédente, montre le pli synclinal de la vallée de Bellevaux encore plus accusé. Elle passe par le Pécloz, point culminant des Bauges. La quatrième, située à l'extrémité sud, va de la Combe-aux-Chevaux à la Roche-Torse. Cette dernière présente des plissements très curieux, les roches jurassiques se recouvrent plusieurs fois sur un espace très restreint. Le mémoire se termine par une étude détaillée des assises rencontrées dans la région étudiée.

Notre nouveau conservateur d'entomologie, M. Jacquemet, nous a communiqué une étude sur la Cicindela flexuosa, insecte qu'on croyait ne rencontrer qu'au bord de là mer et qui se trouve en Savoie. La larve a été trouvée à Belmont-Tramonet (Savoie); elle est d'un blanc jaunâtre, à l'exception de la tête, du corselet, des pattes et de la partie supérieure des premiers anneaux. Il existe une variété qui est d'un vert très brillant et qui a été également trouvée à Belmont.

M. Gauthier, professeur à l'école de Porte-Reine, nous a lu une note sur les trajectoires rendues visibles par une condensation de vapeur aqueuse. Lorsqu'une personne est placée de manière à voir de face la trajectoire d'une balle, ayant une vitesse de 480 mètres à la seconde, elle aperçoit très nettement une ligne courbe dont la nature et la cause sont controversées. D'après notre confrère, cette ligne ne serait autre chose que la trajectoire elle-même, rendue très nette par des conditions atmosphériques spéciales, et à l'appui de cette explication, il rapporte deux expériences qui paraissent concluantes.

Cette année-ci encore, nos diverses collections n'ont pas été négligées. M. Huguenin, de Valence, a continué à nous faire des envois de fossiles, M. le général Borson nous a adressé une magnifique collection des roches du Puy-de-Dôme, et M. le docteur Monnard, d'Aix-les-Bains, qui est allé dans la colonie de Gorée pendant l'épidémie, qui a sévi dans cette île, en a rapporté un herbier dont il nous a fait généreusement don. Que ces Messieurs reçoivent ici un témoignage de notre gratitude.

La Société d'histoire naturelle de Savoie, comme vous pouvez vous en rendre compte, a fait preuve de persévérance et d'activité. Elle espère bien ne pas s'arrêter en pareille voie, et avoir dans l'avenir à vous présenter des travaux plus nombreux et plus importants.

J. Révil,

Pharmacien à Chambéry.

DISSERTATION

Sur l'origine du nom et de la ville

d'Aix-les-Bains.

———

Nous ne sommes plus au temps où Albanis Beaumont (1)
prétendait que la ville d'Aix tirait son nom du mot Hésus (2),
qu'il disait avoir vu sur une inscription fixée autrefois
dans l'ancien mur du bain de St-Paul.

Cet écrivain fantaisiste, et nombre d'autres, doués d'autant d'imagination, ont fait place depuis quelques années
à une école nouvelle, fondée par un célèbre philologue,
M. Béal. Cette école, dont les travaux ont créé pour ainsi
dire la science étymologique, emploie des règles invaria-
bles qui permettent de reconstituer sur une base à peu près
certaine, l'origine d'un grand nombre de mots.

Au lieu de se borner à étudier ceux-ci par leur forme
actuelle, on les considère aujourd'hui avec raison dans
leurs lettres et dans leurs transformations successives.

———

(1) Description des Alpes-Grecques, 1, p. 239.
(2) Surnom donné au dieu Mars. Cette inscription fut portée à
Chambéry, dit A. Beaumont, mais ni lui, ni aucun écrivain n'en a
donné le texte, ce qui fait douter de son existence.

Suivant ces principes nous allons rechercher qu'elles ont été dans les temps passés les différentes formes sous lesquelles le nom actuel d'Aix s'est présenté.

Disons d'abord que les documents authentiques qui nous font connaître la géographie des anciens, tels que l'*Itinéraire d'Antonin*, (212 à 217 de notre ère), et la table de Peutinger (222 à 233) passent tous sous silence notre cité balnéaire, tout en citant beaucoup d'autres stations thermales. Sur la table de Peutinger, celles-ci sont indiquées par le nom générique *Aquis*, suivi d'un autre servant à les distinguer entre elles : *Aquis Sextis, Aquis Callidis, Aquis Segete, Aquis Borozonis*, etc. A côté du nom est figurée une petite maison carrée, avec cour intérieure et deux pavillons à l'entrée (1). Il est incontestable qu'à cette époque Aix devait s'appeler aussi *Aquis*, mais son origine est bien plus reculée que la période gallo-romaine, elle remonte au moins à la période allobrogique; quel nom portait-il alors? c'est ce que nous allons rechercher

Aix-les-Bains, comme toutes les villes et localités qui portent un nom semblable, tel qu'Aix-la-Chapelle, Aix-en-Provence, Aix-la-Fayette (dans le Puy-de-Dôme), Aix près de St-Dié (Drôme), etc , tire son nom des sources thermales qu'elle possède. Celui-ci doit prendre son origine dans la langue celtique, parlée, comme l'on sait, aussi bien dans le pays des Allobroges que dans la Gaule. Le fait est que le mot Aix ne se retrouve sous cette forme que dans les contrées primitivement peuplées par les Celtes (2).

---

(1) Un fac simile de cette table a été publié dans le Régeste genevois.

(2) Son équivalent en Allemand est *Oesch* que l'on trouve dans Loesch, ou Louëche, localité du Valais, célèbre par ses eaux thermales.

Dans la Gaule ce nom s'est non-seulement appliqué aux localités aquatiques, mais encore à des rivières et à des ruisseaux, comme l'Aisne (*Axona*) et plus près de nous, en Savoie, la Leisse, la Daisse, qu'on pourrait tout aussi bien écrire Laix, Daix. Il s'est appliqué aussi à diverses choses tenant ou ayant rapport à l'eau : Ainsi nos paysans, dans leur patois, appellent encore un ustensile propre à puiser, ou à contenir de l'eau, quelle que soit sa forme, une *aise*. On le retrouve enfin dans quelques noms d'hommes, comme celui de Desaix ou Dessaix, assez connu en Savoie.

Suivant maintenant les règles de l'étymologie des mots nous voyons que *a* s'est changé en *ai*, *sc* en *ss*, puis en *s* et enfin en *z* ou *x* (1). Ces principes admis, Aix se serait d'abord appelé en langue celtique, à l'époque allobrogique, *Asc*, que l'on prononçait probablement *Ax*. Une petite ville du département de l'Ariège, connue pour ses sources d'eau thermale, a conservé à son nom cette physionomie celtique. Il en est de même de la ville de Dax dans les Landes.

Après la conquête des Gaules par Jules César, la langue celtique disparut assez rapidement, car les empereurs romains, et Claude notamment, permirent à tous les Gaulois de prétendre aux charges de l'État, sous la seule condition d'apprendre le latin. Cette langue remplaça si bien le celte que celle-ci n'a presque pas laissé de traces dans la langue que nous parlons, et qui dérive presque entièrement du latin. Mais si cette transformaton fut complète pour la langue écrite, elle fut beaucoup plus lente pour la langue parlée, et pour les noms de lieu, car même beaucoup parmi ces

(1) Brachet. Dictionnaire étymologique. Voyez les mots vaisseau *(vascellum)* cresson *(cresciorem)* qui rappellent l'idée de l'eau.

derniers ont encore conservé leur physionomie celtique. Aix semble être de ce nombre. Dans le langage écrit il prit la forme latine, *Aquœ* ou *Aquis, ad Aquas*, et ses habitants le nom d'*Aquenses*, mais dans le langage vulgaire, il continua de porter le nom d'*Asc*. On sait que l'alphabet celtique ne se composait que de dix-huit lettres, dont pas une ne correspondait à l'*x*. Celle-ci a été introduite dans l'alphabet français pour suppléer au *gz* ou au *cs* qui produisent le même son. Si l'on prononce aujourd'hui *Aisse* au lieu de *Aixe*, cela vient peut-être de ce que, de ces deux prononciations, la prononciation celtique est la plus ancienne. Le mot *Aquenses* correspondant à celui tout moderne d'Aixois, qui se traduit littéralement par *habitants des eaux*; il n'est point une invention, car on le trouve gravé dans une ancienne inscription qui repose encore dans la ville.

Si le nom celtique et primitif d'Aix s'était perdu, comme tant d'autres, à l'époque de la conquête des Gaules, nous ne pourrions aujourd'hui avoir que l'un des dérivés du latin tel que *eaux*, dérivé dès la fin du VIIIe siècle du mot latin, en passant par ces formes *aqvœ, avœ, èves, eaves, eaues, eaux*. Evian est un nom de Savoie qui s'est formé ainsi, dérivant du latin parce que probablement ses eaux n'étaient pas connues à l'époque celtique, et qu'il n'a pas pu par conséquent, comme Aix, conserver son appellation primitive. Nous pourrions peut-être avoir aussi le mot *Aigue*, qui est un autre dérivé du mot latin, usité dans le patois du pays, et que l'on retrouve en Savoie dans des localités, probablement aussi inconnues du temps des Allobroges, telles que : Aiguebelle, Aiguebelette, Aigueblanche.

Il se présente maintenant une question qu'il convient aussi de résoudre. Il s'agit de savoir si à son nom latin Aix ajouta, à l'époque romaine, un autre nom servant à le distinguer des cités thermales du même nom, situées dans les Gaules. L'appelait-on simplement *Aquis, ad Aquas*, ou bien *Aquæ Allobrogum, Aquæ Gratianæ, Aquæ Domitianæ?*

Dans les documents géographiques du IIe et du IIIe siècle, les cités thermales ne portent ordinairement que ce nom *ad Aquas*, mais ces cités s'étant par la suite fort multipliées, comme le fait se produit encore de nos jours, on reconnut le besoin de distinguer entre elles les villes qui portaient le même nom.

De même que Aix dans les temps modernes s'est appelé Aix en Savoie, il a du s'appeler *Aquæ Allobrogum*, c'est-à-dire Aix dans le pays des Allobroges. Quant aux qualifications de *Gratianæ* et de *Domitianæ*, elles sont toutes modernes. Cette opinion assez rationnelle du reste est appuyée par divers écrivains sérieux. Voici ce que dit l'un d'eux, M. Félix Bourquelot, membre de la société des antiquaires de France (1).

« Le nom d'*Aquæ*, dit-il, ne nous est fourni, ni par les itinéraires, ni par la carte de Peutinger, ni par aucun des écrivains de l'antiquité ; mais il figure à plusieurs reprises dans les inscriptions, soit sous la forme de l'ethnique *Aquensis*, soit d'une autre manière. Les épithètes *Gratianæ* et *Domitianæ*, ont dans les temps modernes, été ajouté au mot *Aquæ*, sans que ces appellations fussent autorisées par des témoignages antiques. La première, suivant Millin (2) repose sur l'idée que le nom de l'empereur Gratien regardé comme le fondateur des bains d'Aix, était inscrit sur plusieurs briques trou-

---

(1) Inscriptions antiques de Luxeuil et d'Aix-les-Bains.
(2) *Voyage en Savoie et en Piémont.*

« vées en cette ville ; mais ces monuments dont les analo-
« gues se rencontrent à Lyon et ailleurs, offrent le nom
« d'un potier et non celui d'un empereur, *Ciarianvs* et non
« *Gratianus*. L'expression *Aquæ Domitianæ* a été employée
« à cause de la mention dans une inscription d'un *Domiti-*
« *nus* ou *Domitianus possessor aquensis*, auquel on a attribué,
« comme à Gratien, par suite d'une mauvaise interprétation
« du mot *possessor*, la fondation des thermes.

« On a aussi appelé Aix, *Aquæ allobrogum*, à raison de
« la peuplade chez laquelle cette localité est située, de la
« même façon qu'on a nommé *Helvetiæ* les *Aquæ* que
« M. Greppo place à Baden, dans le canton d'Argovie. »

Selon le général de Loche (1), ce nom d'*Aquæ Allobro-*
gum fut en usage jusqu'au XVI⁰ siècle. Cet écrivain nous
donne aussi le nom du premier auteur qui s'est servi du nom
d'*Aquæ Gratianæ*, ou plutôt de celui qui l'a inventé, c'est
Pierre Davity (1573-1635), dans un ouvrage intitulé *Etat et
Empire du monde*, compilation ridicule et sans aucun
mérite. En effet du Rivail qui écrit son ouvrage *de Allo-*
gibus vers 1535, appelle Aix simplement *Aquæ*.

Dans le traité des thermes que Baccius a publié en 1571,
Aix est appelé *Ais in Sabaudia*. Dans le vieux français on
trouve encore *Aiss*, *Ays*, *Ayx*. Quelques temps après, Moreri,
dans son dictionnaire, propagea l'erreur de Davity, en
puisant dans son ouvrage sans se donner la peine d'étudier
la valeur de l'expression. Le docteur Cabias, dans le 3ᵐᵉ
chapitre de son ouvrage : *Les Vertus merveilleuses des bains
d'Aix-en-Savoye*, publié en 1624 et réédité en 1688 et 1702,
« dit ceci : le proconsul *Domitius* ayant passé les monts

---

(2) *Journal de Savoie*, n⁰ du 7 juillet 1826.

« transalpins fit faire dans cette province de Savoye des
« bains qu'on nomme *Aquæ Allobrogum.* » Ainsi du temps
de Cabias, cette dernière appellation n'était point encore
entièrement hors d'usage.

Fantoni, qui écrivait en 1748 (1), dit dans sa préface que
le mot *Gratianæ* est tout moderne.

D'ailleurs les édifices dont on voit les restes sont par leur
nature et le style de leur architecture, d'un temps plus ancien
que celui de Gratien. Ce prince, fondateur ou plutôt restau-
rateur de l'ancienne *Cularo* (Grenoble), à laquelle il donna
son nom, *Gratianopolis*, c'est-à-dire ville de Gratien, fut un
zélé chrétien, qui certainement n'aurait pas fait construire
des thermes, dont la fréquentation était alors sévèrement
prohibée par l'Eglise, à cause de la licence qui s'y était
introduite, et encore moins des temples aux divinités
païennes.

Dans la donation faite en l'an 1011 par Rodolphe,
roi de Bourgogne, à la reine Hermengarde, sa femme,
Aix est simplement indiqué par le mot *Aquis.* Peut-être
disait-on alors dans le langage vulgaire *Aix-en-Bourgogne.*

Les anciens titres des archives de la collégiale d'Aix, en
latin, n'emploient le plus souvent, pour désigner Aix, que
la seule expression *ad Aquas* (aux eaux). Les bulles et
autres documents de la chancellerie pontificale, selon l'usage
en vigueur autrefois, se servent de cette expression *Aquæ
Gratianopolis diœcesis,* c'est-à-dire les eaux du diocèse de
Grenoble, diocèse auquel Aix a en effet appartenu dès les
premiers siècles jusqu'en 1779. C'est probablement cette

_____

(1) *De Aquis Gratianis libellus.*

expression qui aura donné à Davity l'idée d'appeler Aix, *Aquæ Gratianæ*, plutôt qu'une mauvaise lecture du nom *Clarianus*, qui se lit très facilement sur les briques qui sont au musée de la ville, et qui n'avaient point encore été trouvées au temps où écrivait l'auteur que je viens de citer.

Quoique Baccius écrivit encore *Ais*, en 1571, l'usage d'employer l'x existait déjà depuis quelques temps. Je possède un parchemin du notaire Cohendet (1), de l'an 1549 où il est déjà employé. Fodéré et Cabias, qui écrivaient au commencement du XVIIe siècle, l'on fait imprimer tel qu'il s'écrit maintenant.

Dans l'organisation définitive du département du Mont-Blanc, arrêtée le 28 janvier 1793, Aix-en-Savoie prit le nom d'Aix-les-Bains.

Cependant on trouve très souvent sous la Révolution et sous l'Empire, l'appellation Aix-Mont-Blanc. Après la Restauration les uns écrivaient Aix-les-Bains, d'autres Aix-en-Savoie. En 1835, selon M. Despine (2), l'administration des postes décida que le nom d'Aix-les-Bains devait seul être employé.

Quant à l'origine de la ville tout porte à croire, comme je l'ai déjà dit, qu'elle existait avant la domination des Romains, et que ses eaux, sans avoir la réputation qu'elles acquirent par la suite, étaient déjà exploitées par les Allobroges. Diverses opinions ont été émises par les savants sur ce que devait être Aix à l'époque romaine, voici celle de Millin, antiquaire distingué, membre de l'Institut et de l'Académie des inscriptions et Belles-Lettres (3).

---

(1) *Archives du Château de Loche*, n° 198.
(2) *Almanach du Duché de Savoie*, 1835, p. 208.
(1) *Voyage en Savoie*, i., p. 38.

« La vérité est qu'Aix n'était point une station romaine.
« L'*Itinéraire d'Antonin* et la *Table de Peutinger* n'en font
« pas mention, quoiqu'ils nomment les stations voisines.
« Tout porte à croire que ce lieu était la *villa*, c'est-à-dire
« la maison de campagne d'un riche romain, qui s'y était
« établi avec sa famille, avait profité des eaux thermales
« pour y faire des bains, et y avait placé son tombeau, où
« il a voulu reposer avec ceux qui lui étaient chers. Le bel
« arc que l'on voit encore, me paraît confirmer suffisam-
« ment cette opinion. »

M. Bourquelot ne partage point les idées de M. Millin et
en donne de bien plus rationnelles à mon avis. Voici ce
qu'il dit :

« Que la localité d'Aix n'ait pas été une station romaine,
« cela paraît certain par le silence des itinéraires et de la
« carte. On ne voit pas d'ailleurs, que la voie romaine qui
« traversait les Alpes Grecques pour aller de Milan à Vienne
« en Dauphiné, et passait en Tarentaise, à Chambéry, et
« peut-être à Chevelu près de Yenne après avoir franchi
« le Mont-du-Chat, ait pu passer à Aix. Mais cela admis,
« je me refuse à croire qu'Aix ait été, comme le voudrait
« M. Millin une simple villa ou une maison de plaisance
« appartenant à un riche particulier. Les bains, dont on ne
« possède aujourd'hui que des portions, étaient évidemment
« trop considérables pour n'avoir été destinés qu'à satisfaire
« aux besoins d'un particulier et de sa famille.

« Les inscriptions fournissent plusieurs mentions de *pos-
« sessores aquenses*, ce qui prouve l'existence d'un centre de
« population; les inscriptions dont une partie seulement est
« purement sépulcrale, relatent des vœux adressés à des
« divinités générales et locales, par des personnes n'appar-
« tenant pas à la famille de Lucius Campanus, et on y trouve

« en dehors de cette famille des noms d'individus qui
« n'étaient ni esclaves, ni affranchis, ce qui est diamétra-
« lement contraire aux assertions de Millin. Il y avait
« autour d'Aix jusqu'à deux ou trois lieues de distance de
« nombreux établissements dont l'existence, à l'époque
« romaine, nous est connue par les restes antiques qu'on
« y a découverts et ne peut guère s'expliquer que par le
« voisinage d'une ville. Enfin et c'est là un argument
« péremptoire, une inscription relative à un repas sacré
« mentionne les *vicani aquarum*, d'où il suit qu'Aix était
« un *vicus*. »

Les Romains appelaient *vicus*, les bourgs, petites villes
ou villages, qui formaient les subdivisions des *pagi* (pays).
La Savoie en comptait un certain nombre, entres autres
Albens, près d'Aix.

Selon toute vraisemblance, cette ville, à l'époque romaine,
s'étendait autour des deux sources thermales, mais particulièrement au Sud-Ouest de celle d'alun, dans la partie
du parc qui avoisine le château et l'arc de Campanus.

Les fouilles faites en 1869, pour la transformation de ce
parc en jardin public, ont amené la découverte d'un grand
nombre de vieilles fondations de maisons, situées hors du
mur d'enceinte de la ville, suivant le plan cadastral de
1738, où elles ne figurent pas.

Les débris de toutes sortes, marbres, mosaïques, briques,
poteries, inscriptions trouvés, près de ces vieux murs ne
permettent pas de douter que les maisons qu'ils représentent
n'aient autrefois fait partie du *vicus Aquæ*, ou bourg d'Aix,
dont le sol trahit l'existence encore sur bien d'autres points.

Enfin un fait qui peut donner une idée de l'importance
d'Aix à l'époque Gallo-Romaine c'est qu'au commencement

du XVIe siècle, on voyait encore dans cette ville une quantité très-grande d'inscription. Aymar du Rivail dit en avoir trouvé dans chaque édifice, dans chaque maison, et en évalue le nombre à plus de cinq cents.

Comte de MOUXY de LOCHE.

Lauréat et membre effectif de l'Académie de Savoie, etc.

— — — — — — —

LES VIGNES D'AMÉRIQUE

AU POINT DE VUE

De la Reconstitution des Vignobles Phylloxérés

Mesdames, Messieurs,

L'étude approfondie qui a été faite depuis quelques années, des diverses races de vignes qui se trouvent à l'état sauvage dans l'Amérique du Nord, a démontré de la manière la plus évidente que, dans chacune des régions où la vigne pousse à l'état spontané, on rencontre suivant les climats, suivant les régions, des espèces différentes et appropriées aux températures très diverses de ce vaste Continent. Il résulte également de ces recherches ampélographiques que si quelques races, spécialement celles des régions septentrionales, peuvent prospérer dans toutes les provinces des Etats-Unis, celles qui sont originaires des régions méridionales ne bravent pas impunément, pour la plupart, le climat du Nord, et même du Centre de l'Union, comme nous le verrons tout à l'heure en parlant des divers cépages de l'Amérique.

A ce sujet, on voudra bien me permettre une petite digression qui, de prime abord, semble étrangère au sujet que j'ai l'honneur de traiter, mais qui s'y rattachera cependant par les questions d'appropriation et de semis dont je dirai deux mots tout à l'heure.

Je vais essayer de démontrer que si l'étude des cépages d'outre mer, à l'état spontané, a établi d'une manière certaine que dans le continent Nord de l'Amérique, chaque région possède des espèces appropriées à sa latitude, à son climat, il a du en être de même, non seulement en France, non seulement en Europe, mais dans tout l'émisphère boréal.

Les nombreuses recherches ampélographiques qui ont été faites depuis plusieurs années sur les vignes asiatiques ne laissent aucun doute sur ce sujet. Toutes celles qui nous sont venues de ce continent ont des caractères propres, qui les distinguent parfaitement de nos vignes d'Occident, et nous ne retrouvons parmi les premières aucun des types qui ont fait la réputation de nos grands vins. Il y a plus, un botaniste allemand, M. Carl Bronner a eu la patience de rechercher parmi les lambrusques qui croissent à l'état sauvage dans la vallée du Rhin et du haut Danube, les types qui pourraient se rattacher aux cépages cultivés dans les vallées de ces deux fleuves, et il est arrivé à retrouver dans ces vignes sauvages les caractères typiques qui distinguent le Riessling, le Sylvaner, et quelques autres variétés moins connues. On ne trouve au contraire dans ces régions aucun type représentant le Pineau, le cépage des vignobles du Nord par excellence; le nom de *Burgunder* qu'il porte dans toute l'Allemagne, où sa culture est assez étendue, indique suffisamment son origine Bourguignonne, que personne d'ailleurs ne conteste.

Les ampélographes allemands reconnaissent également que le chasselas, planté très en grand dans la haute vallée du Rhin, est originaire de France, où il est cultivé de temps immémorial. Je pourrai faire sur l'indigénat de plusieurs de nos variétés françaises des citations nombreuses, mais je me borne aux deux précédentes, et j'arrive à de nouvelles preuves de l'existence primitive de la vigne, dans les diverses régions de l'Europe où elle est cultivée.

Tous les collectionneurs de vignes ont remarqué que les variétés venues des régions méridionales dans le Centre et le Nord, n'y mûrissent généralement pas leurs fruits, que leur bois n'y est pas complétement aouté lors des premières gelées, ce qui les expose à souffrir ou à périr par les gran's froids, et qu'elles sont en outre bien plus sujettes à diverses maladies que les cépages du Nord, notamment à l'anthracnose.

On remarque également que les types sauvages du Nord ne portent jamais que des grains sphériques peu volumineux, tandis que dans les régions du Midi, nous retrouvons à l'état spontané les types des variétés à graines ellipsoïdes, olivoïdes, olivoïdes incurvées, (cornichons) : (ces derniers paraissent originaires du Nord de l'Afrique, où les auteurs arabes les ont décrits, il y a bien des siècles.

Si l'on ajoute à toutes ces preuves que les recherches minéralogiques ont fait retrouver, surtout dans le Midi de la France, des empreintes de la feuille de vigne dans les couches des derniers bouleversements du globe, il n'est plus possible d'admettre, comme on l'avait prétendu jusqu'ici, que la vigne est d'origine asiatique. Il est à croire, au contraire, que dans l'hémisphère septentrional, du 20° au 50° degré de latitude, elle a existé depuis le commencement du monde sous diverses formes spéciales à chaque région. C'est ce que va démontrer clairement la petite revue que nous allons passer des principales espèces et variétés de vignes que l'on a retrouvées à l'état sauvage, à l'état spontané, dans l'immense territoire des Etats-Unis d'Amérique.

Dans la partie la plus méridionale de cet Etat, la Floride, la Géorgie, la Caroline du Sud, l'Alabama, le Mississipi, la Virginie, l'Arkensas, etc., on trouve une variété de vigne complètement à l'abri de toutes les maladies dont souffre la vigne à vin : cette variété que les botanistes nomment *Vulpina*, *Rotundifolia*, et les indigènes du Sud : *Muscadine*, *Withe Muscadine*, *Bull*, *Bullace* ou *Bullet*, *Roanoke*, est indemne du phylloxéra, mais on ne peut la cultiver au-dessus du 35° degré de latitude, parce qu'elle n'y mûrit pas son fruit et qu'elle ne peut pas supporter les hivers rigoureux. Les nombreux essais qui en ont été faits dans la France méridionale n'ont jamais donné aucun bon résultat ; on a renoncé complètement à sa culture. Sa multiplication par la bouture est très difficile, pour ne pas dire impossible, et sa greffe sur vigne d'Europe ou réciproquement ne donne pas de meilleurs résultats (1).

De la région Sud-Ouest des Etats-Unis et du Texas nous sont venues plusieurs autres espèces et variétés de vignes toutes plus ou moins sensibles à nos hivers rigoureux. De ce nombre sont : Le *Mustang*, la *Postoak*, la *Vigne Monticola*, la *Vigne Berlandier*, la *Vigne de Californie,* la *Vigne Cordifolia,* puis la *Vigne Cinerea;* ces deux dernières remontent un peu plus au Nord que les précédentes.

Le Mustang, *Mustang grap des Américains, vitis candicans des botanistes,* pousse à l'état sauvage dans

---

(1) *Description du Vulpina.* — Bourgeonnement roussâtre, duveteux, passant au gris duveteux puis au vert. — Souche vigoureuse buissonnante ; sarment un peu grèle, vigoureux, d'un gris fauve, tiqueté de petites taches blanchâtres; écorce mince, lisse, non striée, adhérente, ne se détachant pas; moelle dure très peu développée, verdâtre, n'ayant aucune analogie avec celle des vignes ordinaires.

Feuille complète très petite, cordiforme, arrondie, lisse et glabre sur les deux faces, sinus supérieurs et secondaires, nuls ou peu apparents, celui du pétiole ouvert; denture presque égale, assez profonde, d'abord aigüe devenant ensuite plus ou moins obtuse, peu ou point mucronée; pétiole de moyenne longueur, grèle.

Grappe très petite, composée de 4 à 6 grains assez gros, peu serrés, globuleux, terminés par un point pistillaire persistant. Ces grains sont blancs, rouges ou noirs suivant les variétés; leur maturité très tardive est impossible dans le centre de la France. La floraison du raisin n'a lieu que du 20 au 25 juillet, plus d'un mois après celle de nos raisins d'Europe.

l'Etat du Texas, surtout dans la partie Occidentale. Son fruit peu volumineux est immangeable et tout à fait improre à faire du vin.

La multiplication de ce cépage est très difficile par le bouturage; pour le propager il faut avoir recours à la marcotte : très sensible au froid, s'aoûtant très mal, même dans nos années chaudes, il a péri dans les regions du Centre par les froids rigoureux de l'hiver 1879-80. Il est regrettable que le Mustang soit si mal approprié à nos régions tempérées, car on le dit très résistant (1).

Le Postoak, *Vitis Lincecumii des botanistes.*

---

(1) *Description du Mustang.* — *Vitis candicans* des botanistes.— Bourgeonnement très duveteux, bien teinté de rouge, jeunes pousses épaisses, aplaties, toujours panchées ou incurvées; jeunes folioles très épaisses au moment où elles s'épanouissent, garnies d'un duvet très épais teinté de rouge violacé sur fond blanc. Cette couleur violacée va diminuant insensiblement sur les folioles plus fortes et disparaît sur la quatrième ou la cinquième pour faire place à un duvet complètement blanc et assez épais sur la feuille, jusqu'à ce qu'elle atteigne la moitié de son complet développement. Il devient moins compact sur la feuille adulte et tellement fin qu'il est presque imperceptible à l'œil nu quoique bien sensible au toucher. La feuille complète est petite, cordiforme, sans sinus bien marqué, celui du pétiole ouvert toujours régulièrement convexe à la face supérieure, revolutée en gouttière à la face inférieure et formant une espèce de cuiller dont le pétiole relevé formerait le manche. Ce pétiole est toujours couvert d'un duvet blanc parfois à l'état floconneux, sarments toujours garnis d'un duvet blanc très épais sur les pousses herbacées, devenant plus clair à mesure que le sarment s'aoute, écorce à 5 ou 6 stries saillantes, vrilles très longues duveteuses, teintes de rouge.

Grappe petite à grains globuleux, peu volumineux, acerbes, astringents, impropres à la vinification.

Les vignes Monticola sont introduites depuis plusieurs années en France, mais ne sont guère sorties des jardins botaniques et des collections; leur mérite au point de vue cultural n'a pas encore pu être apprécié. J'ai reçu ces vignes de diverses provenances, mais sous des formes assez différentes, ce qui prouverait qu'elles n'ont pas encore été bien déterminées. Elles paraissent être moins sensibles aux froids que le Mustang et le Rotundifolia, mais je doute qu'elles puissent supporter nos gros hivers.

La vigne Berlandier (Planchon) se rapproche un peu du Mustang par ses sarments un peu grêles, légèrement cotelés; sa grappe est plus grosse, moins acerbe et bien plus abondante. Ce cépage se charge de jolis raisins noirs, malheureusement impropres à la vinification; il reprend très difficilement de bouture et craint les fortes gelées. Il est très résistant au phylloxéra; on pourrait l'employer comme porte greffe, s'il était d'une multiplication facile et s'il résistait aux grands froids.

Sous le nom de *Vigne de Californie*, on a introduit en France une race de vigne aux formes un peu variables, mais dont les caractères génériques sont assez persistants et se rapprochent un peu du Mustang. C'est la même tige grêle, la même forme de feuille ou a peu près, mais beaucoup moins tomenteuse. Ce cépage se bouture plus facilement que les précédents; il paraît mieux résister aux grands froids. On le dit bien résistant aux phylloxéra, mais il n'a pas encore fait ses preuves depuis assez longtemps, pour qu'il puisse être recommandé comme porte-greffes.

Le Cordifolia, comme la vigne de Californie se montre sous des formes très nombreuses. Cette espèce est bien différente du Riparia, auquel on avait donné d'abord par erreur son non générique. On la trouve souvent dans les mêmes stations et mêlée à l'état sauvage avec le Riparia, mais elle remonte beaucoup moins au Nord. Le Cordifolia fleurit près d'un mois plus tard que le Riparia, il défeuille plus tôt. Son bois très vigoureux s'aoûte assez mal dans nos régions du centre, il gèle facilement par les grands froids. On le multiplie difficilement par le bouturage, mais on le propage par la marcotte. Quelques personnes le recommandent comme porte-greffes dans le Midi.

Le Cinerea se trouve sous les mêmes latitudes et dans les mêmes stations que le Cordifolia, la plupart du temps mêlés tous deux au Riparia dans la vallée du Mississipi, mais ne remontant pas au-dessus du 40° de latitude, tandis que le Riparia dépasse le 50°.

Le Cinerea se distingue du Cordifolia, par sa feuille plus grande, plus lobée, légèrement ou finement bullée et tomenteuse, par son sarment cotelé et peu lisse. Tous deux craignent les grands froids et reprennent difficilement de bouture : ils sont très résistants (1).

---

(1) *Description du Cinerea.* — Bourgeonnement fortement duveté blanc, plus ou moins nuancé de rose, passant parfois au rouge clair. Souche très vigoureuse, sarments longs ou très longs, relativement grêles, très sensiblement cotelés, bien renflés, aplatis aux nœuds, très finement et très courtement duveteux, surtout à

Du 32ᵉ au 40ᵉ degré de latitude, on trouve dans les vallées du Mississipi et de ses affluents, et même jusqu'au Texas, l'espèce *Æstivalis* que les américains nomment *Summer-Grape*, raisin d'été. Cette espèce de vigne pousse à l'état sauvage dans les bois clairs ou dans les fourrés, grimpant aux arbres ou aux buissons. Au-dessus du 40° degré elle devient rare et supporte mal les grands froids. Elle diffère complètement de toutes les races dont nous venons de parler par ses grappes généralement grandes, cylindrico coniques, ailées, peu serrées, garnies de grains sous-moyens ou petits, de forme globuleuse; elle se caractérise aussi par ses sarments très longs, forts, érigés, à entre-nœuds longs.

Par les semis et la culture, les américains sont arrivés à améliorer cette espèce sauvage; ils ont obtenu des variétés recherchées par la culture. Je citerai tout particulièrement le Jacquez qui réussit si bien au midi de la France dans les régions de l'olivier, et qui y donne en abondance un vin très noir, très alcoolique, fort recherché par le commerce. L'Herbemont plus fertile que le Jacquez s'accommode très-bien du même climat que lui. En raison de sa grande production, les américains le qua-

---

l'état herbacé. Feuilles adultes sur moyennes ou grandes, plus longues que larges, longuement et finement acuminées, à peu près glabres super, garnies infer d'un duvet assez compact, court et très fin; finement bullée super, sains supérieurs de profondeur variable, les secondaires seuls, celui du pétiole ouvert; pétiole assez fort, finement duveté, atteignant plus des deux tiers de la nervure médiane; denture presque nullle finement acuminée.

lifient du nom de *sac à vin*. Le vin qu'il produit a plus
de finesse que celui du Jacquez, mais il est beaucoup
moins coloré, de la le peu d'estime dont il jouit dans le
Midi.

Le Black-July, *Devereux, Lincoln, Noir de Juillet*, etc.,
beaucoup moins connu que les précédents, donne de
bons résultats dans nos vignobles du Midi ; il y sera
préféré à l'Herbemont en raison de la belle couleur de
son vin.

Je ne ferai que nommer le *Cuningham* et le *Rulander*
qui forment un groupe à part par leurs feuilles presque
orbiculaires, et leur grappe courtement cylindrique,
arrondie. Ces deux variétés sont abandonnées dans les
vignobles du Midi, surtout la dernière, parce que sa
résistance est très douteuse. Toutes les variétés d'Æstivalis
que je viens de nommer aoûtent plus ou moins difficilement leur bois dans nos régions du Centre, elles craignent
les grands froids, quelques-unes l'anthracnose, le Jacquez
surtout ; leurs fruits ne mûrissent qu'à la deuxième
époque et même quelques uns à la troisième.

Il me reste à vous parler de deux variétés que l'on
nomme Æstivalis du Nord, parce que, plus rustiques que
les précédentes, elles bravent très bien les froids du Centre
de la France et du Nord des Etats-Unis : ce sont le
Cynthiana, ou Norton, et l'Élsinburgh ou Elsinboro.

Le Cynthiana originaire de l'Arkansas est un cépage
de bonne vigueur, bien rustique, peu sujet à l'anthracnose
et au mildiou, mais s'accommodant mal des terrains où
l'oxyde de fer fait défaut ; sa maturité de deuxième
époque ne permet pas de le cultiver là où l'on ne peut

planter que ceux de première: il produit assez abondamment un vin très noir de bonne qualité ordinaire.

L'Elsinburg, originaire du New-Jersey est tout aussi rustique que le Cynthiana. Moins difficile que lui sur la qualité du sol, il donne en abondance de belles grappes garnies malheureusement de grains plus petits encore que celles de ce dernier, ce qui n'est pas peu dire. Mûrissant à la première époque, c'est le seul des Æstivalis sur lequel on puisse compter dans nos régions du Centre pour une bonne maturité.

Il existe encore plusieurs autres variétés d'Æstivalis purs ou plus ou moins hybridés, mais le plus grand nombre n'a pas la valeur de celles qui viennent d'être passées en revue, ou sont encore trop peu connues pour être recommandées. Je ne ferai que vous les nommer : Alvey, Baxter, Bottsi, Eumelan, Humboldt, Lenoir, Hermann, Neosho, etc.

Une autre espèce de vigne dont les caractères sont très tranchés, le *Rupestris, Sugar grape* (raisin sucré), *Sand grape* (raisin des sables), des américains, descend moins avant que la vigne Æstivalis dans la région méridionale et remonte plus au Nord. Elle se plaît sur les terrains rocheux ou dans les sables, près des cours d'eau, dans les régions montueuses. Très rustique, mais de vigueur moyenne, le Rupestris a une végétation rameuse et buissonnante; il reprend très facilement de bouture, supporte les plus grands froids et résiste très bien au phylloxéra.

De toutes les espèces de vignes américaines, c'est sans contredit celle qui se rapproche le plus de nos vignes d'Europe, par ses qualités essentielles : la saveur et la délicatesse de ses fruits. Son raisin bien sucré produit un vin léger, fin, très droit de goût et sans aucune saveur désagréable. Ces qualités du Rupestris le font considérer par beaucoup de semeurs, comme l'espèce la plus avantageuse pour des croisements avec nos vignes d'Europe. Cette préférence aurait d'autant plus sa raison d'être que de toutes les espèces de vignes américaines pures, c'est la seule, avec les Labrusca, dont la floraison coïncide bien avec celle de nos vignes d'Europe. On ne pourrait lui reprocher à ce point de vue que son manque de vigueur (1).

L'espèce Labrusca, *Foxgrape, Northen foxgrape* des américains, est confinée à l'état sauvage dans la partie Orientale des Etats-Unis, depuis la nouvelle Angleterre jusqu'à la Caroline du Sud : elle est étrangère à la vallée du Mississipi. Depuis plus de cinquante ans, ce cépage a été introduit en Europe, où on le cultivait plutôt comme une plante curieuse que pour la vinification. Les viticulteurs italiens toutefois l'ont cultivés

---

(1) *Description des Cordifolias.* — Bourgeonnement glabre brillant, légèrement grenat. Souche très vigoureuse; sarments longs et très longs, relativement grêles; glabres, lisses, brillants, sans striure sensible, un peu renflés et aplatis vers les nœuds. Feuilles moyennes, lisses glabres et brillantes super, généralement sans duvet apparent infer en forme de cœur allongé se terminant en pointe aigüe. Sinus latéraux presque toujours nuls, celui du pétiole largement ouvert ; denture un peu inégale aigüe finement acuminée; pétiole grêle atteignant ordinairement plus des deux tiers de la nervure médiane.

cultivés dans ce but sur d'assez grandes étendues, lors
de l'invasion de l'oïdium, après avoir reconnu qu'il était
indemne de cette cryptogame, et qu'il prospérait à des
altitudes, et dans un milieu où les cépages indigènes ne
peuvent réussir.

Les premières variétés introduites en France furent
l'Isabelle, le Catawba, le York : vinrent ensuite le Con-
cord, l'Hartford prolific, l'Israella, l'Ives-Seedling qui sont
issus de l'Isabelle : le Diana, le Tokalon, le Jona qui proviennent du Catawba, puis enfin le Delawacre d'origine
inconnue. Tous ces cépages, sauf le York, se sont plus ou
moins mal comportés vis-à-vis du phylloxéra ; les
meilleurs n'ont qu'une résistance relative. Ils sont tous
abandonnés aujourd'hui pour faire place à de nouveaux
venus dont quelques uns proviennent d'un croisement de
Labrusca et de Riparia, l'Elvira, le Noah, d'autres issus
d'un croisement avec des vignes d'Europe, l'Othello, le
Triumph, le Senasqua. Les deux premiers paraissent bien
résistants au phylloxéra ; la résistance des trois autres
est plus douteuse ; leur introduction est d'ailleurs trop
récente pour qu'on puisse se prononcer avec quelque certitude sur ce point.

D'autres variétés hybrides plus nouvelles encore nous
sont arrivées depuis peu : on cite parmi les plus recommandables : *Montefiore, Missouri-Riesling, Amber, Ba-
chus, Pearl* (blanc), *Beauty, Ulhand, Early black, Du-
chess, Green Golden, Jefferson, Lady Wasington, Transparent,* etc. Ces vignes de production directe sont à
l'étude depuis deux ou trois ans, on saura bientôt ce
qu'elles valent au point de vue de la résistance et de la

qualité de leur fruit. Il faut citer encore comme hybrides de Labrusca et de Riparia le Vialla, l'*Oporto*, le *Franklin*, etc., qui n'ont aucune valeur comme producteurs directs, mais qui sont d'excellents porte-greffes.

Tous les producteurs directs, issus des Labrusca, conservent tous plus ou moins dans les vins qu'ils produisent le goût *foxé* qui caractérise cette espèce : Ce goût assez étrange sera difficilement accepté par les consommateurs et surtout par le commerce. Les semeurs feraient mieux, surtout pour nos régions du centre, de chercher à obtenir des hybrides de Rupestris et peut-être aussi de Riparia dont je vais parler : Ces hybrides provenant d'un cépage d'Europe, croisé avec des espèces à racines résistantes, bravant les froids rigoureux et à fruits droits de goût, auraient beaucoup plus de chance d'être irréprochables que ceux obtenus par l'intervention d'une espèce américaine à saveur désagréable et à résistance fort douteuse.

De toutes les vignes américaines, l'espèce Riparia est celle qui remonte le plus au Nord ; on la trouve au-dessus du 50° degré de latitude. Elle résiste mieux qu'aucune autre aux grands froids et supporte assez bien les climats chauds, où elle descend jusqu'au 35° degré de latitude : C'est la race la plus répandue dans le vaste territoire des États-Unis. Partout où elle se trouve elle supporte très bien le phylloxéra, d'ailleurs fort rare sur ses racines où sa piqûre ne cause que des renflements peu sensibles et jamais de désorganisation. Le Riparia se multiplie très facilement de bouture et reçoit avec succès les greffons de nos vignes d'Europe. Toutes ces qualités réunies font rechercher aujourd'hui ce cépage comme un des meilleurs porte-greffes. Le Solonis, variété recommandable appartient à cette espèce.

Les Riparia qui nous sont envoyés d'Amérique sont récoltés à l'état sauvage dans les bois, ou sur les bords du Mississipi, souvent même sur les îles de ce grand fleuve. Les formes diverses de cette espèce sont très nombreuses et les nuances qui les distinguent consistent surtout dans la couleur de l'écorce du sarment qui varie du gris au rouge plus ou moins foncé, puis dans la feuille qui est plus ou moins grande, plus ou moins glabre suivant les variétés. On remarque aussi que certains Riparia ont des racines grêles, rigides, à écorce très mince ; d'autres au contraire, sont pourvus de racines un peu plus grosses, à écorce plus charnue et plus succulente. Sur les premières, le phylloxéra est excessivement rare ; sur les secondes on le trouve plus nombreux, probablement parce qu'il y puise une nourriture plus abondante sans toutefois les endommager.

Les viticulteurs américains ont obtenu par le semis des variétés, quel'on s'accorde généralement à considérer comme issues du Riparia plus ou moins hybridé. Les plus anciennement connues sont : le Clinton et le Taylor. Le premier fut cultivé pendant longtemps comme producteur direct, mais on l'abandonna bien vite lorsqu'on put obtenir des cépages plus fertiles donnant un vin meilleur. Par le croisement avec notre vigne d'Europe le Clinton a donné le Brant, le Canada, le Cornucopia, variétés dont la résistance n'est pas encore bien certaine, mais qui produisent abondamment des raisins plus gros et meilleurs que celui de leur ascendant. Le Cornucopia, surtout lorsqu'il se trouve dans des terres profondes un peu fraîches, bien appropriées à sa nature, végète admirablement, malgré le phylloxéra, et donne une très belle récolte.

Le Taylor un peu moins ancien que le Clinton n'a été cultivé qu'exceptionnellement comme producteur direct parce qu'il est très peu fertile : il a produit par le semis l'Elvira et le Noah que l'on considère généralement comme résistants et qui donnent en abondance de petits raisins blancs à saveur plus ou moins foxée, indice d'une parenté avec les Labrusca.

Au point de vue de l'hybridation entre nos vignes d'Europe et le Riparia, ce dernier offre plus de difficultés que le Rupestris et le Labrusca, parce qu'il fleurit douze à quinze jours plus tôt que ces derniers, dont la floraison est contemporaine de celle de nos vignes indigènes. Pour que cette hybridation se produise, il est nécessaire de retarder par des moyens artificiels la floraison des Riparia de telle sorte qu'elle coïncide avec celle de nos cépages.

Dans la revue un peu longue que nous venons de faire des vignes d'Amérique et des caractères bien tranchés qui distinguent les cépages des diverses régions de l'immense territoire des Etats-Unis, vous avez pu remarquer que, si quelques espèces du Nord, le Riparia surtout, supporte bien le climat du Centre Sud et s'y trouve sur plusieurs points à l'état spontané, les cépages des régions chaudes des Etats-Unis ne peuvent pas franchir du Sud au Nord sans souffrir des gelées, les degrés de latitude où ils poussent à l'état spontané. Par cette même raison, vous avez reconnu aussi qu'un bien grand nombre de ces vignes ne peuvent s'approprier à notre climat, et doivent être rejetées à tout jamais ; que quelques-unes sont encore douteuses et qu'enfin d'autres sont à peu près certainement bonnes. Nous allons en quelques mots résumer cette revue et signaler les cépages sur lesquels nous ne pouvons, dans notre région, fonder aucun espoir, ceux dont la réussite est douteuse et enfin ceux que l'on peut cultiver avec une certitude de succès a peu près assurée.

Eliminons tout d'abord : Le Rotundifolia ou Muscadine, la vigne Candicans ou Mustang qui viennent de l'extrême Sud et qui ne peuvent supporter nos hivers du Centre de la France.

Puis le Monticola, le Post-Oak, la vigne Berlandier, la vigne de Californie, le Cinerea, le Cordifolia qui ne craignent guère moins les fortes gelées que les précédents et qui sont tous plus ou moins rebelles au bouturage. Ces six espèces sont d'ailleurs trop peu connues, trop peu expérimentées jusqu'à ce jour, pour qu'on puisse en recommander la culture.

Parmi les Æstivalis, rejetons le Cunningham, l'Herbemont, Pauline, Rulander, Baxter, etc., qui ne supportent pas nos hivers, ou qui ne mûrissent pas leurs fruits sous notre latitude. Essayons en petit le Cynthiana, l'Elsinburg qui sont très rustiques, mais d'un petit rendement et le premier de maturité trop tardive : Le Jacquez qui craint les gelées, l'anthracnose, maladie dont on pourra peut-être le préserver en le cultivant en hautains. Ce sont là les seuls Æstivalis dont nous puissions tenter la culture en terrain sec et chaud, avec quelque chance de succès.

Parmi les Labrusca purs il n'existe pas de variétés résistantes au phylloxéra, si l'on admet, comme beaucoup de viticulteurs le croient, que le York ne doit sa résistance si remarquable qu'à une origine hybride où serait intervenu probablement le Riparia. Par la même raison, nous devons considérer comme des métis du même genre, le Vialla, l'Oporto, le Franklin, porte-greffes très recommandables et qui ont entre eux beaucoup d'analogie quoique complètement distincts.

Comme producteurs directs, issus plus ou moins directement des Labrusca, on peut essayer, mais sous toutes réserves, les variétés que nous avons indiquées plus haut: Othello, Triumph, Senasqua, puis les variétés plus nouvelles que nous avons mentionnées; ils sera prudent toutefois de ne pas les cultiver trop en grand en raison de leur résistance douteuse et peut-être aussi parce que les hybrides franco-américains, obtenus depuis peu eu France, pourraient bien remplacer avantageusement quelques variétés américaines de production directe, dont on s'est engoué démesurément et qui atteignent des prix ridicules et fantastiques.

Les Riparia devront être recherchés surtout comme porte-greffes, et l'on choisira de préférence pour pieds mères les sujets à racines grêles mais rigides et à écorce très mince et non charnue.

On s'accorde à donner quelque valeur comme producteurs directs à l'Elvira, au Noah issu, dit-on, du Riparia, probablement avec une forte infusion de sève Labrusca.

Le Cornucopia qui se rattache plus franchement au Riparia me semblerait un producteur direct préférable, en raison de la saveur plus franche de son beau raisin noir, de la belle végétation de sa souche et de sa bonne résistance dans les terrains frais et profonds qui lui convienne spécialement.

L'espèce Rupestris, dont il me reste à parler, se classe au premier rang parmi les vignes résistantes, mais on lui reproche d'avoir une végétation peu vigoureuse et buissonnante; elle se plait surtout dans les terrains sableux et rocailleux. La vigne Rupestris sera surtout précieuse comme sujet de croisement avec nos vignes d'Europe.

Lorsque vous aurez fait vos plantations avec les variétés les plus recommandables porte-greffes ou producteurs directs qui viennent d'être indiqués, il vous restera à les étudier, au point de vue de leur appropriation au sol ou vous les aurez plantées, à connaître l'époque de maturité des premiers, leur résistance au phylloxéra et la qualité du vin qu'ils produisent, puis à vous rendre compte du plus ou moins de réussite des seconds au point de vue du greffage avec nos variétés indigènes. Une foi bien fixés sur les espèces et les variétés les plus avantageuses pour votre région, il s'agira de les propager le plus rapidement possible par les moyens de multiplication les plus recommandés : le greffage, le marcottage, le bouturage et le semis.

Trois sortes de greffes sont spécialement employées pour la propagation de la vigne ; la greffe en fente ordinaire, la greffe à cheval qui n'est qu'une modification de greffe en fente ordinaire et la greffe anglaise.

La première de ces greffes se pratique de cinq à dix centimètres au-dessous du niveau du sol, de préférence sur des souches un peu fortes pouvant recevoir deux greffons ; elle s'exécute absolument comme la greffe en fente des arbres fruitiers. C'est au moyen de cette greffe sur de forts sujets que l'on multiplie très vite les variétés rares et précieuses.

Lorsqu'on opère sur des sujets d'un plus petit diamètre et que les greffons se trouvent aussi gros que les sujets, on emploie la greffe à cheval ou la greffe anglaise. Pour exécuter la première on entaille le sujet en coin aigu comme un greffon de greffe en fente, puis l'on fait une entaille semblable sur un sarment de la même grosseur et l'on prend la partie évidée de ce sarment pour l'ajuster sur le sujet que l'on a aminci en coin. On peut faire cette greffe à cheval en sens inverse, en pratiquant la fente évidée sur le sujet et la taille en coin sur le greffon : c'est alors la greffe à cheval renversé. Quel que soit le mode employé, le greffon et le sujet étant bien ajustés l'un sur l'autre, on les assujétis par une ligature comme dans la greffe en fente ordinaire.

La greffe anglaise très usitée aujourd'hui pour assembler un sujet et un greffon de la même grosseur se pratique surtout sur des plantes de deux ans ou d'un an, ou même sur de simples boutures. Greffons et sujet sont coupés obliquement à une pente de 18 à 20 p. 100, et lorsque ces deux coupes coïncident bien sur toute leur surface on les fixe l'une contre l'autre par une fente longitudinale d'assemblage formant deux languettes qui s'ajustent l'une dans l'autre, puis enfin, par une ligature avec de la ficelle ou du raphia. Les enduits que l'on avait recommandés tout d'abord pour assurer la reprise des greffes de vignes, est reconnue inutile aujourd'hui. Toutes les greffes devant être faites souterrainement ou recouvertes d'une petite butte qui les maintient fraiches et à l'abri de l'air; la ligature suffit pour assurer leur succès.

Le marcottage de la vigne, qui diffère un peu du marcottage des autres plantes, consiste à coucher dans de petites rigoles pratiquées dans le sol, les plus forts sarments d'un pied de vigne, afin de faire développer en bourgeons tous les yeux qui se trouvent le long de chacun de ces sarments. Lorsque ces bourgeons ont poussé à quelques centimètres au-dessus du niveau du sol, on remplit les rigoles de sable mêlé de terreau pour provoquer l'émission des racines à la base de chacune de ces pousses. Dès la fin de l'automne les bourgeons devenus sarments seront pourvus à leur base d'un abondant chevelu qui en fera de très bons plants racinés: on les sépare alors les uns des autres par un coup de sécateur donné au milieu de chaque mérithale, ou entrenœud des sarments marcottés. Pour provoquer plus sûrement l'émission des racines, on fait quelquefois au-dessous de chaque nœud une étranglation au moyen d'un petit fil de fer : cette précaution est indispensable lorsqu'on opère sur des variétés dont on tient à utiliser tous les bourgeons.

La multiplication de la vigne par le bouturage est une opération trop connue et trop familière à tous les viticulteurs pour que j'entre dans des détails à ce sujet. Je dois faire observer toutefois que lorsqu'il s'agit de propager des vignes rares et chères comme le sont encore les cépages américains, il faut user de précautions et de soins que l'on néglige lorsqu'on multiplie des plans de peu de valeur.

Etant admis qu'une bouture de 25 centimètres donne d'aussi bons résultats et même de meilleurs que celles d'une plus grande longueur, on aura tout à gagner au point de vue de la reprise et de l'économie à se tenir plutôt un peu au-dessous qu'au-dessus de 25 centimètres, en ayant soin de couper la bouture immédiatement au-dessous du nœud inférieur, contre la cloison ligneuse qui sépare chaque mérithale et sur laquelle les racines se forment bien plus facilement que sur la partie du sarment ou se trouve renfermé la moelle. Si les sarments coupés doivent attendre plus de quinze jours avant la plantation, il faut après les avoir divisés à la longueur que je viens d'indiquer les mettre en stratification dans le sable frais, jusqu'au moment de la mise en pépinière. Si, au contraire, on doit les planter au bout d'une quinzaine de jours au moins, il suffira de les laisser tremper dans de l'eau courante à dix centimètres de profondeur.

La préparation du sol de la pépinière est de la plus grande importance. L'insuccès des plantations provient bien souvent d'un défoncement insuffisant, d'un ameublissement incomplet du sol et d'un manque de fumure. Dans les terres argileuses compactes et généralement partout où la reprise de bouture est très difficile on devra ouvrir dans la pépinière une rigole étroite que l'on remplira de sable à la profondeur de 25 centimètres. Cette couche de sable qui enveloppe toutes les boutures, facilite l'émision de leurs racines qui ne pourraient se développer si la partie inférieure des boutures reposait dans de l'argile plastique.

Si ces précautions sont indispensables pour la bonne reprise des boutures américaines, elles le deviennent bien plus encore lorsqu'il s'agit de vignes indigènes greffées sur plants racinés résistants ou sur simples boutures, dont la reprise est bien plus précieuse et qui doivent passer un an en pépinière, avant d'être mises à demeure; cette mise en pépinière me semble indispensable dans nos régions du Centre-Est où la reprise de la greffe est toujours moins certaine que dans les régions chaudes du Midi. Les plantations qui ont été faites à demeure dans le Beaujolais ont toujours laissé beaucoup de vides, et ces vides sont d'autant plus difficiles à combler que les jeunes plants greffés mis à la place des manquants sont gourmandés par leurs voisins les premiers plantés qui vivent au dépens des derniers venus et au grand détriment de leur reprise et de leur bonne végétation. En plantant au contraire sur un terrain bien préparé des greffes parfaitement reprises en pépinière, on sera certain de n'avoir aucun vide dans la vigne que l'on établit, et l'on verra tous les ceps poussant avec une vigueur égale produire dès leur troisième année une très belle récolte.

Le semis de vigne, chose inusitée avant l'invasion phylloxérique, est employé aujourd'hui très fréquemment et en grand pour la multiplication des vignes résistantes. Pour ce semis, on emploie de préférence des graines de vignes récoltées sur Riparia sauvage, afin de multiplier sans danger de bons porte-greffes dans les départements indemnes ou nouvellement envahis par le phylloxéra. Ces pépins récoltés dans la vallée du Mississipi reproduisent à peu près identiquement le type d'où ils proviennent, mais il ne peuvent être greffés ni donner du bois utilisable pour la greffe qu'à la quatrième ou cinquième année, tandis qu'en se servant de belles boutures, on peut greffer ces dernières après un an de pépinière et même à l'état de bouture. Il y a comme vous le voyez au point de vue de l'économie de temps et de travail un énorme avantage à multiplier les vignes résistantes par de belles boutures, sans compter qu'étant récoltées, sur des pieds mère vigoureux et bien sélectionnés, on est toujours sûr que ces boutures reproduiront des plants irréprochables au point de vue de la rusticité et de la résistance, ce dont on est jamais certain avec des sujets de semis.

Pour tous ces motifs, je ne saurai trop vous engager à vous approvisionner de bons porte-greffes récoltés sur des pieds mère vigoureux, bien sélectionnés et indemnes du phylloxéra. Il vous sera facile de les trouver dans votre département comme nous le verrons tout à l'heure.

En dehors des semeurs de porte-greffes qui sont les plus nombreux, quelques amateurs se sont occupés de semer des pépins de producteurs directs américains, plus ou moins croisés avec nos vignes d'Europe, dans le but d'obtenir des métis donnant des grappes avec la saveur franche de nos raisins d'Europe, sur une tige résistante. Ce genre de semis est exposé à de bien plus grandes déceptions que celui des pepins de Riparia sauvages; aussi laisse-t-on courir les chances aléatoires de cette entreprise aux amateurs qui ont des loisirs, de la fortune et les aptitudes spéciales, voir même à ceux qui n'ont aucune de ces qualités. J'avoue à ma confusion que je suis du nombre de ces derniers, ce qui ne m'empêche pas de semer quand même, parce que là est à mon avis la solution véritable du problème que nous devrons résoudre pour arriver à la reconstitution de nos vignobles par le moyen le plus simple, le plus pratique et le plus sûr. Cette solution se ferait-elle attendre longtemps? serons-nous obligés de subir pendant de trop longues années la dure nécessité du greffage? C'est ce que je ne saurai dire, mais je ne doute pas que dans un avenir plus ou moins prochain, des semeurs heureux n'obtiennent des vignes résistantes, donnant des vins aussi bons que ceux de nos vieux cépages, qui ont fait la réputation des grands crûs de France. Les semeurs de poires, de pêches et autres fruits ont obtenu depuis cinquante ans ou plus des fruits plus fins plus exquis que ceux cultivés par nos aïeux il y a un siècle : Pourquoi les semeurs de vignes seraient-ils moins heureux (1).

Il ne faut pas toutefois que cet espoir lointain nous fasse oublier qu'en attendant des producteurs directs parfaits et résistants, nous devons nous mettre à l'œuvre pour refaire les vignobles détruits en employant le moyen que l'expérience et la pratique ont reconnu le meilleur jusqu'à ce jour : le greffage de nos vignes indigènes sur vigne américaine résistante.

Dans ce but, vous ne sauriez vous approvisionner trop tôt des meilleurs porte-greffes et même de quelques producteurs directs qu'il est bon d'essayer en attendant mieux. Chez plusieurs de mes collègues de la Société d'Agriculture de la Savoie, dont je suis fier d'être membre

---

(1) *Description du Rupestris.* — Bourgeonnement glabre ou presque glabre, un peu jaunâtre. Souche rustique de moyenne vigueur, buissonnante : sarments de moyenne force, toujours garnis de faux bourgeons. Feuilles sous moyennes ou petites, toujours un peu pliées en gouttière, une fois moins grande que celle des Riparia, en forme de cœur, mais à sinus petiolaire plus élargi que dans le Riparia glabres super, à peu près glabres infer sauf quelques poils sur les nervures : sinus supérieurs à peu près nuls ou légèrement marqués par la proéminence des pointes des nervures supérieures, les secondaires complètement nuls, celui du pétiole très ouvert : pétiole peu allongé, un peu grêle, teinté de rose.

Grappe petite, portant des grains à peine moyens, d'un noir bleuâtre à saveur franche et douce. Ces raisins sont généralement de maturité précoce.

et au nom de laquelle j'ai l'honneur de parler devant vous, vous trouverez d'excellents exemples à suivre et la collection des cépages résistants les plus recommandés. Notre très digne président a étudié depuis longtemps dans le Midi la question des vignes américaines (1). Avant leur interdiction dans votre département, il avait déjà fait son choix et son approvisionnement parmi les plus méritantes dans un vignoble non phylloxéré. Je viens de voir dans ses belles cultures, des Jacquez magnifiques, des Noah, des Elvira chargés de raisins sur muris, des Riparia, des York, des Solonis, des Vialla superbes de végétation et une quantité assez considérable de greffes fort bien réussies.

Votre professeur d'agriculture, M. Perrier de la Bâthie, ne pouvait moins faire que de suivre une aussi bonne voie. Je me rappelle qu'en 1875, lorsque j'eus le plaisir de faire sa connaissance en compagnie de M. Tochon, il nous montra près des bords de l'Isère une vigne inconnue, plantée par son père depuis plus de

---

(1) M. Gaston Bazille, un des premiers semeurs de pépins de de vignes américaines croisées avec nos vignes d'Europe, vient d'annoncer dans les journaux agricoles qu'il a pu déguster cette année sur un semis de Jacquez, fait il y a six ans, en terrain phylloxéré, un raisin de grosseur sur moyenne, à gros grains de saveur agréable et sucrée, absolument semblable à celle de nos raisins d'Europe. Ce cépage très vigoureux en pleine phylloxérière a mûri son fruit cette année le 25 août. C'est dire qu'il pourra le mûrir tous les ans, même dans nos vignobles du Centre-Nord. (Note du 5 décembre 1882.)

soixante ans, et garnissant de ses pampres une roche énorme et verticale de douze à quinze mètres d'élévation. Cette vigne qui fut reconnue depuis pour une excellente variété de Riparia porte le nom de celui qui nous l'a fait connaître et qui l'a propagé depuis avec beaucoup d'habileté. Cette variété est d'autant plus précieuse pour vous qu'elle n'a jamais été atteinte du phylloxéra là ou nous l'avons découverte et que depuis longtemps elle a fait ses preuves d'appropriation au sol de la Savoie.

M. le comte de Manuel, d'Albertville, voisin de M. Perrier de la Bâthie, est aussi possesseur et multiplicateur du Riparia baron Perrier, dont le pied mère pousse si vigoureusement contre le rocher de Conflans.

Deux viticulteurs des Marches, tous deux bien connus de vous, M. Falcoz et M. Vivian sont depuis longtemps persuadés que la vigne d'Amérique est appelée a regénérer les vignobles qui succombent sous la piqûre du phylloxéra. Très habiles multiplicateurs, très habiles greffeurs, ils peuvent déjà montrer aux vignerons de leur commune de nombreuses vignes indigènes greffées sur vignes américaines et poussant admirablement en terrain phylloxéré. Ces exemples là, vis-à-vis du vigneron, valent mieux que tous les beaux discours et toutes les conférences que l'on pourrait leur faire.

A Saint-Joire, chez M. Sylvoz, le vétéran de l'arboriculture et de la viticulture savoisienne, les passants regardent ébahis des Riparia de quatre à cinq mètres de hauteur au milieu d'une vigne complètement détruite par le phylloxéra : bientôt ils y verront des Mondeuses, des Douces-Noires portant sur leurs longs sarments greffés sur vigne américaine une abonda nte récolte de raisins.

A Chambéry, M. Janus Tochon ; à Saint-Innocent, M. Blanchard, cultivent aussi avec succès les meilleurs porte-greffes et quelques producteurs directs des plus recommandés.

Tout à côté de nous, vous pourrez voir aussi à la villa des Roses, a côté des pêchers et des arbres si bien dirigés par M. Dégaillon, de fort belles pépinières de vignes d'Amérique, de superbes pieds mère d'York, de Solonis et de Vialla, puis des greffes de Mondeuse et de Persan, dont la réussite engagera sans doute leur auteur à opérer beaucoup plus en grand en 1883.

Comme vous le voyez, Messieurs, la Savoie est déjà riche en vignes résistantes. Grâce à l'initiative de votre Société centrale d'Agriculture, grâce au zèle de son président et aux travaux de ses collègues, que je viens de vous nommer, vous ne manquerez pas de bons exemples ni de bons guides si jamais vous étiez obligés de suivre la voie dans laquelle sont engagés aujourd'hui tous ceux qui tiennent à reconstituer leurs vignes détruites.

Je souhaite de tout mon cœur que vous ne soyez jamais réduits à cette dure épreuve ; que le terrible puceron n'envahisse jamais vos vignobles et que vous n'ayez nullement besoin des quelques petits conseils que je me suis permis de vous donner.

NOTICE

Sur l'établissement de l'imprimerie

a Aix-les-Bains

Ce compte-rendu est incontestablement le plus important et le plus soigné de tous les ouvrages imprimés à Aix jusqu'à présent, et fait honneur aux presses de M. Gérente. C'est à ce titre que nous clôturons le volume par une petite notice sur l'établissement de l'imprimerie dans cette ville, afin d'en transmettre le souvenir aux générations futures.

L'art typographique, déjà exercé à Chambéry par Antoine Neyret en 1484, ne devait être transporté à Aix que près de quatre siècles plus tard. Il fut installé par un homme laborieux et persévérant, dont la mémoire sera conservé, car, en dotant cette ville d'un établissement aussi utile, il a fait œuvre de progrès. Sans se soucier des difficultés qu'il devait rencontrer, non plus que des faibles bénéfices qu'il allait retirer, il s'est résolument mis à l'œuvre, et a réussi.

Ce modeste, mais intelligent travailleur, est M. Bachet Joseph, né à Présilly, canton de Saint-Julien (Haute-Savoie), le 8 juillet 1814, encore existant à Chambéry, où il jouit d'un repos bien mérité. Il acquit d'abord dans cette ville, en 1849, l'imprimerie fondée l'année précédente par M. Héritier, et travailla pendant quelques années, principalement à l'impression des journaux libéraux qu'avait fait naître la Constitution de 1848.

Le 1er juillet 1857, il vendit son imprimerie à MM. Hivert et Ménard, et vint en établir une autre à Aix-les-Bains. L'autorisation de fonder cette imprimerie lui fut accordée par le Ministre secrétaire d'Etat pour les affaires intérieures, le 28 décembre, sous forme d'un brevet, dont voici la teneur :

« Il Ministro segretario di stato per gli affari dell'Interno.

« Vista la domanda corredata degli opportuni documenti, stata « rassegnata a questa Regia segretaria di Stato per gli affari « dell'Interno, dal signor Guiseppe Bachet, tipografo a Ciamberi, « per ottenere la permissione di esercitare l'arte tipografico nella « cità di Aix-les-Bains.

« Visto il disposto dalle regie patenti del 4 di agosto 1829, « relative all' esercizio della stamperia e della litografia, ne' Reali « Dominii.

« In virtù della permissione conceduta da S. M. in udienza del « 27 corente, rilascia il presente brevetto al suddetto signor « Guiseppe Bachet per esercitare l'arte tipografico nell' anzidetta « città; con che si uniformi al prescritto delle leggi vigenti « sull'esercizio suddetto.

« Torino, dalla Regia segretaria di Stato per gli affari dell' « Interno, il 28 dicembre 1858. »

(Sceau et signatures.)

Les presses de M. Bachet fonctionnèrent pour la première fois à Aix-les-Bains, le 22 mai 1859. Avec un matériel neuf et bien choisi, M. Bachet imprima dès lors, avec succès, divers travaux que nous allons énumérer, laissant de côté les annonces de fêtes, de concerts ou de théâtre, les avis commerciaux, papiers d'élection et affiches diverses.

1º *Liste officielle des étrangers venus à Aix-les-Bains.* Cette publication, commencée en 1820, par les soins de la commission administrative des Bains, n'a cessé de paraître jusqu'à ce jour. Après M. Bachet elle a été et est encore publiée par son successeur.

2º Guilland (Dr Louis). *Compte-rendu des eaux d'Aix-en-Savoie*, pendant l'année 1858. In-8º de 62 p., 1859.

3º Anonyme. *Œuvre pieuse et charitable de N. D. des Eaux, à Aix-les-Bains.* In-8º de 16 p., 1859.

4° *Bulletin de la guerre d'Italie* en 1859. In-4° demi-feuille.

5° Dupraz (l'Intendant). *Renseignements sur l'établissement thermal d'Aix-les-Bains* et moyens proposés pour son achèvement. In-8° de 12 p., 1859.

6° Dupraz (l'Intendant). *Etablissement thermal d'Aix-les-Bains.* Compte résumé des travaux d'agrandissement et autres dépenses extraordinaires. In-8° de 16 p., 1860.

7° Vidal (Dr François). *Compte-rendu des Eaux d'Aix-en-Savoie,* pendant l'année 1859. In-8° de 64 p. avec planches, 1860.

8° *Récit de la catastrophe arrivée à M*me *de Broc.* (Extrait des mémoires de Mlle Cochelet). In-8° de 8 p., 1865.

9° Mirlori (Pierre de). Pseudonyme du Dr Berthet, Pierre-Denis-Justin. *Le solitaire d'Aix-les-Bains.* In-8° de 211 p., 1861.

10° Gaillard (Dr César). *Recherches chimiques sur l'action des Eaux d'Aix.* In-8° de 32 p., 1861.

11° *Les embellissements d'Aix-les-Bains,* par un baigneur. In-8° de 59 p., attribué au comte de Quinsonnas, 1862.

12° *Catalogue de la bibliothèque choisie d'Aix-les-Bains.* In-8° de 59 p., 1862. — Des suppléments de ce catalogue ont été imprimés en 1864-65-66-67.

13° *L'indispensable* ou guide de l'étranger à Aix-les-Bains. 1n-16 de 32 p., 1862.

14° *Album historique et pittoresque d'Aix-les-Bains* et de ses environs, 1862. — Gravures sur bois dessinées par Eugène Ginain pour l'ouvrage d'Amédée Achard, sur Aix.

15e Lesselier de Sainte-Croix (Mme). *L'ancien marquis. Aix-les-Bains. Une séance au Casino.* Trois pièces de vers. In-8° de 20 p., 1863.

16° *Micromegas,* journal d'Aix-les-Bains, exclusivement littéraire et amusant. Il n'en parut que trois numéros, ceux du 11, 21 et 25 juin 1863.

17° *Note sur les questions à l'ordre du jour du conseil municipal d'Aix.* In-8° de 8 p., 1865.

18° *Règlement des services municipaux.* In-8° de 8 p., 1866.

19° *Catalogue de la bibliothèque choisie d'Aix-les-Bains.* (Celle du presbytère). In-8° de 61 p., 1869. — Un supplément a paru en 1873.

20° Davat (D^r). *Demande du rétablissement des jeux publics.* Rapport du maire d'Aix, sur la proposition de M. Dupressoir. In-8° de 15 p., 1871.

21° *Grottes et sources thermales d'Aix-les-Bains.* Extrait de l'ouvrage de M. le Dr Ordinaire. In-16 de 8 p., 1875.

22° Ordinaire (D^r). *Origine des Gorges du Fier.* In-16 de 8 p., 1875.

23° Balestrazzi. *Le château de Roliero.*

24° *Notice historique et descriptive sur l'abbaye d'Haute-Combe,* par un baigneur.

25° *Les Charmettes.* Extrait de l'ouvrage publié sur Aix par M. Amédée Achard.

26° *Souvenir. La maison du Diable.* Extrait du même ouvrage. In-8° de 11 p., 1862.

Il est parlé de M. Bachet et des ouvrages qu'il a imprimé à Aix, dans la bibliographie de M. le Dr Louis Guilland, et dans le travail publié par MM. Dufour et Rabut dans le XVIe volume des *Mémoires de la Société savoisienne d'histoire et d'archéologie de Savoie,* ayant pour titre : *L'imprimerie, les imprimeurs et les libraires en Savoie,* mais ces ouvrages ne nous donnent que des renseignements très incomplets.

En 1875, par acte du 7 avril, Desportes, notaire, M. Bachet a vendu son imprimerie à M. Gérente Anatole, lequel, par des acquisitions de matériel, en rapport avec le perfectionnement de l'art typographique, a donné à son établissement une activité toute nouvelle.

Cette imprimerie possédant maintenant deux machines Marinoni, une presse à bras, une presse spéciale pour affiches, format double colombier, et une lithographie, peut donc aujourd'hui rivaliser avec toutes celles qui fonctionnent le mieux dans nos deux départements savoisiens.

M. Gérente a imprimé déjà un certain nombre d'ouvrages, que

nous croyons devoir également citer, pour compléter cette notice, tout en laissant, bien entendu, la multitude innombrable d'affiches, de programmes et autres impressions quotidiennes.

1° *Règlement de police* des bateaux sur le lac du Bourget. Petit In-8° de 8 p., 1875.

2° *L'Eucharistie*. In-8° de 16 p., 1876.

3° Forestier (D^r). *Les promenades d'Aix-les-Bains,* ou *Vade-Mecum* du baigneur et du touriste, 5e édition. In-12 de 430 p., 1876.

3° *bis. La Saison d'Aix-les-Bains.* Journal humoristique publié par M. le Dr A. Forestier. Il en a puru 22 numéros en 1876 et quelques autres numéros en 1879.

4° Ducrest [D^r]. *Notice biographique sur le Dr Bally,* de Verrens. In-8° de 16 p., 1877.

5° Frénoy [D^r]. *Syphilis et blennorrhaghie.* Mémoire présenté à la société de médecine pratique de Paris. In-8° de 16 p., 1877.

6° Brun [G.], ex-élève en pharmacie, photographe du Club-Alpin Français]. *Nouvelle méthode d'analyse du soufre dans les eaux minérales sulfureuses.* Essai sur les eaux thermales d'Aix-les-Bains, de Challes et de Marlioz. In-8° de 16 p., 1877.

7° Bertier [Dr Francis]. *Simple note sur le traitement du rhumatisme articulaire chronique par les eaux d'Aix.* In-8° de 16 p., 1877.

8° Guilland [Dr Louis]. *Rapport à la société départementale des médecins de la Savoie,* 16e assemblée générale, tenue à Challes. In-8° de 48 p., 1877.

9° *Catalogue* de la librairie Henri Bolliet. In-8° de 20 p., 1877. Réédité en 1881.

10° Frénoy [D^r]. *Déluges périodiques.* Conséquences de la précession des équinoxes. In-8° de 48 p. avec planches, 1878.

11° Frénoy [D^r]. *Action physiologique des eaux d'Aix.* In-8° de 24 p., 1878.

12° *Règlement du musée Lepic,* à Aix-les-Bains. Petit in-8° de 16 p., 1878.

13° *Règlement* de la compagnie des Sapeurs-Pompiers d'Aix-les-Bains. In-8° de 16 p., 1878.

14° *Règlement* de la compagnie des Sapeurs-Pompiers de la Biolle. In-8° de 16 p., 1878.

15° *Règlement* du Cercle d'hiver d'Aix-les-Bains. In-8° de 12 p., 1878.

16° *Règlement* de la Société de secours mutuels d'Aix-les-Bains. In-8° de 24 p., 1879.

17° *Règlement* de la Société du sou des écoles d'Aix-les-Bains. Petit in-8° de 4 p., 1879.

18° *Règlement* de l'octroi de la ville d'Aix-les-Bains. Grand in-8° de 32 p., 1879.

19° Aymonier [C., du Châtelard]. *Le phylloxéra*, sa nature, ses effets, son remède. In-8° de 16 p., 1880.

20° *Catalogue* de la librairie de Mlle Marie Bolliet. In-8° de 16 p., 1880.

21° Guilland [Dr Louis]. *Rapport à la Société départementale des médecins de la Savoie*, 19° assemblée générale, tenue à Albertville. In-8° de 42 p., 1880.

22° *Petites lectures* morales, instructives et amusantes. In-8° de 260 p., 1881.

23° *Règlement* général de voirie et de police d'Aix-les-Bains. Grand in-4° de 136 p.. 1881.

24° *Etablissement thermal*. Règlement en anglais. In-8° de 16 p., 1881.

25° Le journal le *Baigneur*, rédacteur-gérant, J.-M. Dejey, deuxième année.

26° *Etablissement thermal*. Règlement. In-8° de 16 p., 1882.

27° *Règlement* de la société agricole de Saint-Simon, près d'Aix. In-16° de 29 p., 1882.

28° *L'Avenir d'Aix-les-Bains*, journal littéraire et politique, paraissant tous les dimanches. Le 1er numéro a paru le 11 mars 1883. Propriétaire-gérant, A. Gérente.

29° *L'Avenir de la Savoie*, journal politique, ayant paru deux fois la semaine. pendant la période électorale, comprise entre le 1er avril et le 6 mai 1883, créé pour appuyer la candidature de M. Mottet, maire d'Aix, à l'assemblée législative.

30° *Compte-rendu* du Ve congrès des Sociétés savantes savoisiennes, tenu à Aix-les-Bains, les 25 et 26 septembre 1882. In-8° de
350 p., 1883.

31° *Rapports de l'Asile évangélique d'Aix-les-Bains,* années
1875, 1876, 1877, 1878, 1879, 1880, 1881, 1882. In-8°, 16 pages
d'impression.

32° *Règlement* du Cercle d'Aix-les-Bains. Petit in-8°, 4 pages.

33° *Liste officielle des Étrangers,* paraissant du 1er avril au
1er novembre ; quotidienne du 1er juin au 1er septembre, 63me année. Propriétaire-gérant, A. Gérente.

Le Secrétaire général du Congrès,

COMTE DE MOUXY DE LOCHE.

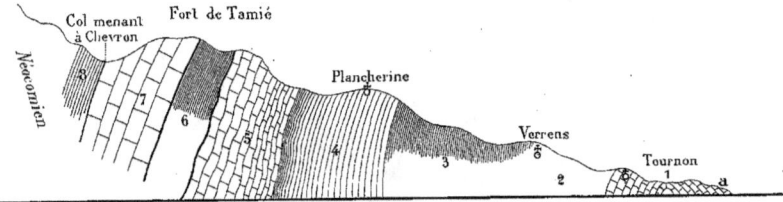

Coupe de Verrens
au fort de Tamié. N°1.

1. *Lias avec* Bel. niger;

2. *Terres cultivées;*

3. *Schistes à* Posidonies;

4. *Marnes à Géodes;*

a. *Alluvions.*

5. *Cal.plissés à* Am. tortisulcatus, *etc;*

6. *Marno. calc à* Am. tenuilobalus;

7. *Calc.gris, à grands* Aptychus;

8. *Marnes noires à Ciment.*

A. Perrin. Chambéry.

Coupe de la Pointe d'Arcalod à la Sambuy (Bauges).

N° 2.

S.O.   N.E.

Pointe d'Arcalod 2223ᵐ   La Sambuy

Extrémité Nord
de la Vallée
de Bellevaux

Au Nord de
Chauriande

1758ᵐ
Col
d'Orgeval

Niveau au-dessus de la mer 1500ᵐ

Echelle des longeurs...... 0ᵐ.01 pour 300ᵐ.
Echelle des hauteurs...... 0ᵐ.01 pour 250ᵐ.

Est.   Ouest.

Coupe de la Dent de Rossane à la Vallée
de Bellevaux.

N° 3.

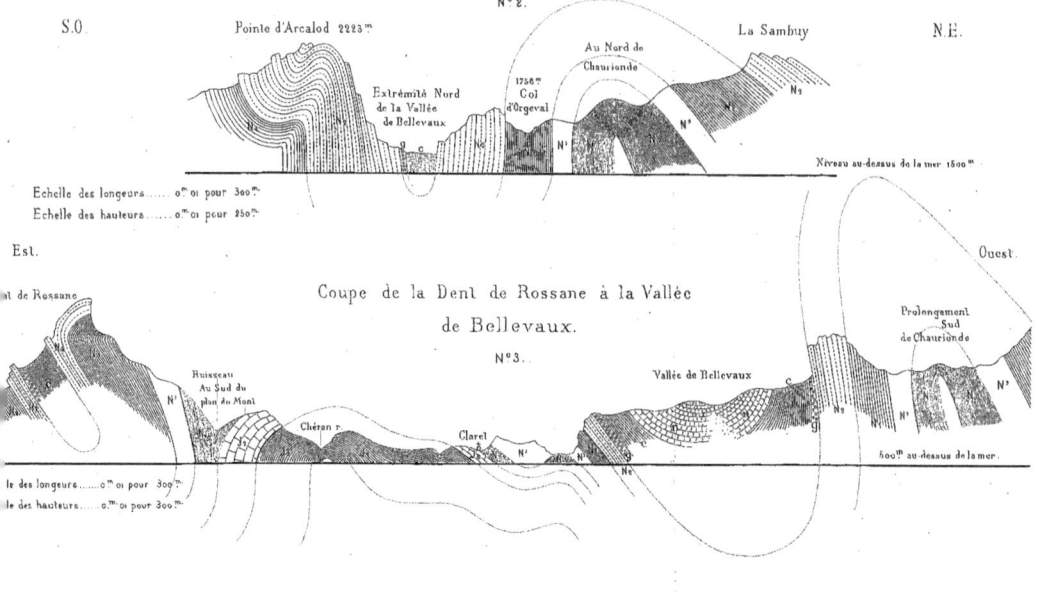

at de Rossane

Ruisseau
Au Sud du
plan du Mont

Chéran r.

Clarel

Vallée de Bellevaux

Prolongement
Sud
de Chauriande

400ᵐ au-dessus de la mer.

le des longeurs......0ᵐ.01 pour 300ᵐ.
le des hauteurs......0ᵐ.01 pour 300ᵐ.

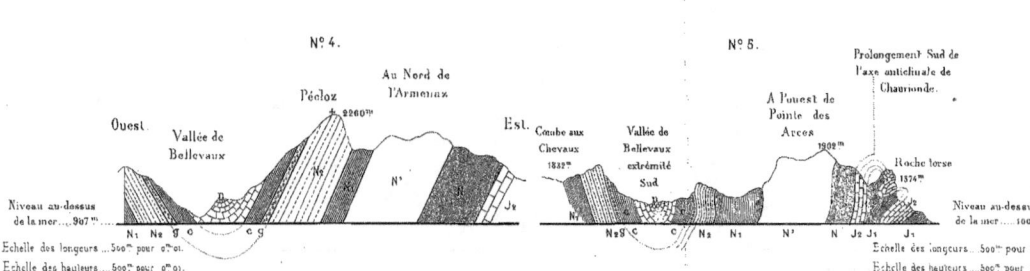

Nº 4.

Ouest.

Vallée de
Bellevaux

Pécloz
+ 2069ᵐ

Au Nord de
l'Armenaz

Est.

Niveau au-dessus
de la mer ... 987ᵐ

Echelle des longeurs ... 500ᵐ pour 0ᵐ,01.
Echelle des hauteurs ... 500ᵐ pour 0ᵐ,01.

Nº 5.

Prolongement Sud de
l'axe anticlinale de
Chaurionde.

A l'ouest de
Pointe des
Arces
1802ᵐ

Roche Torse
1574ᵐ

Combe aux
Chevaux
1832ᵐ

Vallée de
Bellevaux
extrémité
Sud

Niveau au-dessus
de la mer ... 1000ᵐ

Echelle des longeurs ... 500ᵐ pour 0ᵐ
Echelle des hauteurs ... 500ᵐ pour 0ᵐ

LÉGENDE
Coupes Nᵒˢ 2,3,4,5.

J_1 *Assises Marneuses à* Am. plicatilis, Am. tenuilobatus, Am. compsus, *etc, etc* ....

J_2 *Assises à* Aplychus imbricatus, Apt. latus, *etc* ...... *trous de Pholades.*

N. *Marnes et Calcaires à Ciment et Chaux hydraulique* — Am. Berriacensis, A. Neocomiensis, A. Occitanicus, *etc.*

N' *Valangien ?*

N_1 *Marnes à Spatangues* — Echinospalagus Cordiformis.

N_2 *Urgonien — 1.ᵉʳ horizon des* Rudistes.

g *Gault à* Am. Mamillatus, Inoc. Sulcatus, *etc* ...

c *Sénonien à* Ananchites ovata, Bel. mucronata, *etc* ...

n *Nummulitique à* N. Lucasana, N. allobrogensis, *etc* ..

Lith. A. Perrin. Chambéry.

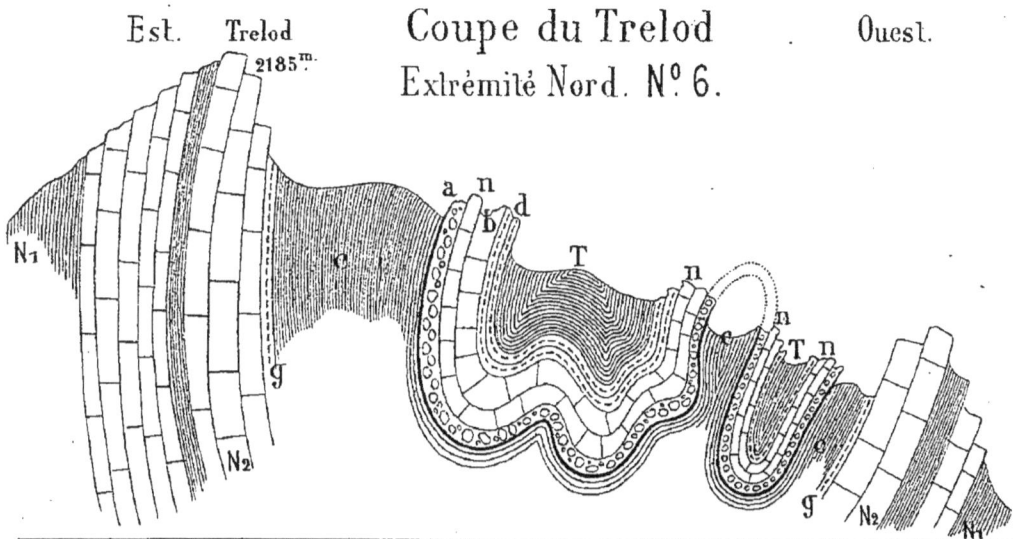

Est.   Trelod   Coupe du Trelod   Ouest.
2185^{m} Extrémité Nord. N.° 6.

Altitude 9oo^{m}.

N$_1$. *Marnes à Spalangues;*

N$_2$. *Urgonien;*   Echelle de longueurs o^{m}oi p.^{r} 250^{m}.

g. *Gault;*   Echelle de hauteurs o^{m}oi p.^{r} 2oo^{m}.

c. *Craie blanche;*

n. *Nummulitique (Eocène moyen);*

T. *Marnes à Cyrènes.*

Est.   Coupe N.° 7.   Ouest.
Les Dents
des Portes
1939^{m}.

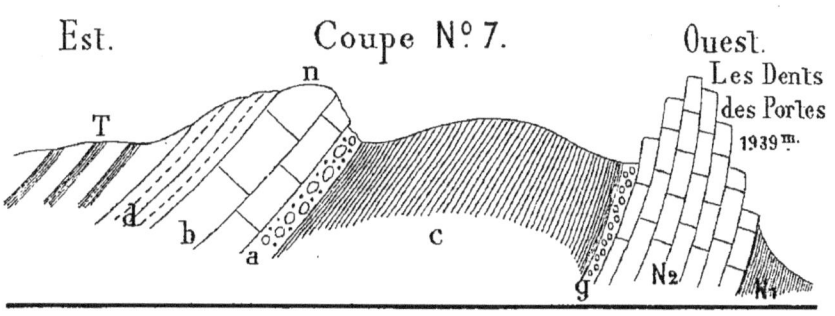

N$_1$ *Marnes à Spalangues;*   a. *Poudingue;*

N$_2$ *Urgonien;*   n | b. *Calc. à Num. Lucasana;*

g. *Gault;*   d. *Grés;*

c. *Craie blanche;*   T. *Marnes à Cyrènes.*

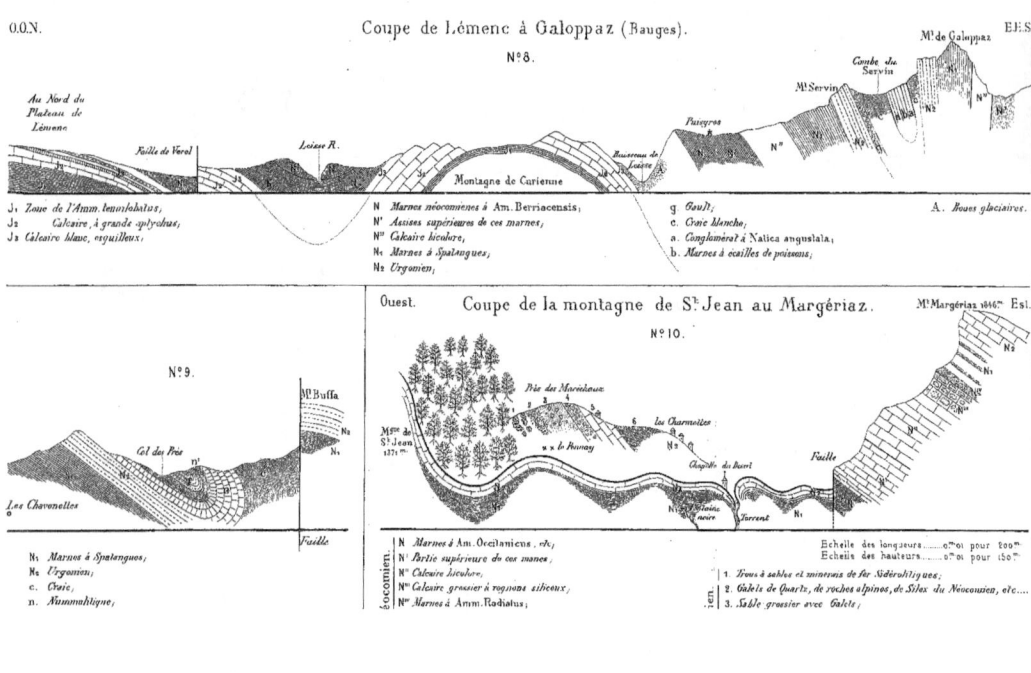

O.O.N.　　　　　　　　　　Coupe de Lémenc à Galoppaz (Bauges).　　　　　　　　E.E.S.

N° 8.

Au Nord du
Plateau de
Lémenc.

J₁ Zone de l'Amm. tenuilobatus;　　N Marnes néocomienes à Am. Berriacensis;　　q Gault;　　　　　　　　　A. Boues glaciaires.
J₂ Calcaire à grande oplychus;　　N' Assises supérieures de ces marnes;　　c. Craie blanche;
J₃ Calcaire blanc, esquilleux;　　　N'' Calcaire hiculare,　　　　　　　　　a. Conglomérat à Natica angustata;
　　　　　　　　　　　　　　　　N₁ Marnes à Spatangues,　　　　　　　　　b. Marnes à écailles de poissons;
　　　　　　　　　　　　　　　　N₂ Urgonien;

Ouest.　　　　Coupe de la montagne de St Jean au Margériaz.　　　　Mt Margériaz 1846 m. Est.

N° 10.

N° 9.

N₁ Marnes à Spatangues;　　　　　　　　N Marnes à Am. Occilanicus, etc;　　　　　Echelle des longueurs......0m01 pour 200m
N₂ Urgonien;　　　　　　　　　　　　　N' Partie supérieure de ces marnes;　　　　Echelle des hauteurs......0m01 pour 150m
c. Craie;　　　　　　　　　　　　　　N'' Calcaire hiculare;　　　　　　　　　　1. Trous à sables et minerais de fer Sidérolitiques;
n. Nummulitique;　　　　　　　　　　N''' Calcaire grossier à rognons siliceux;　2. Galets de Quartz, de roches alpines, de Silex du Néocomien, etc...
　　　　　　　　　　　　　　　　　　N'''' Marnes à Amm. Radiatus;　　　　　　3. Sable grossier avec Galets;

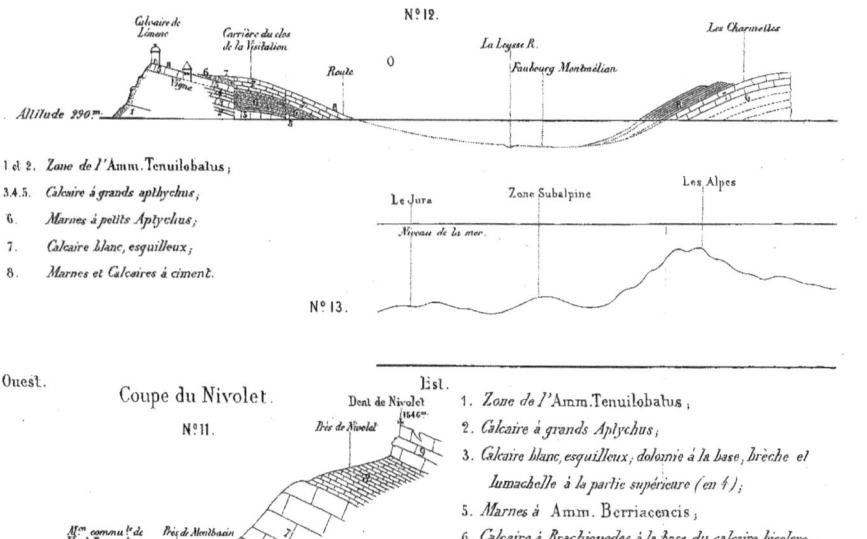

N.N.O.　　　　Coupe de Lémenc aux Charmettes.　　　　S.S.E.

N.º 12.

Calvaire de Lémenc

Carrière du clos de la Visitation

La Leysse R.

Les Charmettes

Route

Faubourg Montmélian

Altitude 290.ᵐ

1 et 2.　Zone de l'Amm. Tenuilobatus;

3.4.5.　Calcaire à grands apthychus;

6.　Marnes à petits Aptychus;

7.　Calcaire blanc, esquilleux;

8.　Marnes et Calcaires à ciment.

Le Jura　　　Zone Subalpine　　　Les Alpes

Niveau de la mer.

N.º 13.

Ouest.　　　Coupe du Nivolet.　　　Est.

Dent de Nivolet

Près de Nivolet

N.º 11.

Mⁿ communⁱ de Verel-Pragondran

Prés de Montbasin

Faille

Altitude 290.ᵐ

1.　Zone de l'Amm. Tenuilobatus;

2.　Calcaire à grands Aptychus;

3.　Calcaire blanc, esquilleux; dolomie à la base, brèche et
lumachelle à la partie supérieure (en 4);

5.　Marnes à Amm. Berriacensis;

6.　Calcaire à Brachiopodes à la base du calcaire bicolore;

7.　Calcaire bicolore à Pigurus rostratus et rognons
de Silex dans le haut;

8.　Marnes à Echinospalagus Cordiformis;

9.　Calcaire Urgonien.

Lith. A. Perrin. Chambéry

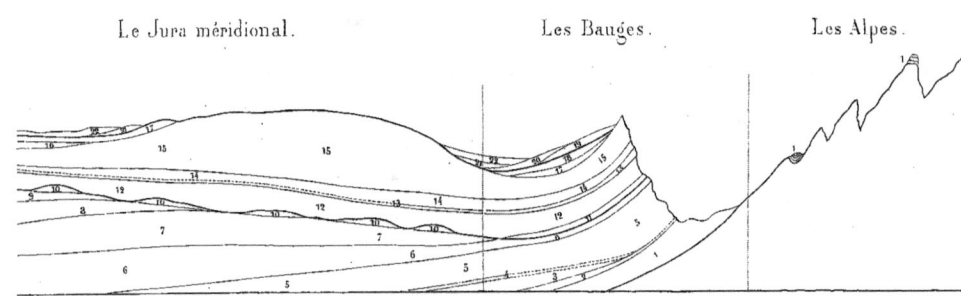

Le Jura méridional.   Les Bauges.   Les Alpes.

1.	Lias;	8.	Kimméridgien;	15.	Urgonien;
2.	Bajocien;	9.	Portlandien;	16.	Aptien;
3.	Bathonien;	10.	Purbeck;	17.	Gault;
4.	Calovien;	11.	Marnes à Ciment;	18.	Craie à Bel. mucronata;
5.	Oxfordien;	12.	Valangien;	19.	Calc. à Num. Lucasana;
6.	Corallien inférieur;	13.	Marnes à Amm. Radiatus;	20.	Tongrien;
7.	Corallien { Dolomie, Cal. à Diceras;	14.	Marnes à Spatangus;	21.	Aquitanien;
				22.	Helvétien.

Lith. A. Javet, Genève.

TABLE

———◆◇◆———

Aix-les-Bains. — Imprimerie A. Gérente.

www.ingramcontent.com/pod-product-compliance
Lightning Source LLC
Chambersburg PA
CBHW072352030726
47505CB00014B/1635